LA FASCINATION RUSSE

Elsa Vidal

LA FASCINATION RUSSE

Robert Laffont

ISBN 978-2-221-27224-4
Dépôt légal : février 2024
Éditions Robert Laffont – 92, avenue de France 75013 Paris

Sommaire

Introduction

C'est dans les locaux de RFI, en compagnie de collègues, que j'ai terminé la nuit du 24 au 25 février 2022. Interloqués et affligés, nous avions la sensation d'avoir basculé dans un nouveau monde. Un monde où une guerre fratricide, que nous considérions comme impensable, avait lieu. Impensable, oui. Mais pas impossible.

« *Niet slov.* » « Je n'ai pas de mots pour décrire ce qu'il se passe ». Car, depuis le début de la tentative d'invasion à grande échelle de l'Ukraine par la Russie, j'ai l'impression de vivre – ou plutôt je *vis* – dans une dystopie. Un monde parallèle où la réalité surpasse définitivement la fiction.

Avec cette guerre, trente ans d'inclusion progressive de la Russie dans la communauté internationale volent en éclats. Après que l'on a envisagé son entrée dans l'UE, après l'avoir associée à l'Otan… Trente ans de ma vie aussi, liés à la Russie.

L'attrait pour l'URSS, les premiers séjours. La participation à la reprise des échanges universitaires entre la France et la Russie, les années 1990 de misère et du « capitalisme sauvage ». Je portais à l'époque un teeshirt arborant un slogan qui reflétait bien l'expérience que nous vivions tous : « Bienvenue dans un combat sans règle ». Quand j'enseignais à l'université en sciences sociales de Moscou, et que je faisais la queue les pieds dans la boue derrière un container pour faire les courses, dans ce qui tenait lieu de marché, j'étais souvent prise à partie. Parfois gentiment, parfois violemment. « Mademoiselle, pourquoi êtes-vous venue ici ? Nous aimerions tous partir si nous le pouvions. » Ou « Hé, toi ! Pourquoi tu es là, qu'est-ce que tu regardes ? » Mes réponses, convaincues mais candides, sur la solidarité internationale devaient sonner comme un délire incompréhensible. Mes étudiants ne voulaient pas parler de politique. De tout, oui, mais pas de politique. Pendant deux mois, ils n'ont pas décroché un mot. N'ont pas répondu à mes questions. Tant leur défiance était profonde vis-à-vis des discours politiques. Tous les hommes politiques leur avaient fait d'admirables promesses et toutes avaient été trahies.

Je comprends que cette Russie n'existe plus et que je suis passée – que nous sommes passés – dramatiquement à côté de tous les signaux qui ont pavé le chemin vers cette guerre. Comment avons-nous si brillamment et si tristement échoué ? Et pourquoi continue-t-on si souvent en France à être, un peu par défaut, pro-russe ? C'est surtout cela que je ne m'explique pas.

Mais plus notre aveuglement perdure, plus j'ai besoin de le comprendre. Comment pouvons-nous ne pas réagir aux crimes de guerre de Boutcha et d'Irpine, ou aux discours explicites des dirigeants russes ?

L'idée de ce livre s'est imposée alors que j'essayais de retracer les origines des positions pro-russes auxquelles je suis encore confrontée quotidiennement dans les situations les plus diverses. Elles se retrouvent dans tous les milieux, toutes les professions, tous les horizons politiques.

Si ces positions ne sont pas sans rapport avec ce qu'est la Russie et ce qu'est devenu le régime de Vladimir Poutine, elles ont beaucoup à voir avec les États-Unis d'abord, et avec la France ensuite. « Regardez ce que les États-Unis ont fait en Irak, ou en Afghanistan ! » me répond-on quand j'exprime une critique de l'agression russe. Comme si les crimes des uns excusaient ceux des autres. « Les États-Unis veulent nous coloniser », me dit-on encore très souvent.

Ces déclarations n'ont que très peu à voir avec la Russie et assez peu avec la France. Elles se fondent sur nos représentations du monde et de notre rôle dans celui-ci. Je n'ai trouvé aucun livre sur ce sujet. Alors je m'y suis attelée. Pour comprendre.

Cette habitude chez moi vient de loin. C'est pour comprendre le point de vue soviétique sur le monde, que j'ai décidé, enfant, d'apprendre le russe et que mes parents m'ont envoyée en URSS quand j'étais encore une adolescente qui écoutait la chanson de Sting, *Russians*, sortie en 1985 en pleine perestroïka[1].

Ce premier séjour m'a inoculé un virus : celui de m'immerger dans les sociétés qui m'intéressent. D'apprendre leur langue, de les étudier, d'y vivre et d'essayer d'appliquer mes théories à la vie réelle. Ainsi me suis-je formée aux Langues orientales et à Sciences

1. Sting, *Russians*, « The Dream of the Blue Turtle », 1985.

Po, avant d'aller travailler en Russie et dans d'autres pays issus de l'URSS. Comme journaliste, défenseure des droits ou directrice de missions pour des ONG internationales. Dans ce cadre, j'ai rencontré des officiels, interviewé Ramzan Kadyrov à Grozny, négocié avec des militaires, rencontré des consommateurs de drogues, des travailleurs du sexe. Et surtout, j'étais au cœur du système russe. Avec la société civile russe aussi, car toujours en partenariat avec des organisations locales, et au sein d'équipes russes.

C'est cette méthode que j'ai appliquée ici. J'ai rencontré ou cherché à rencontrer des acteurs clés de la politique étrangère de la France vis-à-vis de la Russie. Je remercie tous ceux qui ont accepté de partager leurs expériences, leurs visions et leurs réflexions – avec une grande générosité et souvent beaucoup de modestie.

Je retiens qu'en trente ans, et malgré les alternances au sommet de l'État, notre politique vis-à-vis de Moscou est restée étonnamment identique. À l'exception du quinquennat de François Hollande. Ce qu'illustre parfaitement, presque trop même, la réponse ironique d'un diplomate de haut rang à ma question sur notre politique à l'égard de Moscou à la fin d'une conférence internationale où nous étions présents : « La politique de la France vis-à-vis de la Russie ? Parce qu'on en a une ? » Oui, nous en avons une. Mais par défaut, oserais-je dire.

Je me suis donc employée à revenir sur nos trente années de relations depuis l'apparition de la Russie post-soviétique sur la scène internationale. D'en comprendre les traits, les objectifs principaux, et surtout les origines.

Je me suis concentrée sur les représentations de la Russie et de la France, le plus souvent évoquées par les diplomates, militaires, responsables politiques ou du renseignement. C'est donc à une exploration des imaginaires français sur la Russie et sur la France que je vous invite. J'ai aussi confronté ces illusions et faux-semblants sur la Russie aux réalités du régime et de la société. J'ai appliqué la même méthode à la France et à ses tourments.

J'espère qu'au terme de ce livre, vous verrez, comme moi, l'intérêt de nous arracher à une fascination malsaine qui fait obstacle à la bonne compréhension des réalités russes et françaises. C'est seulement à ce prix que nous pourrons pleinement endosser notre rôle dans l'arène internationale, et reposer des bases solides et durables pour nos relations avec Moscou.

Partie I

Paris préfère Moscou

Paris a choisi Moscou. Le *reset*, celui d'Emmanuel Macron – celui de Nicolas Sarkozy aussi dans une moindre mesure – n'est pas un cas isolé. C'est un geste politique qui vient de loin. Plus précisément, il remonte à 1867, lorsque toute l'Europe et tout Paris est dans l'attente de l'Exposition universelle. Au cours de cet événement extraordinaire, l'Empire russe occupe une place d'invité d'honneur. Cette initiative répond aux inquiétudes de leurs dirigeants respectifs. Paris est en effet préoccupée par l'essor de la Prusse, un souci que partage Saint-Pétersbourg. Mais avant tout, la Russie envisage de se rapprocher de la France pour obtenir la révision du traité concluant la guerre de Crimée, à l'issue de laquelle elle a perdu l'accès à la mer Noire.

En dépit du faste de l'accueil réservé au tsar et à son entourage, la tentative tourne court. Les lumières de Paris et les fêtes organisées en l'honneur de la délégation russe se révèlent insuffisantes pour dépasser des discordances politiques de fond. Notamment à propos de la Pologne, dont le soulèvement contre l'Empire russe – sous le joug duquel elle se trouve – est soutenu par la France et les Français. Un attentat, raté, vient même émailler le séjour du tsar.

Plus tard, au sortir de la Seconde Guerre mondiale, et particulièrement après le début de la guerre froide (1947), la France cherche avant tout à retrouver son rang et son influence dans le concert des nations. Cette conception de la restauration de la puissance, et la poursuite de la grandeur, est formulée et portée par le général de Gaulle – homme politique dont l'héritage, revendiqué par presque toutes les formations politiques françaises, exerce l'influence la plus singulière sur notre politique internationale.

Il ressort de cet héritage que « la France a un destin. Une idée qui traverse toutes les périodes depuis l'après-guerre et tous les partis. François Mitterrand y est peut-être le plus attaché. C'est une idéologie dans laquelle la question de la géographie joue un rôle central[1] », résume l'historienne, spécialiste des relations France-Russie, Marie-Pierre Rey. En 1966, cette politique s'incarne dans le triptyque « entente, détente, coopération », qui établit les principes des relations que Paris souhaite entretenir avec Moscou.

L'héritage de la politique internationale du général de Gaulle infuse dans la vie politique française jusqu'à en devenir aujourd'hui un fondement qui aurait perdu sa connotation politique. Dans nos relations avec la Russie, on retrouve dans tout le spectre politique ceux qui s'en réclament ou s'en inspirent.

1. Entretien avec l'auteure, 3 avril 2023.

Ils négligent ou ignorent généralement un fait : l'URSS de la détente voyait la paix comme un impératif pour son développement, notamment afin de rattraper son retard technologique. Ce qui explique d'ailleurs un autre trait, lui aussi persistant, de notre politique envers la Russie : une forte coopération dans le domaine scientifique et technologique. Avec un intérêt tout particulier pour les domaines du spatial et du nucléaire, toujours d'actualité d'ailleurs.

En revanche, la Russie de Vladimir Poutine, depuis au moins 2007 et la conférence sur la sécurité de Munich, est entrée dans une logique d'affirmation de sa puissance sur la scène internationale, qui passe depuis 2015 par une confrontation assumée avec l'Occident. Confrontation, compétition pour le statut de leader, de médiateur et de puissance légitime à modeler l'ordre international. Une évolution qui a échappé à la plupart de nos dirigeants.

C'est, avec d'autres éléments, ce qui explique que la politique russe de la France n'ait que très peu varié, de François Mitterrand jusqu'à Emmanuel Macron – en dépit des alternances politiques à la tête de l'État. Dans ce périmètre défini par le général de Gaulle et surtout par ceux qui s'en revendiquent – en opérant un tri opportun dans les propos de ce dernier –, les variations dans la politique de la France envers la Russie sont minimes.

La présidence de François Hollande apparaît comme celle qui s'éloigne le plus de la volonté d'alliance franco-russe. Sa vision de la Russie est la plus politique, la moins sentimentale et la moins fascinée de toutes par Vladimir Poutine. Le mandat de Nicolas Sarkozy, lui, est le moment qui pousse le plus loin le rapprochement. Entre ces deux pôles, le pendule oscille, mais il n'est question que de différence de degrés. Plus près de nous et fortes de tous les enjeux de la guerre en Ukraine, les deux présidences d'Emmanuel Macron. Elles expriment toutes les nuances de notre fascination pour la Russie et tous les défis à relever pour s'en affranchir.

1

Emmanuel Macron : « Ne pas humilier la Russie »

Le *reset*[1], une idée qui vient de loin

Le décor est monarchique. Ce 29 mai 2017, sous les ors et les marbres du château de Versailles, le huitième président de la Ve République accueille Vladimir Poutine. Tapis rouge, garde républicaine et conférence de presse dans la salle des Batailles, cent vingt mètres de long, treize mètres de large. Galerie historique, elle illustre en trente-cinq tableaux quinze siècles de succès militaires qui ont jalonné l'histoire de France, de « Clovis à Napoléon ». De « Tolbiac à Wagram » plutôt. En s'arrêtant à 1809 et en passant sous silence la défaite de la campagne de Russie de 1812 qui valut à Paris de voir entrer, en mars 1814, le tsar Alexandre Ier en triomphateur. Une défaite à laquelle Moscou a dédié un musée entier à l'entrée de la place Rouge, le centre névralgique du pouvoir. À Versailles, le décorum somptueux et solennel doit servir d'écrin à une rencontre qui vise à remettre sur les rails

1. Ce terme vient de la presse, qui a utilisé un terme déjà employé par Barack Obama (entre 2009 et 2013) pour qualifier la politique de relance des relations franco-russes du président français.

un dialogue franco-russe grippé – et il y a fort à parier qu'aucun détail de cette mise en scène n'aura échappé à Poutine. La tentative de « remise à zéro » des relations entre la France et la Russie, aussi louable soit-elle, ne débouche pourtant sur aucune avancée tangible. Certes, l'initiative atteste de la confiance d'Emmanuel Macron dans ses capacités et dans l'idée qu'il existe une « exception française », idée héritée de la période gaullienne qui veut que nous soyons appelés à jouer un rôle « à part » dans l'arène internationale. Mais le *reset* repose avant tout sur un présupposé jamais énoncé clairement : que la Russie attend, espère peut-être, un geste de notre part. Or ce n'est pas le cas. Il suppose également que nous nous sentions responsables, voire un peu coupables, face à la dégradation de nos relations. Une situation que Moscou sait exploiter, sans rien lâcher.

En 2017 donc, la France et la Russie célèbrent le 300e anniversaire de l'alliance diplomatique, la première, entre le tsar Pierre le Grand, la France de la Régence et la Prusse. Une exposition au Grand Trianon célèbre du 30 mai au 24 septembre 2017 le tricentenaire de cette « grande ambassade » emmenée par un tsar qui voyait dans l'Europe l'avenir de son pays. « Fruit d'une collaboration exceptionnelle entre le château de Versailles et le musée d'État de l'Ermitage, elle présente plus de cent cinquante œuvres – peintures, sculptures, arts décoratifs [...] – dont les deux tiers appartiennent au prestigieux musée de Saint-Pétersbourg[1]. » Voici le cadre idéal pour

1. Site du château de Versailles, présentation de l'exposition « Pierre le Grand, un tsar en France. 1717 ».

tenter de relancer les relations avec Moscou, au point mort depuis l'annexion de la Crimée par la Russie en 2014, la guerre dans le Donbass et l'intervention russe en Syrie.

L'initiative pourrait faire entrer Emmanuel Macron dans l'histoire. Refonder les relations franco-russes, dépasser la fracture entre atlantistes et réalistes auto-proclamés, russophiles et russophobes. À Versailles, Emmanuel Macron tient un discours explicite, très équilibré, qui dit tout le respect que la France éprouve pour la Russie, sans taire les désaccords et les critiques. Exclusion des médias Russia Today et Sputnik du pool de l'Élysée pour leur rôle d'organes d'influence colportant des rumeurs[1] pendant la campagne présidentielle, intervention russe en Syrie, guerre en Ukraine, annexion de la Crimée, mais aussi situation intérieure avec les répressions accrues et les violations des droits de l'homme. Ouverture et fermeté, le cahier des charges est rempli.

Ce projet hexagonal, ce n'est pas seulement une rencontre au sommet, mais un ensemble d'initiatives proposées et mises en œuvre par Paris et Moscou. Un dialogue entre les sociétés, le dialogue de Trianon[2] – où siègent des personnalités éminentes françaises et russes –, est inauguré. Le but affiché est de faire naître

---

1. En mai, Russia Today et Sputnik relaient non seulement des rumeurs sur une supposée double vie homosexuelle d'Emmanuel Macron, mais aussi rendent publics les mails piratés de l'équipe de campagne de ce dernier. Hélène Sergent, « Macron, Sputnik et Russia Today. Récit d'un conflit en cinq actes », *20 minutes*, 17 janvier 2018.

2. France Diplomatie, « Dialogue de Trianon : renforcer les échanges entre les populations française et russe », janvier 2021.

de nouvelles coopérations entre les sociétés civiles, en dépit des divergences. Dans le domaine politique, l'élan pris à Versailles se poursuit. Par un voyage à Saint-Pétersbourg en 2018, suivi d'un match de football à Moscou avant de culminer avec une rencontre (dont plus de deux heures trente en tête-à-tête) au fort de Brégançon en 2019.

C'est à Saint-Pétersbourg – la capitale voulue par Pierre le Grand pour offrir à la Russie une façade européenne sur la Baltique –, les 24 et 25 mai 2018, qu'« Emmanuel Macron a été séduit par Vladimir Poutine et par la Russie[1] », selon l'ancien diplomate et conseiller spécial de l'institut Montaigne, Michel Duclos. Saint-Pétersbourg qui fut aussi Leningrad – ville martyrisée par un siège de près de trois ans par l'armée nazie. Là, le locataire de l'Élysée découvre un Poutine qui s'ouvre. Tout d'abord, on le flatte. C'est « comme chef du monde occidental[2] », selon un diplomate russe, qu'on accueille le président français dans le Palais d'été de Pierre le Grand.

Puis, dans la nécropole de Piskarevskoïe, où sont enterrées les dépouilles des quatre cent soixante-dix mille victimes du siège de Leningrad, Emmanuel Macron se voit confier l'histoire de la famille de son hôte. Le père, blessé par une grenade, tout d'abord. Le même qui, une fois rétabli, dut extirper la mère du futur chef de l'État russe, vivante, d'un tas de corps où elle avait été laissée

1. Entretien avec l'auteure, 21 septembre 2023.

2. Sylvie Kauffmann, « En Russie, Emmanuel Macron va tenter de faire émerger le "concert des nations" manquant », *Le Monde*, 23 mai 2018.

pour morte. Son frère enfin, emporté lors d'une épidémie de diphtérie pendant le siège de la ville. Sur sa tombe, le chef de l'État français dépose une gerbe de fleurs.

Quelques semaines plus tard, c'est à Moscou que se rend Emmanuel Macron pour assister, le 15 juillet, de la tribune d'honneur, au match de finale de la Coupe du monde de football opposant la France à la Croatie ; le match est doublé d'une rencontre au Kremlin. Au grand désarroi de nombre de dirigeants occidentaux qui, eux, boycottent l'événement.

Les tensions internationales continuent de s'accroître avec la tentative d'assassinat de l'ancien espion russe Sergueï Skripal au Royaume-Uni – qui a conduit à l'expulsion de diplomates russes et britanniques –, les progrès en Syrie des troupes de Bachar el-Assad soutenues par Moscou, et, enfin, l'inauguration d'un pont de dix-neuf kilomètres reliant la Russie à la péninsule de Crimée moins de dix jours avant la visite du président français.

Pourtant, un an plus tard, le chef de l'exécutif russe est l'invité de la France au fort de Brégançon. Le dialogue « pragmatique » prime. Le président français est confiant quant aux fruits que portera la relation de qualité qu'il pense avoir établie avec Vladimir Poutine. Aussi décide-t-il de donner à la Russie des gages de sa bonne volonté. Plus seulement sur le plan des relations franco-russes mais aussi sur celui des instances internationales. Seul et sans concertation préalable. Dans cette « relance » du dialogue, la France fait en effet cavalier seul, à rebours des alliés européens et américains.

Avant Brégançon, Emmanuel Macron a tenté de réintégrer la Russie au G7, qui doit se tenir quelques jours plus tard à Biarritz, organisation dont elle avait été exclue depuis l'annexion de la Crimée en 2014. Mais les homologues du président français s'y sont radicalement opposés. L'invitation à Brégançon permet donc à Vladimir Poutine de compenser plus ou moins son absence au prestigieux sommet. À Brégançon, le président français réaffirme l'existence d'un destin européen pour la Russie qui est selon lui « dans le libéralisme politique ». Il y réaffirme également le rôle indispensable de cette dernière dans le règlement des crises internationales et la croyance de la France dans une Europe « de Lisbonne à Vladivostok[1] ». Faisant assaut de cordialité, le président français est face à un président russe sur la réserve qui, lui, n'hésite pas à parler des violences et brutalités françaises contre les Gilets jaunes. Il ne cède sur aucun dossier. Pourtant, deux mois plus tôt, le 24 juin, Jean-Pierre Chevènement[2], le représentant spécial de la France pour la Russie, avait obtenu la réintégration de Moscou au Conseil de l'Europe[3]. Le *reset* ne fonctionne pas si mal pour le Kremlin. Mais ne

1. Marc Semo et Olivier Faye, « À Brégançon, Emmanuel Macron tend la main à la Russie, "profondément européenne" », *Le Monde*, 20 août 2019.

2. Nommé à ce poste en 2014 par Laurent Fabius dans le cadre de sa diplomatie économique, il est reconduit par Emmanuel Macron dans ces fonctions en 2017. Les deux hommes se connaissent de longue date. Emmanuel Macron a, lorsqu'il était étudiant à Sciences Po, milité dans le Mouvement des citoyens créé par Jean-Pierre Chevènement. En 2016, alors qu'Emmanuel Macron est ministre de l'Économie et des Finances, il effectue un déplacement à Moscou avec Jean-Pierre Chevènement.

3. L'organisation responsable de la mise en œuvre de la Convention européenne des droits de l'homme dans les quarante-six États qui en sont membres.

débouche sur aucune avancée concrète significative sur les dossiers de fond. Pourtant, Emmanuel Macron prend des risques. Contre la position du ministère des Affaires étrangères, qui sait ce que cette finlandisation[1] coûtera à l'Ukraine et ce qu'elle perdra en liberté et souveraineté, il évoque même la possibilité d'une neutralité pour Kiev (idée déjà avancée par Nicolas Sarkozy).

Le terme de finlandisation fait référence à la situation qui a prévalu en Finlande de 1948 à 2022 : une neutralité imposée par la menace exercée par la puissance voisine (en l'occurrence l'URSS, puis la Russie). On lit fréquemment que la souveraineté finlandaise a été préservée mais ce n'est que partiellement juste. Le pays n'a pas été envahi mais ses lois prévoyaient par exemple que le débat public finlandais ne puisse pas prendre position sur des questions de politique étrangère si cela pouvait être préjudiciable aux relations entre la Finlande et un pays étranger (l'URSS). La Finlande a également renoncé à adhérer à l'Otan. Car la neutralité prévoit également de ne pas adhérer à des organisations ou alliances tournées contre la Russie. Dans tous les cas, l'ensemble des dispositions de la neutralité doit être négocié diplomatiquement.

La neutralité dans le cas de l'Ukraine semble irréaliste car, en échange de celle-ci, il est d'usage que les troupes étrangères se retirent du pays « neutralisé ».

1. Le terme remonte à 1953, il est utilisé par le ministre des Affaires étrangères autrichien de l'époque, Karl Gruber. En Finlande, la neutralité imposée par l'URSS à sa voisine repose sur deux traités : le traité de Paris datant de 1947 et un traité de coopération et d'assistance mutuelle entre la Finlande et l'URSS, signé en 1948.

Or, en 2014, la Crimée n'est pas seulement occupée, elle est annexée. Depuis septembre 2022, quatre autres territoires ukrainiens ont été intégrés à la Fédération de Russie. La neutralité de l'Ukraine semble donc un horizon inatteignable.

Emmanuel Bonne, le sherpa du président Macron, récuse le terme de *reset,* utilisé par la presse. Il s'agit avant tout d'« aller au fond des choses avec Moscou[1] ». Il refuse aussi toute complaisance dans le dialogue avec les autorités russes. Pour le conseiller diplomatique, « le président de la République a eu avec Vladimir Poutine un dialogue d'une grande exigence, sans complaisance aucune et sans illusion sur la Russie. [...] La frégate *Languedoc* était en vue du fort de Brégançon, c'était un message sans ambiguïté[2] », souligne le même conseiller.

Deux autres rencontres suivent : celle du 9 décembre 2019, avec Volodymyr Zelensky et Vladimir Poutine à l'Élysée. Et le chapitre final – après une pause due à l'épidémie de Covid –, celui de la rencontre du 7 février 2022 à Moscou. Peut-être la plus terrible de toutes. Marquée par cette photo qui incarne toute la distance que Vladimir Poutine a installée entre lui et Paris. Une table de quatre mètres pour un tête-à-tête de cinq heures. Le président confiera qu'il a trouvé Vladimir Poutine « changé » et crispé, et la tension, palpable. Il aurait tout de même obtenu de lui qu'il n'y ait ni dégradation ni escalade dans ce qui n'est encore considéré que

1. Entretien avec l'auteure, 2 octobre 2023.
2. Entretien avec l'auteure, 2 octobre 2023.

comme « la crise ukrainienne ». Un engagement que le président russe ne tiendra pas non plus. Mais alors, pourquoi cette démarche qui semble relever de la dernière chance ? Quelle est l'origine de ce *reset* ? Elle se trouve dans la rencontre d'une volonté, celle d'Emmanuel Macron, et d'une vision doublée d'une expertise, celles de Pierre Vimont.

On l'a surnommé l'« homme des missions compliquées[1], » mais aussi « le diplomate par excellence ». Pierre Vimont est un interlocuteur attentif et distingué, fils de diplomate et petit-fils d'un socialiste russe ayant dû fuir l'Empire. Enfant, lorsque son père était en poste à Moscou, il a arpenté les rues de la capitale soviétique qu'il a connues vides de voitures ou presque.

En quarante ans d'une carrière éblouissante, celui qui s'est rêvé en acteur comme en journaliste est aussi connu pour son goût du jazz que pour son implication totale dans ses dossiers. Il a été le directeur de cabinet des trois ministres des Affaires étrangères de Jacques Chirac, de 2002 à 2007. Il a notamment servi Dominique de Villepin ; les deux hommes ont d'ailleurs inspiré une BD[2] puis un film, *Quai d'Orsay*[3]. À l'écran, son personnage est incarné par Niels Arestrup, en homme qui sait mener le navire de la diplomatie française à bon port face à un ministre coutumier des coups

1. France Culture, « Pierre Vimont, l'homme des missions compliquées », 21-25 novembre 2022.

2. Abel Lanzac (scénario) et Christophe Blain (dessin), *Quai d'Orsay. Chroniques diplomatiques*, 2010 et 2011, Dargaud.

3. Bertrand Tavernier, *Quai d'Orsay*, 2013, film adapté de la BD.

d'éclat. Après un passage prestigieux comme ambassadeur à Washington, Pierre Vimont devient pendant cinq ans (2010-2015) le numéro deux de la diplomatie européenne. On le retrouve enfin sur le dossier russe lorsqu'il est nommé par Emmanuel Macron, en 2019, « envoyé spécial pour l'architecture de sécurité et de confiance » avec Moscou. Un poste qui vient jouxter celui de Jean-Pierre Chevènement, représentant spécial pour la Russie dans le domaine de la diplomatie économique. C'est une mission compliquée, que Pierre Vimont prend très à cœur. Car il est l'architecte du *reset*, qu'il a pensé et formalisé dans un rapport[1] produit pour la fondation des Leaders pour la paix, et que le président Macron a lu.

Pourquoi relancer un dialogue avec la Russie ? Parce que, en diplomate, Pierre Vimont est convaincu que « chaque jour sans guerre est un jour gagné pour la paix[2] ». La principale fonction de la diplomatie est de substituer le dialogue et la négociation à la confrontation. De faire la démonstration que la guerre n'est pas une fatalité.

Le dialogue, l'ancien directeur de cabinet le pense pour « ne pas être dans la dynamique du fait accompli[3] » et éviter que Moscou ne considère comme plus efficace et opportun de recourir à la force. Plus fondamentalement parce que les échanges avec la Russie

1. Pierre Vimont, « Rapport pour le forum Leaders pour la paix ».
2. Entretien avec l'auteure, 2 octobre 2023.
3. Pierre Vimont, *op. cit.*

sous François Hollande s'étaient réduits à peau de chagrin. Et parce que, pour Pierre Vimont, « on ne peut pas ignorer la question russe[1] », même si « le *reset* est venu se briser sur la guerre[2] ». Pour l'homme qui a formalisé cette idée, il faut absolument s'extirper d'une logique de méfiance réciproque héritée d'une soi-disant trahison américaine, celle du « pas un pouce[3] ».

Cette expression fait référence à des échanges entre le secrétaire d'État américain James Baker et Mikhaïl Gorbatchev, le dernier président soviétique, après la chute du mur de Berlin. Des échanges durant lesquels le diplomate américain a proposé à son homologue soviétique un échange de bons procédés. S'il ne s'opposait pas à la réunification allemande, alors l'Otan ne s'étendrait pas d'un pouce à l'est. Qu'il ait fait référence à l'Allemagne de l'Est ou à l'est de l'Europe, on ne le sait pas. Mais, depuis, l'expression « pas un pouce » renvoie à l'amertume de la Russie face à l'élargissement de l'Otan, et à de supposés engagements trahis. Promesses jamais écrites, jamais formalisées et donc sans aucune force juridique. Les dirigeants russes n'ont, de fait, jamais pu croire sincèrement qu'elles avaient force de droit. Cela n'empêche pas le ressentiment. Fondé ou non, ce sentiment a lourdement pesé et pèse encore sur la perception de la position russe et sur la nôtre. Nombre d'acteurs politiques se réclamant

1. Entretien avec l'auteure, 2 octobre 2023.
2. Entretien avec l'auteure, 2 octobre 2023.
3. D'après le titre de l'ouvrage de Mary E. Sarotte, *Not One Inch America, Russia, and the Making of Post-Cold War Stalemate*, New Haven Yale University Press, 2022.

du réalisme invoquent volontiers cette expression. Ce qui est pour le moins étonnant.

Car de deux choses l'une. Si l'on est réaliste, alors on souscrit à l'idée que la vie internationale est régie par des rapports de force. Or, d'un point de vue réaliste, l'URSS a perdu la guerre froide. Vaincue, elle a peut-être des raisons de regretter cet état de fait mais ses dirigeants en sont seuls responsables. L'URSS de Gorbatchev et la Russie d'Eltsine ont même bénéficié de soutiens financiers considérables. Ce à quoi nous n'étions nullement obligés, mais que nous avons choisi de faire pour soutenir la transition de Moscou vers un régime plus démocratique.

Quant aux supposées promesses trahies, la logique impose de dire que les diplomates et dirigeants russes actuels ne peuvent, en praticiens chevronnés, ignorer que des propos, sans document leur conférant une dimension officielle, n'ont aucune valeur dans la vie internationale. Ce que démontrent à l'envi les épisodes de négociation de traités de cessez-le-feu, comme en Géorgie en août 2008 pour ne citer qu'un exemple. Invoquer ces échanges informels est surtout un élément de déstabilisation et une tentative de division des États européens.

Enfin, que les dirigeants russes actuels regrettent cette évolution historique et la perte du statut de seconde grande puissance de l'URSS, cogestionnaire de l'ordre mondial, est compréhensible. Nous pouvons et devons certainement prendre en compte cette vision qui est la leur. L'endosser comme un élément de langage ou de lecture de l'ordre mondial n'est pas une obligation. Cela relève d'un choix politique, extrêmement périlleux. Car cela revient à adopter le point de vue des autorités russes sur la question de l'Ukraine. Cela n'a rien d'anodin car Moscou s'attendra alors à nous voir adopter la même politique ou nous ranger de son côté. Ainsi, même si ce choix n'avait pour but que d'inspirer la confiance à nos interlocuteurs russes, nous serions pris à notre propre piège. À moins que nous ne voulions véritablement mettre en œuvre la même politique. Si nous souhaitons faire entendre notre propre vision d'une paix et d'une sécurité durables en Europe, il ne faut pas emprunter le langage de l'un des protagonistes mais imposer le nôtre. Sans quoi nous nous inscrirons dans les projets d'une autre puissance.

Pour Pierre Vimont néanmoins, Emmanuel Macron a raison d'avoir, après trois années de dialogue limité avec Moscou, « choisi d'essayer une autre méthode ». Cependant, « là où nous nous sommes tous illusionnés », précise l'ancien diplomate, « c'est sur deux points. Tout d'abord, Vladimir Poutine s'en est servi pour tenter de diviser les alliés, ce dont le président convenait. Ensuite, et c'était le vrai problème, il voulait avant tout négocier avec les Américains[1] » souligne Pierre Vimont. Et cela aussi est un trait persistant, pour ne pas dire permanent, des relations franco-russes. Une caractéristique qui participe aux raisons qui condamnaient le *reset* dès

1. Entretien avec l'auteure, 2 octobre 2023.

sa conception – que l'on soit d'accord ou non avec la démarche politique à son origine.

D'une part, nos relations bilatérales sont en réalité secondaires et servent d'autres priorités. Équilibrer la puissance américaine (pour Paris), attirer l'attention de Washington (pour Moscou). Dans les deux cas, Paris et Moscou entendent ainsi avoir voix au chapitre dans l'arène internationale, en qualité de puissances qui comptent. Car, parmi les attributs de la grandeur, perdus avec l'URSS, il en est un que Vladimir Poutine s'efforce de retrouver : celui du condominium exercé à égalité avec les États-Unis sur les affaires du monde. De l'Europe, il n'attend ni ne demande rien – mais il se saisit de ce que nous lui offrons.

D'autre part, nous méconnaissons les pratiques politiques russes. À Moscou, la vie publique n'est ni libre ni transparente, et la parole ne fait pas exception. Les désaccords se disent franchement mais à l'abri des regards et des micros, derrière des portes closes. Une règle qui ne souffre aucune exception, surtout au plus haut niveau. Les prises de parole publiques sont orchestrées et convenues. Toute autre pratique est vécue comme un camouflet. Ne pas connaître ces usages expose à des conséquences désagréables. Exprimer en public ses désaccords, tenir des discours avec franchise, tout en affirmant agir en ami ou en partenaire, ou encore évoquer des « valeurs » envoie un message confus. Quand nous déclarons que la Russie a une destinée européenne – outre que nous parlons à sa place, ce qui est en soi problématique –, nous pensons donner des signes d'ouverture. Des signes qui devraient, de notre point de vue, réjouir nos interlocuteurs, les rassurer. Or, un interlocuteur russe s'attendrait, lui, à ce que nous venions avec des propositions concrètes illustrant l'amitié et la cordialité que nous venons de professer. Plus nous affirmons notre bonne disposition vis-à-vis de Moscou, plus nous encourageons nos interlocuteurs à attendre des signes concrets de notre part, et plus ces derniers sont perplexes, avant de basculer dans la méfiance. Quant à nous, nous ne comprenons pas pourquoi ils ne se réjouissent pas de notre posture d'ouverture en nous donnant les signes de détente que nous attendons. Le cercle du malentendu est sans fin et ne peut nous apporter la solution que nous recherchons.

Cette conviction, je l'ai acquise en travaillant sur le terrain, en Russie, pendant plusieurs années. On ne peut pas projeter la manière de débattre et de négocier qui s'applique en Europe sur la culture des affaires et de la diplomatie en Russie. Les codes ne sont pas les mêmes. La parole ne se manie pas selon les mêmes principes. Et, contrairement à ce qui prévaut dans une démocratie comme la France, parole privée et parole publique sont deux choses strictement séparées, la seconde pouvant avoir des répercussions déterminantes sur les carrières et les vies. Or, notre pratique politique est avant tout un art de la parole. Une parole puissante, performative. En France, avoir dit est (presque) avoir fait. Notre maîtrise d'un sujet passe par notre capacité à le nommer. La pratique politique russe est étrangère à cette approche. Les discours abstraits laissent perplexes. Cela s'explique d'ailleurs aisément. En plus de soixante-dix ans de pouvoir soviétique, d'abîme flagrant entre les buts humanistes proclamés par l'idéologie bolchevique et les pratiques répressives du pouvoir, la parole politique, surtout abstraite, éveille le doute et la défiance. Plus il est abstrait, plus le discours éveille l'incompréhension et le soupçon. Pour le moins, on peut dire que nos rapports à la parole politique sont de prime abord difficilement compatibles.

À moins de connaître cette différence et de l'intégrer. Alors que je travaillais pour une organisation humanitaire britannique à Moscou, je négociais pour un consortium d'ONG occidentales. Je me rappelle les séances de travail qui précédaient chaque rencontre avec des dirigeants russes. Les discours et présentations des intervenants européens ou américains devaient tous être allégés des passages relatifs aux valeurs, aux mandats, à la nature de nos organisations ; cela permettait de se focaliser sur nos activités, décrites avec des termes concrets. Dans le cas contraire, nos interlocuteurs russes auraient, au mieux, le sentiment de perdre leur temps avec une rencontre purement formelle et protocolaire ; au pire, ils nous soupçonneraient de ne pas être sincères.

La longue marche vers l'Ukraine

Depuis la dernière rencontre entre les deux chefs d'État, la Russie a lancé sa tentative d'invasion de l'Ukraine. À la surprise générale, Kiev résiste vaillamment et ce qui avait été conçu comme une « guerre éclair » par Moscou dure et se transforme. C'est alors qu'une petite phrase fait l'effet d'une bombe lâchée dans l'atmosphère. Le 9 mai 2022, à Strasbourg, le président de la République française met en garde contre « la tentation de l'humiliation et l'esprit de revanche[1] » envers la Russie.

Peut-être Emmanuel Macron pensait-il à l'Allemagne. Des thèses historiques, largement contestées aujourd'hui, imputent en effet à l'humiliation née de la défaite dans la Première Guerre mondiale[2] l'arrivée d'Adolf Hitler au pouvoir et le développement du nationalisme revanchiste allemand. Mais ce qui est certain en revanche, c'est que cette déclaration sème le trouble parmi les alliés européens de l'Ukraine, en particulier ceux qui ont souffert directement de l'impérialisme russe au cours des derniers siècles et des dernières décennies[3]. Car ces propos sont tenus deux mois et demi après le début de la guerre. Et surtout plus d'un mois après la découverte des crimes de guerre commis à Boutcha et à Irpine, deux villes martyres du nord-ouest de Kiev, libérées de l'occupation russe le 31 mars 2022. L'horreur y a franchi un nouveau cap et les opinions publiques sont sidérées. Là, pendant plus d'un mois, les troupes d'occupation russes se sont livrées à des exactions ; les corps sans vie jonchent les rues. Les récits effroyables se sont succédé. Des troupes sous l'emprise

1. En clôture de la conférence sur l'avenir de l'Europe. Valentin Ledroit, « 1959-2022 : une brève histoire des présidences françaises du Conseil de l'Union européenne (PFUE) », Touteleurope.eu, janvier 2022.

2. Et du traité de Versailles qui consacre vainqueurs et perdants.

3. Comme les pays baltes et la Pologne.

de l'alcool et déshumanisées par la propagande haineuse se sont livrées à des pillages en règle et aux pires violences : exécutions sommaires, tortures, viols répétés. Les populations racontent leur calvaire aux journalistes locaux et étrangers. Pourtant, le 3 juin, dans un entretien avec des représentants de la presse régionale française, Emmanuel Macron persiste et déclare : « Il ne faut pas humilier la Russie pour que, le jour où les combats cesseront, nous puissions bâtir un chemin de sortie par les voies diplomatiques. Je suis convaincu que c'est le rôle de la France d'être puissance médiatrice[1]. »

Comment expliquer et justifier l'emploi d'une formulation si proche des éléments de langage du gouvernement russe lorsqu'il justifie sa défiance face à ce qu'il nomme désormais « l'Occident global » ?

Ces propos sont d'autant moins acceptés que, du 1er janvier au 30 juin 2022, la France exerce la présidence de l'UE. À ce titre, toutes ses positions tendent à refléter non seulement celle de Paris mais de l'ensemble des États de l'UE. C'est ce qui rend les propos sur « l'humiliation » et la « nécessité du dialogue » d'autant plus intolérables pour bon nombre de nos alliés européens, à commencer par les premiers concernés : les Ukrainiens. L'ambassadeur d'Ukraine en France, Vadym Omelchenko, s'en ouvre dans les colonnes du *Monde* et souligne que « dire qu'il ne faut pas humilier le tyran, cela ne peut que renforcer le tyran. Cela annihile tous les gestes de solidarité que la France fait pour

1. Juliette Mauret, « Emmanuel Macron : "Paris doit être au service du terrain" » *L'Alsace*, 3 juin 2022.

l'Ukraine sur le plan militaire, humanitaire, diplomatique et judiciaire[1] ». Pour un diplomate de haut rang, « il s'agit d'abord de parler aux Polo-Baltes qui, quand ils parlaient d'Ukraine, parlaient surtout d'eux et de leur relation à la Russie[2] ».

Les propos du président français, qui font également référence à la communauté politique européenne, sorte d'alternative à l'adhésion de l'Ukraine à l'UE, sont tout aussi irritants. Car « le discours de M. Macron a été perçu par certains en Ukraine comme une sorte de refus de l'élargissement de l'UE[3] ».

Ces déclarations, ajoutées au dialogue entre les présidents français et russe toujours en cours à cette époque, et à la décision d'Emmanuel Macron de ne pas se rendre à Kiev – sauf à y être « utile » – ont jeté le doute sur les objectifs poursuivis par la France. La paix, ou la victoire ukrainienne et son corollaire, la défaite russe ? Un doute qui plane aussi sur la sincérité du soutien accordé.

Pour dissiper le malaise et alors que la présidence française du Conseil européen approche de son terme, Emmanuel Macron fait le voyage de Kiev où il arrive le 16 juin au matin. Il est accompagné d'Olaf Scholz – le chancelier allemand – et de Mario Draghi – le président du Conseil italien –, qui eux non plus ne se sont jamais rendus en Ukraine depuis le 24 février. Premier message à faire passer : afficher l'unité des « vieilles nations européennes » favorables à l'entrée de l'Ukraine dans

1. Philippe Ricard, « Des sujets qui fâchent entre Emmanuel Macron et Volodymyr Zelensky », *Le Monde*, 19 mai 2022.

2. Entretien avec l'auteure, 9 novembre 2023.

3. Philippe Ricard, *op. cit.*

l'UE, et assurer Kiev d'un soutien sans faille. Ce qui ne va pas de soi. La photo iconique de la rencontre entre Volodymyr Zelensky et Emmanuel Macron en dit long. Une poignée de main et un regard qui relèvent plus du bras de fer et du questionnement que du soulagement et de la confiance.

On peut comprendre les craintes du président ukrainien. Car, juste avant son arrivée dans la capitale ukrainienne, le chef de l'Élysée déclarait toujours à son homologue roumain vouloir « bâtir la paix » et insistait sur le fait que « le président ukrainien [...] devra négocier avec la Russie ». Un engagement dont il ne dévie pas – malgré la visite de Kiev – puisqu'il l'évoque encore en Italie à l'automne devant les représentants de la communauté de Sant'Egidio.

Ce canal diplomatique du Vatican, surnommé l'« Onu du Trastevere[1] » œuvre dans les coulisses des négociations des conflits les plus sensibles. Ce 23 octobre, donc, Emmanuel Macron s'exprime lors du sommet international pour la paix organisé par la communauté religieuse, une première pour un hôte de l'Élysée. Au forum Le Cri de la paix, non seulement il n'est pas question de victoire ukrainienne, mais le discours déroulé devant les participants s'articule autour d'un tout autre acteur, la Russie, et d'une autre question.

« Comment en est-on arrivé là ? » se demande le président français. Difficile en effet d'admettre que des décennies de préférence française pour la Russie, au détriment de tous les autres États issus de l'ex-URSS,

1. Nom du quartier où son siège se situe à Rome.

et d'efforts personnels n'aient pas porté leurs fruits. Le contretemps est total alors que l'Ukraine a lancé une contre-offensive qui lui a permis d'arrêter, voire parfois de repousser les troupes russes. Il n'est ni l'heure de s'interroger sur les raisons de l'agression russe, ni de laisser entendre que la réflexion des autorités françaises se concentre sur l'échec du *reset*.

Il faudra attendre l'approche de la date anniversaire du déclenchement de la guerre et la deuxième tournée diplomatique de Volodymyr Zelensky hors d'Ukraine pour arracher Paris à l'axe de Moscou. Avant de l'ancrer – définitivement ? – aux côtés de l'Ukraine lors du forum Globsec de Bratislava, le 1er juin 2023. Là, la France affiche une posture précisée et libérée de toute ambivalence, assumant le choix d'être aux côtés des États européens ayant directement souffert de l'impérialisme russe, comme la Pologne, la Finlande ou les pays baltes.

Volodymyr Zelensky se rend donc à Paris le 8 février 2023[1]. Après Londres mais avant Bruxelles. Dans la cour de l'Élysée, il est reçu, de nuit, par Emmanuel Macron et Olaf Scholz. Le président français achève sa révolution. Dans le discours qu'il livre à l'occasion de la conférence de presse, la victoire de l'Ukraine figure avant la paix. Il y affirme la « volonté d'accompagner Kiev vers la victoire, vers la paix et vers l'Europe » et que « la Russie ne peut, ni ne doit l'emporter », car « le crime d'agression ne peut être toléré en aucune

1. « Zelensky à Paris : Macron assure sa "détermination" à accompagner l'Ukraine "vers la victoire" », *Le Figaro*, AFP, 8 février 2023.

circonstance, encore moins s'il est le fait d'une puissance telle que la Russie[1] ».

Avant son arrivée en Europe, le président ukrainien, lui, a accordé un long entretien à la journaliste du *Figaro*, Isabelle Lasserre. Il lui confie qu'il croit qu'Emmanuel Macron « a changé. Et qu'il a changé pour de vrai cette fois[2]. » Car Paris a ouvert la voie aux livraisons des chars et s'est prononcée en faveur du statut de candidat à l'UE pour l'Ukraine. Nous sommes à seulement quinze jours du premier anniversaire du début de l'invasion à grande échelle de l'Ukraine par la Russie.

Le 1er juin 2023, au forum Globsec de Bratislava, le président français reconnaît le risque de sécurité que la Russie incarne depuis quinze ans. Il en énumère alors les éléments constitutifs : « le discours de Vladimir Poutine à Munich de 2007, l'agression contre la Géorgie de 2008, contre l'Ukraine en 2014, contre l'Ukraine encore en 2022 et la vassalisation rampante de la Biélorussie [...] ». Emmanuel Macron enfonce enfin le clou : « Il n'y a pas de place en Europe pour un fantasme impérial. C'est très important de le reconnaître et cela conditionne [...] toute organisation future de la paix[3]. »

1. « Déclaration de M. Emmanuel Macron, président de la République, sur le conflit en Ukraine, à Paris le 8 février 2023 », source : ambassade de France en Ukraine, 23 février 2023.

2. Isabelle Lasserre, « Volodymyr Zelensky au *Figaro* : "Si Poutine gagne cette guerre, il recommencera la même chose ailleurs" », *Le Figaro*, 8 février 2023.

3. « Sommet Globsec à Bratislava », source : Elysee.fr, 1er juin 2023.

Après avoir agi en digne partenaire stratégique de la Russie, et lui avoir donné la préséance sur tous les autres États européens situés entre nous et elle, Paris a changé de focale. Ce bouleversement est-il durable ? Pour Emmanuel Bonne, « la Russie est importante pour la France, en ce qu'elle est une variable clé de l'unité et la souveraineté européennes ». Le conseiller d'Emmanuel Macron ajoute : « L'avenir de nos relations passe par l'Ukraine, pour retrouver des relations assainies et s'entendre sur un *modus vivendi* ». À vérifier sur la durée car si Paris appelle désormais à la victoire de l'Ukraine, la France conserve son ambition de jouer la médiatrice[1].

Ce positionnement de l'exécutif français s'inscrit dans une longue tradition et d'autres avant lui ont fait le même choix, souvent de manière bien plus affirmée encore. Revenons aux origines de la politique française envers la Russie indépendante. Cela commence avec les années Mitterrand.

---

1. Jean-Marc Four, « Conférence sur la sécurité de Munich : Macron a-t-il changé "pour de vrai" sur l'Ukraine ? », Radio France, 16 février 2023.

2

Mitterrand : dans les pas de De Gaulle

1981-1988 : « Amis, alliés mais non alignés[1] »

Sur l'écran de télévision, en noir, blanc et rouge, c'est pixel par pixel que se découvre le visage du vainqueur de l'élection présidentielle du 10 mai 1981. Et c'est un séisme. Car, après vingt-trois ans de pouvoir gaulliste ou giscardien en France, François Mitterrand apporte une victoire historique au parti socialiste, renforcée par les résultats aux législatives de juin suivant. Souvenons-nous que cette perspective avait fait prédire à Michel Poniatowski, ministre de l'Intérieur du président Giscard d'Estaing, qu'en cas de victoire de Mitterrand, « les chars soviétiques occuperaient la place de la Concorde[2] ». L'éventualité de la victoire du parti socialiste a entraîné un vent de panique parmi les chefs

1. « Entretien de M. Hubert Védrine, ministre des Affaires étrangères, avec le quotidien allemand *Handelsblatt* le 13 mars 2001, sur la politique étrangère de l'Allemagne, les relations entre l'Union européenne et les États-Unis et celles de la France avec les États-Unis », source : Vie-publique.fr, 16 mars 2001.

2. Valentin Biret, « Chars russes à Paris, communisme et fuite des notables : l'électrique présidentielle de 1981 », *Ouest France*, 17 novembre 2021.

d'entreprise et les notables français comme le relate le journaliste d'Europe 1, Henri de Stadelhofen. Les douaniers suisses saisissent environ neuf millions de francs à la frontière, dissimulés dans trois voitures arrivant de l'Hexagone. Quant à l'homme d'affaires Bernard Arnault, il quitte la France pour s'installer en Floride.

Pourtant, de chars soviétiques à Paris, il ne sera pas question. Car, après une franche opposition au gaullisme dans les premières années de la Ve République, François Mitterrand en a finalement appliqué les grands principes à la politique internationale de la France. Un « consensus national[1] » s'établit autour de ceux-ci, chacun rêvant de grandeur nationale. Cette grandeur se conçoit d'abord comme l'affirmation d'une souveraineté face à l'allié américain, volonté résumée par l'expression d'Hubert Védrine qui veut que Paris et Washington soient « amis, alliés mais pas alignés[2] ». Pour Marie-Pierre Rey, « toute la politique gaullienne à l'égard de l'Union soviétique, qui vise à faire de la France un "intermédiaire obligé" entre l'Est et l'Ouest, s'inscrit dans cette quête de rayonnement et de crédibilité[3] ». Et de tous les présidents français qui succèdent à de Gaulle, c'est François Mitterrand

1. Frédéric Bozo, *La Politique étrangère de la France depuis 1945*, Paris, Flammarion, 2019 (nouvelle éd.), p. 169.

2. « Entretien de M. Hubert Védrine, ministre des affaires étrangères, avec le quotidien allemand *Handelsblatt* le 13 mars 2001, sur la politique étrangère de l'Allemagne, les relations entre l'Union européenne et les États-Unis et celles de la France avec les États-Unis », source : Viepublique.fr, 16 mars 2001.

3. Marie-Pierre Rey, *La Tentation du rapprochement. France et URSS à l'heure de la détente, 1964-1974*, Paris, Sorbonne, coll. « Internationale », 1992.

qui se montre le plus attaché à cette vision[1]. En dépit du discours de rupture avec son prédécesseur Valéry Giscard d'Estaing, qualifié de « petit télégraphiste » de Moscou[2], les relations franco-soviétiques surfent toujours sur le triptyque de « la détente, l'entente et la coopération[3] », en s'appuyant notamment sur la coopération industrielle et technologique (nucléaire, spatial, automobile). La relation fonctionne globalement, sans éclat mais sans accroc majeur. Sur la question des droits de l'homme, les accords d'Helsinki[4] de 1975 ont fourni un cadre qui donne une reconnaissance et des droits à la société civile soviétique et à ses dissidents. La coopération avec l'URSS est conditionnée aux comptes qu'elle rend dans ce domaine. Des structures comme l'Association France-URSS permettent quant à elles des échanges touristiques. Cette démarche encourage la découverte par les Français et les Soviétiques de leurs pays

1. Entretien avec l'auteure, 3 avril 2023.

2. Après que celui-ci avait répercuté les propos de Brejnev sur un supposé retrait d'Afghanistan (n'ayant pas eu lieu).

3. Charles de Gaulle en visite en URSS : « Il s'agit de mettre en œuvre successivement la détente, l'entente et la coopération », *Le Monde*, 2 juillet 1966.

4. En 1973, dans le cadre de la détente Est-Ouest, se tient une Conférence pour la sécurité et la coopération en Europe (CSCE, qui deviendra l'OSCE) du 3 au 5 juillet. Elle débouche deux ans plus tard sur les accords d'Helsinki qui établissent des mesures de confiance entre les trente-cinq pays qui les ont signés (États-Unis, Canada, URSS, tous les États européens à l'exception de l'Albanie). Dans l'acte final des accords, ils reconnaissent l'inviolabilité des frontières européennes, renoncent à l'usage de la force, à s'ingérer dans les affaires intérieures des États signataires, mais consacrent aussi les droits de l'homme et engagent chaque État à les respecter. C'est l'accord de référence de la détente.

respectifs[1], sous réserve du respect des conditions de surveillance imposées par l'agence soviétique Intourist.

François Mitterrand assume donc l'héritage « russe » du général de Gaulle et souhaite « le faire évoluer en douceur[2] ». Pendant son premier septennat, il se pose même en continuateur de l'œuvre du fondateur de la Ve République. Le PS s'en tire par le haut sur les grands dossiers mettant Paris aux prises avec Moscou, dans ce que l'on appelle alors la « nouvelle guerre froide » : « crise des euromissiles », protestation croissante contre l'ordre communiste en Pologne, guerre en Afghanistan.

Pacifisme à l'Ouest, missiles à l'Est

Ainsi, François Mitterrand n'hésite pas à faire preuve de fermeté face à Moscou lors de la crise des missiles SS-20 que l'URSS veut installer en Europe de l'Est. Il prend alors parti pour l'Allemagne fédérale qui sera, quelques semaines plus tard, dirigée par Helmut Kohl. Le président français impose la position de la France dans le débat stratégique au sein de l'Alliance atlantique. Le discours qu'il livre devant le Parlement allemand en janvier 1983 rappelle plusieurs principes. La guerre doit demeurer impossible et ceux qui la voudraient doivent en être dissuadés. L'arme nucléaire est le pilier de la dissuasion mais ne peut fonctionner que

1. C'est d'ailleurs dans ce cadre que j'ai réalisé mon premier séjour en Russie, alors soviétique.

2. Hubert Védrine, *Les Mondes de François Mitterrand. À l'Élysée, 1981-1995*, Paris, Fayard, 1996, p. 89.

si un équilibre des forces est respecté. Il va même plus loin et réaffirme que ce dernier dépend de la protection de certains États européens par les États-Unis. Il est donc favorable en dernière instance à l'installation de missiles américains Pershing en Europe en réponse au déploiement des SS-20 soviétiques. Dans une allocution restée célèbre, il déclare « constater que le pacifisme est à l'Ouest et les missiles à l'Est[1] ».

La relation avec l'allié américain est marquée d'une grande confiance. Elle va jusqu'au partage d'informations ultra-confidentielles. Comme l'existence d'une opération de contre-espionnage française visant l'URSS : la fameuse « affaire Farewell[2] ». Pourtant, cette fermeté envers Moscou ne se paie pas par un alignement de la politique étrangère de la France sur Washington. Mitterrand ne revient pas, par exemple, sur le retrait de la France du commandement intégré de l'Otan voulu par Charles de Gaulle en 1966. Alors que la Pologne se révolte contre l'ordre communiste, il refuse également de céder aux demandes de Washington de sanctionner l'URSS.

En effet, depuis 1980 et consécutivement à une situation économique effroyable, des grèves frappent plusieurs centres industriels de Pologne. La plus emblématique

1. Bernard Pradinaud, « François Mitterrand : "Le pacifisme est à l'Ouest et les euromissiles sont à l'Est" », *Antenne 2 Midi*, 13 octobre 1983.

2. Il s'agit d'informations transmises de 1981 à 1983, par un agent du KGB, Vadim Vetrov, aux services du contre-espionnage français. Elles portent sur les espions soviétiques travaillant en Occident, mais aussi sur des renseignements industriels et technologiques relevant du secret-défense.

reste celle des dix-sept mille ouvriers du chantier naval de Gdansk en août 1980, lancée en réaction au licenciement de l'employé qui avait créé le premier syndicat polonais indépendant, Solidarnosc (Solidarité). En décembre 1981, les dirigeants polonais, dont l'« homme aux lunettes noires », le général Jaruzelski, instaurent la loi martiale. Lech Walesa ainsi que tous les autres membres de la direction de Solidarnosc sont arrêtés et le syndicat est interdit et dissous. On craint alors vivement que Moscou n'envoie les troupes du pacte de Varsovie – comme en Hongrie en 1956 et à Prague en 1968.

Comment réagit-on à Paris ? Le soir du 13 décembre 1980, cinquante mille personnes se rassemblent à Paris – cent mille dans toute la France – en soutien au mouvement syndical. L'Élysée condamne la répression mais veut maintenir le dialogue avec Moscou. C'est pourquoi, en dépit de la répression, la France refuse – avec d'autres États européens – de mettre sur pause un projet de gazoduc euro-sibérien, malgré l'insistance de la Maison-Blanche. Celui-ci prévoit que, à partir de 1986, Paris recevra six à huit milliards de mètres cubes de gaz sibérien. N'en déplaise à Washington, l'accord entre Gaz de France et Soyouzgazexport entre en vigueur le 23 janvier 1982. Si Paris soutient la Pologne, c'est dans la mesure où l'URSS n'en sort pas déstabilisée.

La volonté affichée de ne pas faire de concessions au régime tout en recherchant le dialogue marque le premier septennat du président. Rien peut-être ne l'illustre mieux que la première visite officielle de François Mitterrand en URSS, du 20 au 23 juin 1984. Le 21, après des réunions de travail collectives rassemblant Français et Soviétiques le matin, des tête-à-tête entre le locataire du palais de l'Élysée et celui de la forteresse de la place Rouge, se tient un dîner sous les ors du Kremlin. Là, devant une délégation soviétique, présidée par Constantin Tchernenko (alors maître de l'URSS quoique malade et ayant déjà un pied dans la tombe), le président français brise un tabou. Alors que le dirigeant de l'Union soviétique vient de porter un toast dans lequel il a rappelé que nul n'a le droit de s'immiscer dans les « affaires intérieures soviétiques », Mitterrand prononce un discours si critique qu'il est censuré par la presse soviétique[1]. Seul un enregistrement sonore[2] existe encore de ce discours, les caméras ayant été interdites à l'entrée de la salle. Pour la première fois, et en des termes diplomatiques, le président français évoque en public et en présence d'officiels soviétiques le sort du militant des droits de l'homme Andreï Sakharov et de son épouse Elena Bonner, placés en résidence surveillée à quatre cents kilomètres de Moscou. Il dénonce également l'invasion de l'Afghanistan par les troupes soviétiques, l'intervention au Cambodge de l'armée vietnamienne soutenue par Moscou, la répression du mouvement de contestation en Pologne[3] et la crise des missiles SS-20 consécutive à leur déploiement en Allemagne de l'Est (RDA).

1. Discours prononcé le 21 juin 1984.

2. Georges Bortoli, « Discours de François Mitterrand censuré à Moscou », *Antenne 2 Midi*, 22 juin 1984.

3. La loi martiale avait été instaurée en Pologne de janvier 1981 à juillet 1983 pour réprimer la contestation du régime communiste.

Le discours de Mitterrand souligne l'opposition de la France à la politique de déstabilisation menée par l'URSS au moyen d'une multiplication de conflits derrière lesquels on devine son intervention (Angola, Mozambique, Salvador, Nicaragua, Cambodge, Afghanistan). Il dénonce également la violation par Moscou des engagements pris en faveur du respect des droits et des libertés des individus et des peuples lors des accords d'Helsinki signés lors de la conférence sur la sécurité et la coopération en Europe (CSCE) en 1975. Enfin, le président français rappelle l'attachement de Paris à l'Alliance atlantique sans que cela lui interdise pour autant la recherche du dialogue avec l'URSS. Ainsi, le 23 juin, sa visite s'achève à Volgograd (l'ex-Stalingrad) par l'hommage aux combattants soviétiques de la Seconde Guerre mondiale. Une démarche unanimement saluée par les partenaires européens de la France le 25 juin, ainsi que par le président américain de l'époque, Ronald Reagan, qui décroche spécialement le téléphone pour ce faire.

Cette visite officielle est aussi le lieu où se rencontrent deux destinées. Hubert Védrine raconte que, le 21 juin, lors d'un déjeuner avec Tchernenko, François Mitterrand écoute avec étonnement un certain Mikhaïl Gorbatchev – futur artisan de la *perestroïka* (« reconstruction ») et de la *glasnost* (« transparence ») –, expliquer que l'agriculture soviétique va fort mal… depuis 1917[1]. Avant même son arrivée à la tête de l'URSS en 1985, sa personnalité est appréciée des dirigeants

1. Hubert Védrine, « Gorbatchev était un idéaliste », *La Voix du Nord*, 31 août 2022.

français et européens ; ils voient en lui un homme qui pense différemment de ses pairs, avec lequel « on peut faire des affaires[1] », selon Margaret Thatcher, pourtant peu encline à la sympathie communiste. La *gorbymania* s'empare de l'Europe.

En France, les socialistes ont envie de croire que l'autorité bienveillante de ce dirigeant peut libéraliser le parti et donner enfin à l'URSS un visage humain. La personnalité solaire de Gorbatchev, son parler « vrai » et sa volonté de prouver sa bonne volonté au monde en s'engageant le premier dans un désarmement séduisent en Europe.

À l'échelle internationale, Paris espère que l'URSS comme la France puissent sortir de la logique de confrontation des blocs et préserver leur indépendance face aux États-Unis. À l'échelle européenne, l'objectif est que chacune s'oppose au retour d'une Allemagne réunifiée et donc forte, alliée militaire de Washington qui plus est. Voilà un autre héritage du gaullisme : dans la construction européenne, Paris « veut rester le patron », comme le commente un ancien ambassadeur français en Russie[2].

L'ordre avant tout

Le second septennat de François Mitterrand commence en mai 1988, soit plus de trois ans avant la disparition

1. Prime Minister Margaret Thatcher, « Margaret Thatcher's Views on Mikhail Gorbachev », Making the History of 1989, Item #5 », source : WorldHistoryCommons.org.

2. Entretien avec l'auteure, 26 juillet 2023.

de l'Union soviétique[1]. Il voit des progrès significatifs dans le domaine du désarmement. Mais il voit aussi la perestroïka échapper au contrôle de Gorbatchev, la désagrégation de l'URSS, et l'horreur de la première guerre de Tchétchénie à la fin du mandat de Mitterrand[2]. Quant à Boris Eltsine, le successeur de Gorbatchev, il n'inspire aucune sympathie au président français qui, selon Hubert Védrine, « n'a pas apprécié la façon dont il a torpillé Gorbatchev et l'espérance qu'il avait représentée[3] ». François Mitterrand le traite « conformément à son statut de président de la Russie mais sans plus[4] », précise l'ancien ministre des Affaires étrangères.

Depuis Paris, la disparition de l'Union soviétique est perçue avant toute chose comme une déstabilisation dont la France ferait volontiers l'économie. « Il y a un risque de désordre dans l'empire soviétique. Ce désordre n'est probablement pas préférable, pour nous, à l'ordre qui y régnait jusqu'ici[5] », déclare le président français au conseil des ministres le 20 juillet

1. Le 25 décembre 1991, Mikhaïl Gorbatchev dans une intervention télévisée fait savoir qu'il a démissionné, que son poste de président de l'Union soviétique n'existe plus et qu'il transfère tous ses pouvoirs à Boris Eltsine, président de la Fédération de Russie.

2. Précédée d'une longue crise qui débute avec la déclaration d'indépendance de la Tchétchénie en 1991, la première guerre débute en décembre 1994 et se termine en août 1996 avec les accords de Khassaviourt. En août-septembre 1999, la deuxième guerre de Tchétchénie est déclenchée. Elle s'achève en 2009 avec la levée du statut de zone d'opération antiterroriste.

3. Hubert Védrine, entretien avec l'auteure, 27 septembre 2023.

4. Hubert Védrine, entretien avec l'auteure, 27 septembre 2023.

5. Jacques Attali, *Verbatim III. Chronique des années 1988-1991*, Paris, Fayard, 1995, p. 84.

1989. Paris ne voit pas d'un bon œil les revendications d'indépendance des nations de l'URSS ; Washington partage cette position, comme en témoignent les propos que George Bush a tenus à François Mitterrand en avril 1990, après la déclaration d'indépendance du Parlement lituanien : « Il y a des gens qui voudraient – ce qui m'ennuie – que la Lituanie soit indépendante et que les militaires soviétiques s'en retirent[1]. »

Cette préférence pour la stabilité amène également la France à occuper une position ambivalente pendant les premières heures du 19 août, face aux putschistes qui, en 1991, isolent dans sa datcha du cap Foros, en Crimée, un Gorbatchev jugé trop libéral et dangereux pour l'URSS. La France ne parie pas non plus sur Boris Eltsine quand celui-ci est élu à la tête de la Russie le 12 juin 1991. Se présentant comme un ardent démocrate, celui-ci libéralise la vie publique, interdit le parti communiste et impose une transition radicale vers l'économie libérale. La « thérapie de choc ». En politique internationale, il poursuit le désarmement entamé par Gorbatchev et recherche le soutien et l'aide – notamment financière – des Occidentaux. Il choisit également de ne pas réagir par la force aux déclarations d'indépendance des anciennes républiques soviétiques. Mais le pivot vers la démocratie se grippe. Cela résiste de partout dans les sphères du pouvoir et de l'administration russes. Une crise qui culmine en octobre 1993, quand Eltsine fait tirer au canon sur le Parlement resté

1. Françoise Thom, « Comment passer du monde russe à l'État russe : construire une alternative à l'apocalypse », *Desk Russie*, 14 janvier 2023.

aux mains des communistes. À la fin de la même année, les élections législatives voient le triomphe des communistes et des nationalistes. Boris Eltsine doit renoncer à son programme de réformes. La Russie démocratique vacille. Dans l'une de ses marches, une nouvelle guerre est en passe d'éclater.

Tchétchénie, une « affaire intérieure » selon Paris

À la veille de la première guerre de Tchétchénie, cette dernière est ce que l'on appelle depuis l'époque soviétique une « république autonome » de la Fédération de Russie. D'autonomie, elle n'a que le nom, devant se contenter de quelques prérogatives dans le domaine de la langue et de la culture tchétchènes. La relation entre Moscou et Grozny est affaire de violence. Celle de la conquête par l'Empire russe d'abord, au terme des interminables « guerres du Caucase » du XIXe siècle, dans lesquelles les populations ont fait preuve d'une résistance acharnée, unies notamment derrière la figure de l'imam Chamil. Violence de la déportation et de la division de son territoire ensuite. À l'issue de la Seconde Guerre mondiale, les Tchétchènes ont été accusés de traîtrise, alors que les troupes allemandes avaient été tenues en échec devant la capitale, Grozny, et c'est tout un peuple qui a été déporté en Asie centrale pendant la dernière semaine de février 1944 ; cent quarante mille des quatre cent cinquante mille déportées sont morts dans les trains et les camions ou à leur arrivée dans les glaciales steppes du Kazakhstan. Ils n'avaient pu emporter que vingt kilos de bagages par famille. Le retour en Tchétchénie est autorisé en 1957, mais les victimes ne retrouvent bien souvent ni les terres ni les biens perdus. Jusqu'à aujourd'hui, la mémoire de la déportation, du déshonneur d'être un « peuple puni » est à vif. En novembre 1991, profitant de la fragilisation du pouvoir central, le président local, Djokhar Doudaïev, proclame l'indépendance de la république, avant de refuser en 1992 de signer le traité qui institue la nouvelle Fédération russe. À la place, il proclame la Constitution tchétchène. Le président russe, Boris Eltsine, tente pendant deux ans de soumettre la république rebelle, au moyen notamment d'un blocus aérien et économique. Avant d'y envoyer l'armée par surprise, le 11 décembre 1994, et de déclencher la première guerre de Tchétchénie[1], la plus grande opération militaire russe depuis la guerre d'Afghanistan.

En France, les premières réactions frappent par leur « remarquable sobriété[2] ». Quatre jours plus tard, Alain Juppé, alors ministre des Affaires étrangères, souligne que « la Tchétchénie fait partie intégrante de la Fédération de Russie, mais nous appelons les autorités russes à tout faire pour éviter une effusion de sang. [...]

1. La première guerre dure du 11 décembre 1994 au 31 août 1996 (traité de Khassaviourt), la seconde commence le 7 août 1999, date de l'attaque menée par Chamil Bassaïev et Khattab sur le Daghestan. S'ensuivent les attentats dans le sud de la Russie et à Moscou et l'entrée de l'armée russe dans la République le 1er octobre. La guerre dure en fait jusqu'au 16 avril 2009.

2. Nadège Ragaru, « L'Occident face à la crise tchétchène : un rendez-vous manqué ? », *CEMOTI*, n° 21, 1996.

C'est par le dialogue et la recherche d'un règlement que l'on peut sortir de cette crise », ajoute-t-il. Le principe d'intégrité territoriale prime pour les dirigeants français et occidentaux en général. La préoccupation principale est toujours d'éviter la déstabilisation de la Russie. Nous craignons que la Russie ne connaisse le même sort que l'ancienne Fédération yougoslave, où la guerre fait aussi rage et au sujet de laquelle Paris et Moscou partagent des positions proches. Le 4 janvier 1995, Alain Juppé précise : « Bien qu'il s'agisse d'une opération de maintien de l'ordre intérieure à la Fédération de Russie, nous sommes en droit de demander des explications à la Russie[1]. » En mars, il se rend en compagnie de ses homologues espagnol et allemand, Javier Solana et Klaus Kinkel, à Moscou pour tenter d'infléchir l'action de la Russie[2]. Les leaders de la troïka européenne mettent sur pause l'accord de partenariat et de coopération avec l'Union européenne, conclu en juin 1994 à Corfou. Pour relancer ce processus, ils exigent de la Russie qu'elle remplisse quatre conditions : cessez-le-feu général, libre acheminement de l'aide humanitaire, présence permanente d'une mission de l'OSCE sur place et, enfin, amorce de conversations et de règlement politiques avec les Tchétchènes. Quelques semaines plus tard, l'OSCE se félicite bien de « l'amélioration

1. « Déclaration de M. Alain Juppé, ministre des Affaires étrangères, et interview à RTL le 4 janvier 1995, sur la continuité de la politique française vis-à-vis de l'Algérie après la libération des otages de l'avion Alger-Paris, à Paris le 4 janvier 1995 », source : Vie-publique.fr, 4 janvier 1995.

2. Alain Frachon, « Les Européens n'ont pas convaincu la Russie d'arrêter la guerre en Tchétchénie », *Le Monde*, 11 mars 1995.

constante[1] » de son dialogue avec les autorités russes à propos de la Tchétchénie, mais l'ONG française Médecins sans frontières (MSF), qui opère dans la République, s'alarme au contraire de « la dégradation dramatique de la situation des populations[2] », dans un communiqué publié le 30 mars. En avril 1995, une pétition lancée par le philosophe André Glucksmann est signée par près de deux cents intellectuels et politiques français et européens, dans laquelle ils exhortent François Mitterrand à ne pas participer aux cérémonies du 9 mai à Moscou, pour le 50e anniversaire de la victoire alliée contre l'Allemagne nazie. « Nul n'est censé ignorer les massacres perpétrés par l'armée russe en Tchétchénie, nul n'est autorisé à insulter la mémoire des combattants de Varsovie, Stalingrad, et des plages de Normandie[3] », affirme la pétition. « Je pense que ce serait faire affront à la mémoire de tous les Russes qui ont perdu la vie en luttant contre le fascisme que de célébrer cet anniversaire sur la dépouille des Tchétchènes », déclare le médiatique philosophe. Mais le chef de l'État répond présent à l'invitation du Kremlin, encouragé par l'accord donné par son homologue américain Bill Clinton, le chancelier allemand Helmut Kohl et le Premier ministre britannique John Major. Tous sont

1. Sophie Shihab, « L'aviation russe a bombardé des camps de réfugiés en Tchétchénie », *Le Monde*, 29 mars 1995.

2. Laurence Binet (dir.), *Crimes de guerre et Politiques de terreur en Tchétchénie 1994-2004*, Prises de parole publiques de MSF, septembre 2013.

3. « Nul n'est censé ignorer les massacres perpétrés en Tchétchénie », *Le Monde*, 28 avril 1995.

sur la place Rouge ledit 9 mai[1]. En juin 1995, Jacques Chirac succède à François Mitterrand à la tête de l'État français. Le même mois, le Conseil européen donne son feu vert à l'accord de partenariat et de coopération entre l'UE et la Russie.

Pour les dirigeants français, la république de Tchétchénie est un « sujet » de la Fédération de Russie, ce qui équivaut peu ou prou à un département français. En dépit des violations massives des droits de l'homme, des déplacements forcés de population, des disparitions, des « nettoyages[2] », qui s'accompagnent de tortures, la guerre de Tchétchénie demeure pour Paris « une affaire intérieure ». Ce que questionneront nombre de journalistes, chercheurs, universitaires et humanitaires français[3]. Toute autre approche risquerait, du moins le croit-on, de déstabiliser encore plus une Russie en proie à une grave crise économique, sociale et institutionnelle. Le déficit démocratique de la Russie est même considéré comme une bonne raison pour tenter de l'arrimer plus fermement, institutionnellement, à la famille européenne[4]. Un pari risqué.

1. Bernard Cohen, « Tchétchénie : les Occidentaux sont placés face à leurs responsabilités », *Libération*, 27 avril 1995.

2. *Zachistka*, en jargon militaire russe.

3. Anne Le Huérou, Aude Merlin, Amandine Regamey, Silvia Serrano, « Tchétchénie : une affaire intérieure ? Russes et Tchétchènes dans l'étau de la guerre », *Revue d'études comparatives Est-Ouest*, vol. 36, 2005, n° 2.

4. Jean-Pierre Massias, « La Russie et le Conseil de l'Europe : dix ans pour rien ? », IFRI, « Russie. Nei. Visions », n° 15, janvier 2007.

3

Jacques Chirac, l'amoureux de la Russie

« Méfiez-vous de ne jamais humilier la Russie »

Le 30 septembre 2019, dans l'église Saint-Sulpice de Paris, Vladimir Poutine est au premier rang parmi les responsables et anciens responsables politiques étrangers venus rendre un dernier hommage à Jacques Chirac. Ce dernier est décédé quatre jours plus tôt, à quatre-vingt-six ans. Le président russe est le seul chef de l'exécutif d'un pays membre permanent du Conseil de sécurité de l'Onu – les « P 5 » – à avoir fait le déplacement. L'ancien président Clinton est là, mais pas Donald Trump. L'opposition de Paris à la guerre en Irak de 2003 a laissé des traces à Washington. Et réactivé l'alliance entre Paris et Moscou. Pourtant, la relation entre Vladimir Poutine et Jacques Chirac n'avait pas débuté sous les meilleurs auspices.

Lorsque Vladimir Poutine arrive au pouvoir en 1999, il ne mise pas sur la France. Il tient rigueur à Paris d'avoir activement participé à l'opération de l'Otan au Kosovo (1998-1999), et d'avoir relayé les protestations de sa société civile face à la guerre de Tchétchénie. Alors, comme Mikhaïl Gorbatchev avant lui, il a plutôt misé sur une relation avec la Grande-Bretagne et l'Allemagne, dans l'espoir d'ouvrir par ce biais un canal de communication avec les États-Unis, seule puissance dont Vladimir Poutine veuille véritablement l'attention.

C'est donc en septembre 2000 qu'à l'occasion d'un déjeuner restreint, les deux dirigeants font connaissance. L'ancien ambassadeur de France en Russie, Claude Blanchemaison, confie à *La Croix* que Vladimir Poutine s'est coulé dans le rôle du nouveau venu en politique auprès d'un vieux briscard, « le professeur » comme il désignera régulièrement le président français à l'avenir. Et ce dernier a accepté de jouer cette partition[1]. Plus tard en 2019, dans le *Financial Time*, Vladimir Poutine dira de Jacques Chirac qu'il était un « vrai intellectuel, un professeur, un homme pondéré et intéressant. [...] Quand il était président, il avait son propre avis sur chaque question et savait comment le défendre en respectant toujours les opinions de ses partenaires[2]. »

Et en effet, Poutine a trouvé en Chirac un russophile convaincu. Maurice Gourdault-Montagne, ancien conseiller diplomatique de ce dernier, se rappelle dans *Les autres ne pensent pas comme nous*[3], l'avoir entendu dire « la Russie n'est pas un paillasson sur lequel on s'essuie les pieds ». Un russophile donc, ainsi qu'un ancien russophone, même si les avis sur la maîtrise du

1. Olivier Tallès, « Comment s'est nouée la relation entre Vladimir Poutine et Jacques Chirac », *La Croix*, 30 septembre 2019.

2. Lionel Barber, Henry Foy, Alex Barker, « Vladimir Putin says liberalism has "become obsolete" », *Financial Times*, 27 juin 2019.

3. Maurice Gourdault-Montagne, *Les autres ne pensent pas comme nous*, Paris, Bouquins, coll. « Mémoires », 2022, p. 89.

russe par le président français divergent selon les interlocuteurs. Il y a la légende qui lui prête une maîtrise courante de la langue de Pouchkine. Et l'ancien correspondant de Radio Svoboda (« Radio Liberté ») à Paris, Semyon Mirsky, cité par Lorraine Millot, qui serait plutôt d'avis que « le russe de Jacques Chirac n'allait guère au-delà de *zdravtsvouitié*[1] (bonjour) ». Il n'en reste pas moins une bien réelle ouverture à la Russie qui remonte à l'enfance. Jacques Chirac a eu pour professeur un ancien diplomate russe ayant fui la révolution bolchevique, Vladimir Belanovich. Cet aristocrate avait été accueilli par la famille Chirac et le futur président lui était resté fortement attaché. C'est sous sa gouverne que le jeune Jacques aurait entrepris de traduire le long poème de Pouchkine, « Eugène Onéguine ». Dans le premier tome de ses mémoires, l'ancien président lui rend hommage en soulignant son rôle incomparable d'« initiateur de l'âme russe, qui est une de celles, dans le monde, auxquelles je suis resté le plus profondément attaché[2]. » Mais avant de cultiver ses relations avec le nouveau maître du Kremlin en 2000, Jacques Chirac a d'abord été un soutien actif de son prédécesseur, Boris Eltsine.

La présidence Chirac signe en effet le retour au pouvoir d'un gaulliste déclaré, la fin de la deuxième cohabitation et l'entrée de la France dans « une nouvelle ère ». Du moins le croit-on. Une fois révolue la dynamique

1. Miriam Palisson, « Jacques Chirac, son tropisme russe et son "ami Boris" Eltsine », France Info, 26 septembre 2019.

2. Jacques Chirac et Jean-Luc Barré, *Mémoires. Chaque pas doit être un but*, Paris, Nil, 2009.

d'affrontement des blocs Est-Ouest, le monde se recompose, avec l'apparition de puissances moyennes émergentes face à l'hyperpuissance américaine, selon l'expression d'Hubert Védrine. Un nouveau prisme s'impose dans la vie internationale : la mondialisation. La globalisation s'accélère et la France doit trouver sa place dans cette nouvelle configuration. On prête à la conception de la politique étrangère de Jacques Chirac trois caractéristiques : le pragmatisme, le souci du rang de la France et la sensibilité à la théorie des civilisations. C'est la recette pour une mondialisation régulée et un monde multipolaire – passant par une Europe renforcée – qui sera la signature du président français en matière de politique internationale. Ce schéma appliqué à la Russie signifie beaucoup de soutien politique, d'efforts d'intégration dans la communauté internationale et les instances multilatérales – G7/G8, Organisation mondiale du commerce, notamment –, d'échanges dans les domaines technologique et industriel, en dépit de l'échec de la démocratisation du pays. En dépit de la guerre.

Les premiers mois du septennat de Jacques Chirac, comme la fin du mandat de François Mitterrand, coïncident avec la première guerre de Tchétchénie et son cortège d'horreurs. Comme son prédécesseur, le président français considère qu'il s'agit d'une « affaire intérieure ». Au sommet du G7 d'Halifax (14-17 juin 1995), sa première grande intervention internationale, Jacques Chirac offre une compréhension infinie à Moscou. Interrogé sur la part belle faite à cette dernière par les sept États les plus riches, qui ont invité le président Eltsine alors que la Russie ne fait pas partie du G7 – elle l'intégrera en 1997 –, il répond alors : « D'abord, je le dis une fois de plus, la Russie est une très grande nation, l'une des plus importantes du monde et ce n'est pas parce qu'elle connaît aujourd'hui des difficultés que cela change sa nature. Et tout ce qui consisterait à ne pas vouloir reconnaître la grandeur de la Russie et de son peuple, consisterait à faire une erreur majeure sur le plan de la vision du monde de demain[1] [...]. » Il poursuit en réaffirmant son soutien à Boris Eltsine, dans un souci de stabilité, mais aussi il réaffirme également sa volonté de ne « pas faire d'ingérence dans les affaires russes ». Et de conclure en mettant en garde l'assistance : « Méfiez-vous de ne jamais humilier la Russie. » Interpellé sur la Tchétchénie, le président français reprend à son compte la position russe en parlant notamment de la terrible prise d'otages en cours dans la ville russe de Boudionnovsk (qui sera un des tournants de la première guerre) par des insurgés indépendantistes emmenés par Chamil Bassaïev. Il l'attribue à des « groupes terroristes et mafieux comme hélas cette région en connaît un certain nombre ».

En réalité, en cette année 1995, l'opinion et l'agenda internationaux sont d'abord dominés par la nécessité de trouver une issue, notamment militaire, aux guerres en ex-Yougoslavie, dont celle de Bosnie-Herzégovine (1992-1995) et du Kosovo (1998-1999). Aucune puissance occidentale ne veut assumer la charge

1. Conférence de presse de M. Jacques Chirac, président de la République, sur la libération des otages de la Forpronu et la situation en Bosnie, sur les rapports du groupe des Sept avec la Russie, sur la réforme de l'Onu, le financement de l'aide au développement et les réactions à la reprise des essais nucléaires, Halifax, 17 juin 1995.

supplémentaire du conflit en Tchétchénie. Quelques années plus tard, les attentats du 11 septembre 2001 rassemblent la communauté internationale autour des États-Unis. Jacques Chirac est le premier représentant étranger à se rendre sur les lieux du drame, sept jours après les attaques contre les tours du World Trade Center. Vladimir Poutine, lui, est le premier chef d'État à appeler le président George W. Bush pour l'assurer de son soutien. Ce qui renforce encore la position internationale de la Russie sur la question de la Tchétchénie où la guerre a repris en 1999. Face à la lutte contre le terrorisme, *a fortiori* islamiste, la cause de la population tchétchène peine à trouver sa juste place dans l'agenda politique. Sauf dans la presse française qui témoigne jour après jour des horreurs de la guerre au plus près du conflit. On doit citer à cet égard le travail inlassable de journalistes comme Sophie Shihab au *Monde*, ou Anne Nivat. La reporter du *Monde* rappelle, le 3 octobre 2000, que « c'est, très classiquement, la sauvagerie de la répression qui alimente les maquis rebelles : les viols et les tortures – systématiques – auxquels sont soumis les Tchétchènes arrêtés[1] ». Quelques jours avant la visite à Paris de Poutine, le 29 octobre 2000, cinq cents personnalités européennes lancent, elles, un appel pour parler de la Tchétchénie au maître du Kremlin car « le silence tue[2] ». Certes, la bataille de Grozny[3] lors de la deuxième

1. Sophie Shihab, « L'armée russe est engluée en Tchétchénie », *Le Monde*, 3 octobre 2000.

2. Sophie Shihab, « À Paris, il faut parler de la Tchétchénie avec M. Poutine, car "le silence tue" », *Le Monde*, 28 octobre 2000.

3. Du 25 décembre 1999 au 6 février 2000.

guerre de Tchétchénie avait amené Paris à exiger « l'arrêt immédiat des opérations militaires et de la répression des civils, ainsi que l'accès sans entrave de la Tchétchénie aux humanitaires[1] ». Le ministre des Affaires étrangères, Hubert Védrine, interpellé sur l'action de la France dans une interview à RTL en février 2000, rappelle d'ailleurs avoir « parlé de la situation politique, de secours aux populations sur le plan humanitaire » et « demandé le libre accès des ONG » au président par intérim Vladimir Poutine. Il souligne également que la France est, parmi les États occidentaux, celui qui a pris le plus fortement position sur la Tchétchénie et que Poutine le lui « a fait remarquer assez rudement[2] ». La guerre en Tchétchénie continue d'être considérée par les gouvernements occidentaux comme une affaire intérieure et une guerre contre le terrorisme ; la nécessité de trouver une solution politique au conflit est, elle, envisagée comme incombant aux seuls Russes. Des Russes qui sont, pour le ministre français des Affaires étrangères, « unanimes, des communistes jusqu'à Soljenitsyne [...] dans cette guerre qu'ils considèrent comme une guerre pour juguler le terrorisme [...] qui est par ailleurs un fait avéré ».

Il s'agit donc d'abord pour Paris, à l'instar des partenaires occidentaux, de stabiliser la Russie dans sa

1. Antoine Bosshard, « Paris tient un double discours sur la guerre en Tchétchénie », *Le Temps*, 18 février 2000.

2. « Interview de M. Hubert Védrine, ministre des Affaires étrangères, à RTL le 14 février 2000, sur les relations de l'Union européenne avec l'Autriche, la situation des soldats français au Kosovo, la guerre russe en Tchétchénie, la destruction de Grozny, les souffrances des populations civiles, le droit à l'information et les conditions de travail des journalistes », source : Vie-publique.fr, 15 février 2000.

période de transition vers la démocratie, politiquement et économiquement. Et beaucoup est fait en ce sens.

Économiquement tout d'abord. En 1993, le G7 avait déjà consenti à une aide massive de quarante-trois milliards de dollars à la Russie[1] – dont 70 % provenant de la CEE. En 1996, le FMI, représenté par le Français Michel Camdessus, se rend à Moscou et accorde à la Russie un prêt de dix milliards de dollars. En 1998, pour éviter la dévaluation du rouble, le FMI s'apprête à consentir à un prêt historique de plus de vingt-deux milliards de dollars. Mais l'économie russe ne peut plus être sauvée, et elle est emportée par le tsunami de la crise asiatique, conjuguée aux pratiques frauduleuses des gouvernants russes. Elle entraîne avec elle le gouvernement libéral d'Anatoli Tchoubaïs, discrédité et remplacé par celui d'Evgueni Primakov. La crise de 1998 met un terme à la phase libérale de la transition russe. On peut bien sûr discuter du caractère adapté ou non des politiques préconisées pour obtenir ce soutien occidental, de l'incapacité des conseillers étrangers dépêchés au chevet de l'économie russe à comprendre et à anticiper la crise de 1998. Mais on ne peut pas dire en revanche que Moscou n'a pas bénéficié d'un soutien économique considérable de la part des pays occidentaux.

Politiquement ensuite. Sur la question de l'élargissement européen, Jacques Chirac abandonne la posture française traditionnelle, rétive aux nouveaux entrants, et se prononce en faveur de l'adhésion de la Pologne, de

1. Marie-France Calle, « Le groupe des Sept mise 43,4 milliards de dollars sur Boris Eltsine », *Les Échos*, 16 avril 1993.

la Tchéquie, de la Hongrie, de la Slovénie, de Chypre et de l'Estonie. Même si le président français n'entretient pas avec le chancelier Kohl des relations aussi privilégiées que son prédécesseur, les deux hommes sont néanmoins d'accord sur un point d'importance : il faut impérativement arrimer Moscou à l'espace européen, qui ne peut se passer de la Russie pour construire une « Europe puissante ». Ainsi, pour ne pas déplaire au Kremlin, dont ils anticipent un mécontentement en raison de l'élargissement prochain de la zone d'influence européenne dans l'ancien bloc de l'Est, les deux dirigeants insistent pour que l'acte fondateur Otan-Russie pour une nouvelle organisation de sécurité en Europe soit signé avant la réalisation de l'élargissement européen. C'est chose faite le 27 mai 1997. Le président Chirac célèbre alors la fin « d'un demi-siècle d'incompréhension, de confrontation, de division », le début « d'une ère de coopération entre partenaires égaux et respectés », possibles parce que la Russie et l'Otan ont changé. Un accord qui est « avant tout un succès pour la paix et aussi une grande espérance pour les peuples[1] », conclut-il. Les négociations pour le prochain élargissement européen, elles, sont lancées en mars 1998 et se concrétiseront en 2004.

1. « Discours de M. Jacques Chirac, président de la République, sur la signature de l'Acte fondateur entre l'Otan et la Russie pour une nouvelle organisation de sécurité en Europe, Paris, le 27 mai 1997 », source : Elysee.fr, 27 mai 1997.

France, Russie, Allemagne : ensemble contre l'unilatéralisme des États-Unis

Mais l'acte le plus important de l'entente avec la Russie est à venir et se fait contre la superpuissance américaine. En 2003, la France, l'Allemagne et la Russie s'allient pour s'opposer au projet américain d'invasion de l'Irak. Cette situation est le fruit de l'échec à atteindre un compromis entre la position française qui insiste pour une reprise des inspections des infrastructures militaires irakiennes par l'Onu et la pression américaine pour un changement de régime à Bagdad. Paris s'oppose alors le 14 février 2003 au projet d'opération militaire soumis au Conseil de sécurité de l'Onu par les États-Unis et le Royaume-Uni. Le discours de Dominique de Villepin, alors ministre des Affaires étrangères, est entré dans la légende. Et sa conclusion est, elle, entrée dans les annales de la vie internationale pour s'être terminée sous les applaudissements, en violation des règles en vigueur dans l'enceinte onusienne : « Dans ce temple des Nations unies, nous sommes les gardiens d'un idéal, nous sommes les gardiens d'une conscience. La lourde responsabilité et l'immense honneur qui sont les nôtres doivent nous conduire à donner la priorité au désarmement dans la paix. Et c'est un vieux pays, la France, d'un vieux continent comme le mien, l'Europe, qui vous le dit aujourd'hui, qui a connu les guerres, l'occupation, la barbarie. Un pays qui n'oublie pas et qui sait tout ce qu'il doit aux combattants de la liberté venus d'Amérique et d'ailleurs. Et qui pourtant n'a cessé de se tenir debout face à l'histoire et devant les hommes. Fidèle à ses valeurs, il veut agir résolument avec tous les membres de la communauté internationale. Il croit en notre capacité à construire ensemble un monde meilleur[1]. »

Les États-Unis passent outre, constituent une coalition et lancent la deuxième guerre du Golfe, le 20 mars 2003. Elle s'achève le 1er mai par une victoire écrasante de la coalition américaine (qui, mais on ne le sait pas encore, affaiblira terriblement Washington sur la scène internationale). Cette opposition au projet américain pèse sur les relations atlantiques qui sont au plus bas – et génère un sentiment anti-Français qui touchera jusqu'aux frites, rebaptisées *Freedom fries* à la place de *French fries*. En revanche, dans le monde arabe, la popularité de Jacques Chirac est au sommet. Quant à la relation avec la Russie, elle en sort renforcée. Le chef de l'État français bénéficie même, l'année suivante, en mars 2004, d'un privilège unique : celui d'être l'invité de Poutine à Krasnoznamensk, le centre de commandement des forces spatiales russes. Aucun autre dirigeant d'un pays membre de l'Otan ne l'a jamais visité. Peu importe que la coalition antiguerre ait été impuissante face à l'unilatéralisme américain. Entre les deux dirigeants, la confiance est définitivement établie.

---

1. Sophie Guerrier, « Le discours de Villepin sur l'Irak à l'ONU », *Le Figaro*, 8 avril 2014. Voir aussi : « Déclaration de Dominique de Villepin au conseil de sécurité de l'ONU », *Inter soir*, 14 février 2003, source : Ina.fr.

« Une bonne occasion de se taire »

L'image de la France dans les pays d'Europe centrale et orientale, elle, en sort abîmée. Car, sur la question irakienne, Jacques Chirac se fend d'une petite phrase qui fait mouche et restera longtemps en travers de la gorge des représentants polonais notamment.

Ce sont d'abord huit dirigeants européens – Royaume-Uni, Espagne, Italie, Portugal, Danemark, Pologne, République tchèque, Hongrie – qui se prononcent en faveur de l'intervention américaine dans la « Lettre des Huit pour un front uni face à l'Irak[1] », du 30 janvier 2003. Puis les représentants du « groupe de Vilnius[2] » (les dix pays anciennement communistes désormais candidats à l'Otan en 2004) les rejoignent le 5 février. Dans un conseil européen du 17 février, Jacques Chirac commente alors : « Ces pays ont été à la fois, disons le mot, pas très bien élevés et un peu inconscients des dangers que comportait un trop rapide alignement sur la position américaine [...]. Ces pays ont perdu une bonne occasion de se taire. » Dans les années qui suivent, l'Europe et l'Otan accueillent les nouveaux États, mais la fracture entre la France, championne de la « vieille Europe » et la « nouvelle Europe » n'est pas résorbée.

Dans les deux dernières années de son quinquennat, Chirac cherche toujours à préserver les relations avec Moscou.

1. 30 janvier 2003 : Lettre des huit pays d'Europe pour un front uni face à l'Irak.

2. Les trois États baltes, la Roumanie, la Bulgarie, la Slovaquie, la Slovénie, la Croatie, l'Albanie et la Macédoine.

Notamment face à l'Ukraine. En novembre 2004, alors que les résultats de l'élection législative, donnant contre toute attente pour vainqueur le candidat pro-russe Viktor Ianoukovitch, sont contestés par la rue (ce qui devient vite « la révolution orange »), les commentaires de Jacques Chirac sont minimalistes. Il se borne à encourager la médiation de l'UE, en la personne de son haut représentant pour la politique étrangère, Javier Solana, et en « appelle au bon sens[1] ». Les efforts de l'UE, parmi lesquels ceux du président polonais Aleksander Kwaśniewski, débouchent à grand-peine sur un accord des deux partis en lice pour organiser un nouveau scrutin fin décembre, malgré l'opposition de la Russie et du Bélarus. Le candidat de l'opposition, Iouchtchenko, pro-occidental, est finalement élu.

Jacques Chirac se montre très compréhensif vis-à-vis des réticences russes et partage aussi l'opposition de Moscou à l'élargissement de l'Otan à Kiev. Selon Maurice Gourdault-Montagne, « Jacques Chirac avait proposé une protection croisée de l'Ukraine par la Russie d'un côté et l'Otan de l'autre, mais les Américains ont refusé car ils avaient l'intention d'intégrer l'Ukraine à l'Otan[2] ». Sur ce dossier, Chirac s'ouvre devant les

1. « Interview de M. Jacques Chirac, Président de la République, à TV5 et RFI, sur la situation en Côte d'Ivoire, l'aide au développement, la francophonie, les élections en Ukraine, les dossiers irakien et du Proche-Orient, et le sort des journalistes français retenus en otage en Irak, à Ouagadougou », 26 novembre 2004, source : Elysee.fr.

2. Maurice Gourdault-Montagne, « Jacques Chirac avait proposé une protection croisée de l'Ukraine par la Russie d'un côté et l'Otan de l'autre, mais les Américains ont refusé car ils avaient l'intention d'intégrer l'Ukraine à l'Otan », CNews, 19 mars 2022.

ambassadeurs de France en janvier 2006. Il critique notamment un élargissement « insuffisamment préparé[1] » selon lui. Et, après l'adhésion en mars 2004, il s'oppose à l'octroi d'une feuille de route à l'Ukraine au sommet de l'Otan organisé à Riga en novembre 2006.

À l'automne de la même année, parachevant son positionnement stratégique aux côtés de Moscou, Jacques Chirac fait décorer Vladimir Poutine de la Légion d'honneur, en l'élevant au statut de grand-croix de cet ordre. La cérémonie est organisée dans la plus grande discrétion le 22 septembre. Si discrète que le correspondant de l'AFP à l'Élysée n'en a même pas été informé, et qui est donc relayée en décalage. Une décision qui entraîne d'ailleurs une action immédiate de protestation de l'organisation Reporters sans frontières (RSF), indignée par ce traitement alors qu'on assiste à un durcissement spectaculaire du régime russe. J'étais à ce moment responsable du bureau ex-URSS et Asie centrale de RSF. À l'époque, nous regrettions que « les questions du démantèlement des libertés publiques en Russie, du musellement de la presse, ou de la politique de terreur et d'information zéro qui prévaut en Tchétchénie [ne fassent] l'objet d'aucune déclaration publique à l'issue de cette visite. Le choix des autorités françaises de décerner la Légion d'honneur à Vladimir Poutine apporte une caution choquante à sa politique[2]. » Moins d'un mois plus tard, la reporter de *Novaïa Gazeta*, Anna Politkovskaïa, qui avait inlassablement

1. *Le temps*, Sylvain Besson, 29 août 2006.

2. « La grand-croix de la Légion d'honneur pour Vladimir Poutine : "une décision indigne de la France" », communiqué de presse de Reporters sans frontières, 25 septembre 2006.

documenté la guerre en Tchétchénie et dénoncé ses horreurs, était assassinée dans sa cage d'escalier à Moscou le jour de l'anniversaire de Poutine (7 octobre). Un assassinat dont les commanditaires n'ont jamais été identifiés. Quand le président russe s'exprime enfin le 10 octobre, face à l'ampleur des réactions internationales, c'est pour souligner qu'Anna Politkovskaïa avait « une influence minimale sur la vie politique russe[1] ».

De tous les présidents français de l'après-guerre froide, seul Nicolas Sarkozy alla plus loin que Jacques Chirac. Ce qui est paradoxal, car il avait entamé sa campagne en se présentant comme le candidat anti-Poutine.

1. Agence de presse Regnum, 10 octobre 2006.

4

Nicolas Sarkozy : du candidat anti-Poutine au président pro-russe

« La Russie est redevenue une puissance mondiale. C'est sa place, c'est son rôle historique, c'est sa destinée. [...] Enfin, je veux dire que j'ai toujours été un ami de Vladimir Poutine, parce que c'est un homme avec qui on peut parler, y compris quand on a des désaccords.[1] » Nous sommes le 22 novembre 2018 à Moscou, à la soirée de fin d'année du principal fonds souverain de Russie, le Russia Direct Investment Fund (RDIF). L'homme qui s'exprime devant l'image d'un Kremlin de nuit, illuminé et bordé de sapins, est l'ancien président de la République, Nicolas Sarkozy. Il conclut son intervention en commettant un véritable impair à l'endroit du président dudit fonds, Kirill Dmitriev, confondant son nom et son prénom, une erreur que l'interprète corrige en gommant au passage le tutoiement, particulièrement déplacé dans un contexte russe. « Dimitri, c'est la première fois que tu m'invites ici, l'année prochaine, je veux être invité aussi. » Comme l'écrit

1. Fabrice Arfi et Yann Philippin, « Nicolas Sarkozy à Moscou en novembre 2018 lors d'une réception organisée par un fonds souverain de l'État russe », *Mediapart*, 11 janvier 2023.

Mediapart en janvier 2023[1], peu avant et peu après cette intervention, deux versements de deux cent mille et cent mille euros ont été réalisés sur l'un des comptes bancaires de Nicolas Sarkozy. L'ancien président est aussi visé par une enquête préliminaire du parquet financier, comme l'a révélé en 2021 le même média, pour « un contrat de conseil à trois millions d'euros [...] avec une société d'assurances russe contrôlée par deux oligarques adeptes des paradis fiscaux, associés avec l'assureur français Axa[2] ».

Plus près de nous, en août 2023, Nicolas Sarkozy fait la promotion de son dernier livre de mémoires (*Le Temps des combats*) dans une interview au *Figaro* intitulée : « Nous avons besoin des Russes et ils ont besoin de nous ». L'ancien président y avance des analyses fondées sur des généralités des plus étonnantes : « Les Russes sont des Slaves. Ils sont différents de nous. La discussion est toujours difficile et a suscité beaucoup de malentendus dans notre histoire commune. » Il y expose aussi sa vision de la guerre que la Russie livre à l'Ukraine : « Il faut prendre le risque de sortir de cette impasse, car, sur ce sujet, les intérêts européens ne sont pas alignés sur les intérêts américains. On ne peut pas s'en tenir à l'idée étrange de "faire la guerre sans la faire". [...] Sans compromis, rien ne sera possible, et nous courrons le risque que les choses dégénèrent à tout moment[3]. »

1. Fabrice Arfi et Yann Philippin, « Nicolas Sarkozy, les louanges à Poutine et la piste de l'argent du Kremlin », *Mediapart*, 11 janvier 2023.

2. Yann Philippin et Antton Rouget, « Les millions russes de Nicolas Sarkozy », *Mediapart*, 15 janvier 2021.

3. Charles Jaigu, Guillaume Roquette, « Nicolas Sarkozy : "Nous avons besoin des Russes et ils ont besoin de nous" », *Le Figaro Magazine*, 16 août 2023.

Une position pro-russe limpide et assumée. Et pourtant, sur ce sujet, les propos de Nicolas Sarkozy sont à l'opposé de ceux qu'il tenait quand il n'était encore qu'un ministre de Jacques Chirac et candidat à la présidence. Il se présentait alors comme le « candidat de la rupture ».

Du candidat au président, l'incroyable volte-face

Dans un discours qui se veut fondateur, prononcé à Bercy le 29 avril 2007, le candidat Sarkozy affirme haut et fort vouloir « être le président de la France des droits de l'homme. Je ne crois pas à la Realpolitik qui fait renoncer à ses valeurs sans gagner des contrats. Je n'accepte pas ce qui se passe en Tchétchénie, ou au Darfour. Le silence est complice. Je ne veux être le complice d'aucune dictature à travers le monde. »

Le « candidat de la rupture[1] » pratique volontiers l'ouverture à gauche et aura pour ministre des Affaires étrangères Bernard Kouchner, cofondateur de Médecins sans frontières et de Médecins du monde, l'une des personnalités préférées des Français. Une belle prise de campagne. Nicolas Sarkozy rallie également à sa candidature le philosophe André Glucksmann. Dans une tribune publiée dans *Le Monde* en janvier 2007, l'inlassable dénonciateur des violations des droits de l'homme

1. « Nicolas Sarkozy, "libre", prône la rupture », *Le Nouvel Observateur*, 27 mars 2007.

en Tchétchénie explique se ranger aux côtés de l'ancien ministre de l'Intérieur de Jacques Chirac pour cesser de sacrifier à la Realpolitik « notre histoire et notre rayonnement aux intérêts à courte vue de ventes d'armes et de contrats pétroliers ». Parmi les manquements des précédents locataires de l'Élysée, il mentionne notamment l'attribution à « Vladimir Poutine de la grand-croix de la Légion d'honneur ». Il déplore aussi une « curieuse évolution qui fit de la patrie des droits de l'homme l'apôtre des ordres établis[1] ». Un ralliement sur lequel il reviendra publiquement[2] quelques années plus tard.

Pendant sa campagne, Nicolas Sarkozy entend se distinguer de la présidence Chirac et notamment dans sa proximité avec la trop autoritaire Russie de Poutine. En septembre 2006, critiqué pour avoir rencontré le président américain George W. Bush, il se défend dans le *JDD* en déclarant : « Quand je pense que ceux qui me reprochent de rencontrer Bush sont ceux qui serrent la pogne de Poutine, ça me fait doucement rigoler[3]. » Il reprend à son compte les critiques formulées par des ONG comme Reporters sans frontières et répète souvent que Chirac était anti-Bush et lui anti-Poutine. Lors d'un petit déjeuner de presse, il se déclare déterminé à ne pas serrer la main de Poutine, ce qui ne manque pas

1. André Glucksmann, « Pourquoi je choisis Nicolas Sarkozy », *Le Monde*, 29 janvier 2007.

2. Nathalie Levissalles, « André Glucksmann : "J'ai abandonné l'espoir d'une autocritique de Sarkozy d'ici la fin de la campagne" », *Libération*, 5 avril 2012.

3. « De quand date la "Poutine mania" de Sarkozy ? », *Le JDD*, 29 octobre 2015.

d'attirer l'attention de Moscou. Anton Vaïno, le jeune et nouveau chef de l'administration présidentielle russe, s'enquiert discrètement auprès d'une influente figure de la sphère politique française des intentions du candidat Sarkozy. Point sur lequel l'administration russe sera bien vite rassurée. « Il s'agissait d'une erreur de traduction[1] », transmet l'intermédiaire.

La présidence Sarkozy en matière de rupture a pris à juste titre les observateurs à contre-pied. Car la diplomatie des valeurs prônée face à Moscou lorsqu'il n'était que candidat à la magistrature suprême est bien vite remplacée par celle des intérêts économiques. Un changement qui intervient sans avoir été annoncé et qui laisse certains dans la confusion.

Nicolas Sarkozy, alors fraîchement élu, apparaît fébrile, très excité, voire perturbé, lorsqu'il se présente à la presse au sortir d'un tête-à-tête avec Vladimir Poutine le 7 juin, lors du sommet du G8 qui se tient en Allemagne à Heilingendamm (6 au 8 juin 2007). Dans cette conférence de presse, il donne d'emblée la parole à la salle et parle surtout de lui. Et, face au constat du changement de son rapport avec Poutine, avec qui « il s'est montré éclatant de rire, après l'avoir durement critiqué » comme le rapporte *Le Monde* du 8 juin, il rétorque : « Il m'a dit que j'étais direct. Je lui ai répondu que je m'inspirais de lui[2]. »

---

1. Entretien avec l'auteure, 7 octobre 2023.

2. Le journaliste français Nicolas Hénin, auteur d'un livre enquête sur les réseaux russes en France, avance que Nicolas Sarkozy a été mis « KO debout » par son homologue russe sans que celui-ci ait eu à dégainer la

Car Nicolas Sarkozy n'est plus en campagne, il fait ses débuts dans l'enceinte des dirigeants les plus puissants et l'expérience de l'exercice du pouvoir. Surtout, il est confronté à la nouvelle posture des représentants russes qui opposent de plus en plus souvent et fermement un mur aux critiques occidentales. Si on peut en effet exprimer « en toute franchise » des inquiétudes ou des désaccords avec leurs politiques, eux en tiennent de moins en moins compte, et se réservent le droit de nous le faire savoir sur le même ton. Comme l'a démontré le discours du président russe lors de la conférence de Munich sur la sécurité, le 10 février précédent. Lors de ce « Davos de la sécurité », Vladimir Poutine attaque bille en tête l'unilatéralisme américain. La diplomatie des valeurs de Nicolas Sarkozy, elle, a vécu.

---

vodka. Vladimir Poutine, après avoir toléré quelques minutes les critiques du président français, l'aurait interrompu et intimidé : « Si tu continues à me parler sur ce ton, je t'écrase », lui aurait-il dit. Une version vigoureusement battue en brèche par le cercle rapproché de Nicolas Sarkozy, à commencer par Jean-David Levitte, son sherpa, qui a assisté à la scène. Il fait de cet entretien un récit plus conforme aux usages diplomatiques. Selon lui, la rencontre de juin 2007 se déroule en petit comité. En plus des interprètes, sont présents, aux côtés du président français, Jean-David Levitte, son adjoint et le porte-parole de l'Élysée. Dans la première partie de l'entretien, les questions de droits de l'homme sont en effet évoquées par la partie française. Mais Vladimir Poutine retourne l'argument à son adversaire, une pratique de plus en plus fréquente. Lorsque l'entretien touche à sa fin, ses conseillers rappellent à Nicolas Sarkozy qu'une conférence de presse est prévue. Conférence que ce dernier a oubliée. Il y arrive essoufflé par un escalier raide franchi à toute vitesse, fidèle au surnom de « Speedy Sarko » que lui ont donné les Allemands. Et pour dissimuler qu'il n'a pas prévu de déclaration, il propose de répondre immédiatement aux questions des journalistes, sans prise de parole préalable.

Diviser l'Occident

« Un pays, les États-Unis, sort de ses frontières nationales dans tous les domaines. C'est très dangereux : plus personne ne se sent en sécurité, parce que personne ne peut plus trouver refuge derrière le droit international.[1] » Un discours considéré aujourd'hui comme charnière mais dont l'impact à l'époque peine à être saisi.

Trois dossiers irritent alors particulièrement la Russie. La question du déploiement d'un bouclier antimissile par l'Otan en République tchèque et en Pologne, l'indépendance du Kosovo et la perspective d'adhésion de l'Ukraine et de la Géorgie à l'Otan. Trois dossiers dans lesquels Washington est responsable aux yeux de Moscou. Or, conformément à la doctrine de politique étrangère dite de Primakov, la Russie n'entend plus être traitée comme une puissance moyenne ; elle veut s'opposer à l'unilatéralisme américain et revendique une zone d'influence sur les États issus de l'URSS. Ne plus être traitée comme une puissance moyenne signifie aussi que Moscou ne recherche plus que des gains ponctuels, bilatéraux avec les pays européens, et qu'elle cesse de miser sur une intégration européenne pour la Russie. L'Europe est devenue secondaire. Sauf si Moscou peut la diviser.

Depuis 2005, Vladimir Poutine fait languir les Occidentaux avec le projet Chtokman, un gisement gazier gigantesque découvert dans la mer de Barents. La Russie avait initialement recherché des partenaires

1. Discours de Vladimir Poutine du 10 février 2007 à Munich.

étrangers pour l'exploiter ; Total avait manifesté son intérêt… Jusqu'à ce que Gazprom décide de l'exploiter seule en 2006. Pour, trois mois plus tard, faire savoir qu'elle est de nouveau ouverte à des participations étrangères. Le 12 juillet, l'accord se concrétise et Gazprom annonce que Total a obtenu 25 % des parts d'une société commune possédant les infrastructures de l'exploitation (mais pas les licences, qui restent russes) ; la société d'État russe en détient, elle, les 75 % restants. Une victoire saluée comme « majeure » pour l'Europe face aux États-Unis selon la banque d'investissements UBS Warburg[1], ainsi que pour Total, qui avait essuyé plusieurs revers en Russie. Une victoire également présentée par Moscou comme ayant été à l'initiative de Paris, et faisant suite à un appel du président français à son homologue russe la veille. Un beau cadeau pour l'image de Paris alors que des discussions sont ouvertes sur l'accord stratégique Russie-Union européenne pour garantir les importations de gaz et de pétrole russes.

En octobre 2007, Nicolas Sarkozy se rend à Moscou – accompagné de nombreux patrons français – pour sa première visite en tant que chef d'État. Il est reçu dans la résidence de Vladimir Poutine. La conférence de presse que les deux hommes donnent le 10 octobre 2007 célèbre des échanges « approfondis, francs et chaleureux ». Surtout, le chef d'État français y affirme que « la France veut être un partenaire privilégié de la Russie » et que cette dernière est « un acteur majeur, un pays fort

1. « Total remporte “une victoire majeure” auprès de Gazprom », *L'Express*, 12 juillet 2007.

[...] qui a des responsabilités internationales, qu'elle veut assumer ». Un engagement que Nicolas Sarkozy appréhende comme « positif pour la stabilité du monde ». En décembre, il est le seul dirigeant européen à téléphoner à Vladimir Poutine pour le féliciter de la victoire du parti Russie unie à l'élection législative qui s'est tenue le jour même. Et ce, alors que plusieurs pays membres de l'Union européenne, dont l'Allemagne d'Angela Merkel, dénoncent un scrutin qui n'est « ni une élection libre et équitable, ni une élection démocratique[1] ».

Parallèlement, sur le dossier Otan, Paris envisage son retour au sein des structures de commandement intégré de l'alliance. Comme Jacques Chirac avant lui, Nicolas Sarkozy entend en effet faire évoluer le rôle de la France dans cette organisation. Sur ce dossier, il parachève les mandats de son prédécesseur. La possibilité de ce retour est évoquée lors de sa campagne présidentielle. En mars 2007, Sarkozy met en avant la complémentarité entre l'UE et l'Otan. En août, lors de la conférence devant les ambassadeurs, il lie l'évolution de l'Otan aux progrès de l'Europe de la défense. En septembre, c'est le ministre de la Défense, Hervé Morin, qui fait référence à la nécessité de faire avancer l'Europe de la défense, pour donner à la France plus d'influence dans l'Otan et au sein des postes de commandement et des opérations militaires. Il rappelle à cette occasion une précédente tentative de Chirac en ce sens, datant de 1996. Le même mois, le président évoque dans les

1. Marc Semo, « Pluie de critiques internationales après le plébiscite de Poutine », *Libération*, 4 décembre 2007.

colonnes du *New York Times* cette « éventualité[1] » et la conditionne à « une avancée sur l'Europe de la défense ». En novembre, c'est devant le Congrès américain qu'il officialise ce projet en insistant toujours sur la nécessité avant cela de renforcer les capacités militaires de l'Europe, face à la multiplication des crises. Il projette une « Europe de la défense crédible et forte au sein d'une Alliance rénovée ». La prochaine déclaration de Nicolas Sarkozy sur ce projet, en marge du sommet de l'Otan à Bucarest le 3 avril 2008, donne un horizon concret, celui du sommet de l'Alliance à Strasbourg de 2009. Et entraîne le dépôt d'une motion de censure – qui échoue – déposée par l'opposition (PS, Verts, PC) à l'Assemblée nationale. Le 17 juin 2008, lors de la présentation du « Livre blanc sur la défense et la sécurité nationale », Nicolas Sarkozy persiste. Les préparatifs se poursuivent en 2009 et le Premier ministre, François Fillon, organise un vote de confiance à l'Assemblée le 17 mars 2009, qu'il remporte avec trois cent vingt-neuf voix contre deux cent trente-huit. La réintégration de la France dans les structures intégrées de l'Otan est actée au sommet de Strasbourg les 3 et 4 avril suivants. Cette décision tourne la page ouverte par le général de Gaulle en 1966, qui entérinait les profonds désaccords entre la France et les États-Unis, notamment à propos des relations avec l'URSS.

Pour l'heure, Nicolas Sarkozy doit rassurer Moscou quant à ses intentions. Ce qui ne sera pas difficile. Car

1. Elaine Sciolino et Alison Male, « A restless Sarkozy vows to lead Europe into a new era », *The New York Times*, 23 septembre 2007.

le président américain Barack Obama a renoncé au système de défense antimissile qui devait être installé en Pologne et en Tchéquie, et a relancé le dialogue sur le désarmement. Le dialogue entre la Russie et l'Otan reprend en 2009 après une interruption en raison de la guerre russo-géorgienne de l'été 2008. L'Alliance, *via* son secrétaire général Anders Fogh Rasmussen, propose de « renforcer [la] coopération pratique dans tous les domaines sur lesquels [l'Europe et la Russie font] face aux mêmes risques et aux mêmes menaces pour [leur] sécurité » et de lancer « une étude conjointe des nouveaux défis de sécurité au XXIe siècle[1] ».

Guerre russo-géorgienne : la France au chevet de Tbilissi ou de Moscou ?

Depuis la disparition de l'URSS, plusieurs anciennes républiques soviétiques ont tour à tour fait l'objet de conflits séparatistes, dont on dit parfois qu'ils sont « gelés ». Des conflits que la Russie a souvent provoqués ou suscités et qu'elle exploite pour peser sur la politique de ces États qu'elle considère comme son « étranger proche ». La Géorgie en est un cas emblématique. Elle est depuis les années 1990 confrontée à du sécessionnisme dans deux de ses régions, l'Ossétie du Sud et l'Abkhazie. La guerre a déchiré ces territoires en 1991-1992 pour l'Ossétie, et en 1992-1993 pour

1. Discours du secrétaire général sur les relations OTAN-Russie, « OTAN-Russie : un nouveau départ », vendredi 18 septembre 2009.

l'Abkhazie. Des conflits au cours desquels Moscou, après avoir soutenu les séparatistes, a négocié des cessez-le-feu et s'est imposée comme force de « maintien de la paix », perçue à Tbilissi comme force de maintien du *statu quo*. Sans que jamais ces conflits ne soient réglés par des accords de paix.

Le 7 août 2008[1], après six mois de tensions et d'accrochages de plus en plus fréquents, d'efforts de la part du président Mikheïl Saakachvili pour obtenir une médiation occidentale, la Géorgie répond à une provocation des séparatistes et lance une offensive contre l'Ossétie du Sud. Les chars russes, massés près de la frontière géorgienne après un « exercice militaire » dans le Caucase du Nord, interviennent le lendemain, envahissant une partie du territoire géorgien. Le 9 août, un front additionnel s'ouvre en Abkhazie.

Nicolas Sarkozy saisit la balle au bond et obtient de Moscou un délai de deux jours pour tenter une médiation. Il est conseillé par Jean-David Levitte, transfuge de l'équipe Chirac, avec derrière lui plus de trente-sept ans d'une très belle carrière diplomatique qui lui vaut le surnom de *diplomator*. Aux antipodes du ministre des Affaires étrangères, Bernard Kouchner. Le *French doctor* est une personnalité solaire, médiatique, aux formules qui font mouche, comme le « devoir d'ingérence ». Les deux hommes sont souvent en opposition et se marchent sur les pieds dans la gestion des initiatives

1. Jean-Dominique Giuliani, Michel Foucher, « L'Union européenne face à la guerre russo-géorgienne », fondation Robert-Schuman, 1er septembre 2008.

françaises, à l'instar bien souvent de l'Élysée et du Quai d'Orsay.

Lorsque la crise éclate et que les soixante mille soldats russes massés à la frontière s'engagent, il devient rapidement évident que la Géorgie, dont l'armée compte de deux à trois fois moins d'hommes, va être balayée. Les chars russes progressent rapidement. Bernard Kouchner s'envole pour Tbilissi, accompagné par le Finlandais Alexander Stubb qui assure la présidence tournante de l'Organisation pour la sécurité et la coopération en Europe (OSCE), impliquée dans les efforts de stabilisation de la région depuis les années 1990. Les deux hommes négocient un premier projet de cessez-le-feu avec le président Saakachvili et s'attendent à ce que Nicolas Sarkozy le présente à Moscou à Dmitri Medvedev, alors locataire du Kremlin. Mais Jean-David Levitte déconseille au président d'arriver à Moscou avec un document négocié d'abord avec les Géorgiens. Celui-ci rédige donc une version alternative constituant la base de l'accord, et qui sera retravaillée à Moscou. Le 12 août, dans la capitale russe, les négociations s'éternisent et, pendant ce temps, les troupes russes gagnent du terrain. Craignant d'être mis devant le fait accompli, Nicolas Sarkozy saisit la plume et propose que les chefs d'État français et russe rédigent eux-mêmes l'accord. Ce document consiste en seulement sept points. Il prévoit : le non-recours à la force, la cessation définitive des hostilités, l'accès libre à l'aide humanitaire, le retour des forces géorgiennes dans leurs lieux de cantonnement habituels, le retrait des troupes russes derrière les lignes de démarcation existant avant le début du conflit le 7 août 2008, la mise en œuvre de mesures de sécurité additionnelles dans l'attente d'un dispositif international et, enfin l'ouverture de discussions internationales sur les modalités de sécurité et de stabilité en Abkhazie et en Ossétie du Sud. Il est rédigé en deux exemplaires, et, détail crucial, uniquement en français et en russe. Une traduction en anglais est produite pour le président géorgien auprès de qui s'envolent les représentants français après une conférence de presse Medvedev-Sarkozy à 21 heures. Là, le président français va plus loin que tout autre dirigeant occidental avant lui en reconnaissant à Moscou « le droit de "défendre" les "intérêts[1]" des "russophones à l'extérieur de la Russie" ». La Russie stoppe son avancée en direction de Tbilissi. Les combats cessent. L'accord est salué en France comme un tour de force de Nicolas Sarkozy. Pourtant, il est légitime de s'interroger sur le succès de cette entreprise de haute volée diplomatique et sur la capacité du président à « civiliser la Russie ». Quelques faits simples permettent de considérer le bilan de cette négociation sous un angle bien plus sombre.

À l'arrivée de la délégation française à Tbilissi, le président Saakachvili découvre que l'accord négocié avec Bernard Kouchner et Alexander Stubb est mort. Il refuse de signer la nouvelle mouture. Et pour cause : celle-ci est trop générale et vague, ce qui laisse la place à des interprétations que les autorités russes vont

1. « Minorités russophones », *Le Monde*, 30 septembre 2008.

exploiter – forts d'une vieille pratique diplomatique qui est la leur en la matière. Ainsi, dès la signature de l'accord, les Russes ne tiennent pas leurs engagements. Arguant d'un problème de traduction qui entraîne une divergence dans l'interprétation de la formulation du point 5 de l'accord, les troupes russes ne se retirent pas complètement des territoires qu'elles occupent car elles prennent pour référence les frontières de ces régions à la période soviétique et non depuis l'indépendance de la Géorgie.

Les États-Unis sont contraints de s'impliquer. La secrétaire d'État, Condoleezza Rice, s'arrête le 15 août en France pour rencontrer Nicolas Sarkozy. Puis, en Géorgie, elle présente à Saakachvili un document additionnel précisant certains points omis dans le document initial et ces derniers sont affinés pendant huit heures, lors d'appels avec Jean-David Levitte. Une autre conférence de presse est organisée. Le nouveau cessez-le feu est signé le 15 août par Saakachvili, le 16 par Medvedev.

Par la suite, non contente de ne pas retirer ses troupes, le 25 août, la Russie reconnaît les deux régions comme indépendantes[1] – ce qu'elle n'avait pas fait jusque-là – et y installe des bases militaires. Un affront personnel pour le président Sarkozy. Devant les protestations internationales, Dmitri Medvedev publie plusieurs tribunes[2]

1. L. S., « Medvedev n'a pas peur d'une nouvelle "guerre froide" », *Le Figaro*, AFP et AP, 26 août 2008.

2. « Dmitri Medvedev : "La reconnaissance de l'Abkhazie et de l'Ossétie du Sud est fondée sur le droit international" », *Le Monde*, AFP, 27 août 2008.

justifiant cette reconnaissance et précisant les principes stratégiques de la Russie dont la reconnaissance de « zones d'intérêt privilégiées » pour Moscou. Tant et si bien que, le 9 septembre, le bureau du président de la République française doit publier une « mise en œuvre du plan du 12 août 2008 », « réaffirmant l'engagement de toutes les parties à appliquer dans leur intégralité toutes les dispositions du plan Medvedev-Sarkozy[1] ». Pour tenter d'y arriver, des discussions internationales dites « de Genève » sont instituées et débutent en octobre. Elles associent l'Onu, l'OSCE et l'UE, et l'ensemble des parties.

Quinze ans plus tard, quel bilan peut-on tirer de cette guerre ? À ce jour, la Géorgie n'a toujours pas recouvré sa souveraineté territoriale puisque environ 20 % de son territoire et 8 % de sa population[2] échappent à son contrôle. Par ailleurs, ce conflit a jeté sur les routes près de trois cent mille personnes qui n'ont pu rentrer chez elles[3]. La guerre a privé durablement la Géorgie de la perspective d'accession à l'Otan, dans la mesure où ses frontières sont contestées et un conflit en cours sur son territoire. Son dirigeant, qui avait fermement engagé le pays dans une politique de transformation mais aussi de rapprochement avec l'Europe, est humilié et décrédibilisé dans l'arène internationale. Quant à la Russie,

1. « Mise en œuvre du plan du 12 août 2008, communiqué publié par la présidence de la République », source : ambassade de France à Moscou, 9 septembre 2008.

2. « Georgia Country Profile », BBC, 2 août 2023.

3. « Consolidated report on the conflict in Georgia (November 2022-March 2023) », source : Council of Europe, 3 avril 2023.

avec cette guerre, elle a envoyé un signal clair à tous les États issus de l'URSS : en cas de volonté de s'affranchir de l'influence de Moscou, ils auront toutes les raisons de craindre pour leur intégrité territoriale. La Russie a activé la carte du séparatisme, un schéma déjà bien connu (avec notamment l'exemple de la Moldavie amputée de la Transnistrie en 1992, puis en 2014 le Donbass, dans l'est de l'Ukraine et en Crimée).

Paris pourtant ne le voit pas de cet œil. Il s'agit d'une éclatante victoire de la diplomatie française qui illustre le rôle et le rang de la France sur la scène internationale. Il faut capitaliser sur ce « coup ». En septembre, le Premier ministre, François Fillon[1], se prononce contre l'adoption de sanctions européennes contre la Russie dans un entretien à Europe 1. Il se rend ensuite à Moscou du 18 au 20 septembre, accompagné de plusieurs grands patrons d'entreprises françaises, pour faire avancer un partenariat économique avec la Russie. Là, les deux chefs de gouvernement se prononcent en faveur d'un « lien étroit » entre la Russie et l'Europe pour la « stabilité et la paix », alors que la veille, les États-Unis ont critiqué la Russie pour son attitude de « plus en plus brutale » et « agressive ». En réalité, la guerre russo-géorgienne annonce déjà celle de l'Ukraine en 2014 (avec l'invasion à grande échelle de celle-ci le 24 février 2022).

1. « Interview de M. François Fillon, Premier ministre, à Europe 1 le 1er septembre 2008, notamment sur la position française et européenne face au conflit entre la Russie et la Géorgie, l'intervention militaire en Afghanistan, le financement du RSA, le ralentissement de la croissance et ses relations avec le président de la République », source : Vie-publique.fr, 1er septembre 2008.

Car Moscou y gagne même en attention internationale. Avec notre assentiment.

Le Mistral, un vent qui souffle depuis Moscou

Quelques semaines plus tard, du 27 au 31 octobre 2008, le salon mondial de l'industrie navale de défense, Euronaval, se tient au parc des expositions de Villepinte. Le chef d'état-major de la Marine russe, l'amiral Vladimir Vyssotski, y est présent et jette son dévolu sur un bâtiment de projection et de commandement (BPC) français de type Mistral, dont la maquette est exposée par l'ex-direction des constructions navales (DCNS). Ce porte-hélicoptères permet, grâce à des équipements informatiques et de communication dernier cri, de projeter et de commander des forces militaires lors d'opérations extérieures. Avec ses 199 mètres de long, il peut en effet embarquer et transporter 450 hommes, 16 hélicoptères, 70 blindés, deux blocs opératoires, et un état-major. « Avec un BPC, nous aurions accompli en 40 minutes ce qui nous a pris 26 heures en août 2008 contre la Géorgie[1] », confie Vyssotski à la fin de l'année 2009 pour justifier l'intérêt porté au BPC par la Marine russe. Le contrat est signé le 17 juin 2011, au forum économique de Saint -Pétersbourg en présence de Dmitri Medvedev. Il engage la France à produire et à livrer à la Russie deux de ces BPC, puis à autoriser des transferts de technologies

1. Isabelle Lasserre, « La vente d'un navire de guerre français à la Russie inquiète », *Le Figaro*, 26 novembre 2009.

permettant à Moscou de produire en coopération avec Paris deux autres bâtiments. Un contrat évalué à au moins un milliard et demi d'euros et qui doit fournir du travail pendant quatre ans à près de mille employés des chantiers de Saint-Nazaire, alors en difficulté. Il est historique et n'a abouti qu'après de nombreuses péripéties.

Côté russe, c'est la première fois que, depuis 1945, Moscou accepte de se fournir en armement auprès d'un pays membre de l'Otan. Cela n'a pas été sans mal et a entraîné l'intervention directe de Vladimir Poutine et de ses proches dans le dossier. Côté français, il a fallu passer outre les réticences de la communauté du renseignement – qui, depuis 2008, recommence à considérer la Russie comme une menace –, mais aussi de celles du vice-amiral Xavier Païtard, directeur du cabinet militaire d'Hervé Morin, le ministre de la Défense, et surtout de celle de l'amiral Édouard Guilaud, alors chef d'état-major particulier du président de la République – il deviendra, en février 2010, le chef d'état-major des armées (CEMA). Dans un article de *Mediapart*[1], l'amiral Guilaud se souvient « d'avoir été l'un des rares à avoir émis des réserves » parce qu'il avait « des doutes sur la fiabilité des Russes ». L'ancien ambassadeur de France en Russie, Jean de Gliniasty, souligne que « c'est le président de la République qui a tranché parce que le ministère des Affaires étrangères était aussi plutôt défavorable ».

Selon son secrétaire d'État aux Affaires européennes, Pierre Lellouche, Nicolas Sarkozy « avait décidé de

1. Karl Laske, Madeleine Leroyer et Jacques Massey, « Sarkozy, Poutine et… Djouhri dans le deal des Mistral », *Mediapart*, 30 mars 2022.

miser à fond sur une détente avec la Russie, malgré la guerre en Géorgie[1] ». Le 7 février 2009, lors de la conférence annuelle sur la sécurité à Munich, le président français balaye les inquiétudes de ceux que l'achat par la Russie d'une telle technologie déconcerte. Pour lui, il s'agit de restaurer la confiance entre l'Europe – inquiète de la guerre en Géorgie – et la Russie, inquiète d'un risque d'encerclement. C'est pourquoi il s'est prononcé, comme Angela Merkel, contre l'adhésion de la Géorgie à l'Otan, en juin 2008. Il ajoute qu'il « ne croit pas que la Russie d'aujourd'hui soit une menace militaire pour l'Union européenne et pour l'Otan[2] ». Notamment parce que « un pays qui a tant de problèmes avec sa démographie n'est pas un pays qui spontanément [...] est porté à une agressivité militaire avec ses voisins ». Le président a tranché. François Fillon n'est pas non plus en reste. Lui dont deux proches collaborateurs, les russophones Jean de Boishue et Igor Mitrofanoff, sont les chevilles ouvrières de sa politique envers Moscou. Le 27 novembre 2009, interpellé par la presse lors de la conférence de clôture d'un autre séminaire franco-russe, il livre des réponses sans ambiguïté. Minimisant les inquiétudes exprimées par la Géorgie, il qualifie le Mistral de « navire logistique ». Puis il affirme avoir « engagé avec la Russie une coopération complète [...] y compris dans le domaine de la défense ». Mais il va

1. Vincent Jauvert, « Mistral : comment Sarkozy et Fillon ont cédé aux exigences russes », *Le Nouvel Observateur*, 6 août 2014.

2. « Déclaration de M. Nicolas Sarkozy, président de la République, notamment sur l'Otan, les relations euro-russes et sur la défense européenne, à Munich le 7 février 2009 », source : Elysee.fr, 7 février 2009.

bien plus loin et affirme que « la Russie est aujourd'hui une démocratie » et que la France, comme l'Europe, a choisi de l'accompagner, « pour arriver à cette harmonisation, qui permettrait [...] de constituer un grand ensemble qui serait à la fois un lieu de liberté et qui serait en même temps un instrument extrêmement puissant pour infléchir le cours d'une mondialisation qui n'est pas toujours respectueuse, non plus, des droits de l'homme ». Un engagement pro-russe qui ne se démentira pas puisque, en 2021, l'ancien Premier ministre rejoindra le conseil d'administration de deux sociétés proches des cercles du pouvoir russe : Sibur (chimie) et Zarubezhneft (hydrocarbures) avant d'annoncer sa démission[1] en février 2022, à la suite de l'invasion russe à grande échelle de l'Ukraine.

Les négociations s'engagent donc. Le clan du Premier ministre russe reprend la main et impose de nouveaux interlocuteurs. Parmi eux, Sergueï Tchemezov, patron de Rostec, la société d'État qui coiffe tout le complexe militaro-industriel russe. Il est d'ailleurs remercié par la Légion d'honneur, qu'il reçoit des mains de Nicolas Sarkozy, le 9 mars 2010. Mais le président niera le connaître, selon *Mediapart*[2], lorsqu'il sera interrogé dans le cadre de sa garde à vue (20 mars 2018) liée à l'enquête portant sur les soupçons de financements illégaux de sa campagne de 2007. Une décoration fêtée

1. « François Fillon va quitter le conseil d'administration des entreprises russes Sibur et Zarubezhneft », *Le Monde*, AFP, 25 février 2022.

2. *Mediapart*, 30 mars 2022, *op. cit.*

ensuite à l'hôtel Bristol, dans une réception organisée par un intermédiaire français, Alexandre Djouhri. Là se pressent, selon Pierre Péan[1], les patrons d'EDF, EADS, Casino, Thalès. La visite de Poutine à Fillon, en juin 2010, fait avancer la négociation. Les Russes ne veulent plus acheter quatre bateaux mais deux et en produire deux autres en Russie. Un accord est trouvé en janvier 2011 et le contrat est paraphé en juin 2011 à Saint-Pétersbourg (pour un montant de six cents millions d'euros chacun).

La vente sera finalement annulée par François Hollande, après l'annexion de la Crimée par la Russie en 2014 et le début de la guerre au Donbass. Plus tard encore, François Fillon et d'autres acteurs de la vie politique française seront auditionnés par la Commission d'enquête de l'Assemblée nationale sur les ingérences étrangères. Les Mistral reviendront aussi hanter Nicolas Sarkozy bien après, puisque la question du versement possible de commissions occultes dans le cadre de la négociation du contrat est évoquée lors de la garde à vue le 20 mars 2018, dans le cadre de l'enquête sur les financements libyens de sa campagne de 2007. Pour l'heure un autre dossier vient témoigner de l'engagement du tandem Sarkozy-Fillon pour une « coopération complète » avec Moscou : celui du centre culturel et religieux du quai Branly.

1. Pierre Péan, *La République des mallettes*, Paris, Fayard, 2011.

Les bulbes de la discorde

Là où s'élevait auparavant le siège de Météo France, en face du pont de l'Alma, dans le 7e arrondissement, et à deux pas du musée des Arts premiers du quai Branly, trône désormais un centre spirituel et culturel russe, dépendant de l'ambassade de Russie à Paris. Pour un passant, il a avant tout la forme de la cathédrale de la Sainte-Trinité, rattachée au patriarcat de Moscou. La vente a été annoncée le 8 février 2010 par le ministre de l'Économie, Éric Woerth, pour un montant de plus de soixante millions d'euros (le projet total coûtera plus de cent soixante-dix millions). Une annonce qui intervient au moment où l'on célèbre l'amitié entre les deux pays, l'année croisée France-Russie, mais le projet, lui, daterait de 2007. Il aurait été formé par les présidents français et russe lors de la visite du patriarche Alexis II à Paris, à l'automne 2007. Ce qui est certain, c'est qu'il a bénéficié de soutiens. Jean de Boishue, à l'époque conseiller du Premier ministre, François Fillon, témoigne : « C'était de la Realpolitik, la même qui a poussé la France à conclure, après la guerre en Géorgie, la vente de navires Mistral. Beaucoup de gens étaient pour, notamment à droite et dans les milieux d'affaires[1]. »

Pour obtenir le terrain tout d'abord, convoité par l'Arabie saoudite et le Canada. Ce soutien permet une présence « en majesté » dans un quartier exceptionnel

1. Jean-Jacques Larrochelle et Benoît Vitkine, « "Saint-Vladimir", ou comment la Russie a obtenu sa cathédrale orthodoxe à Paris », *Le Monde*, 16 mars 2016.

de la capitale. C'est d'ailleurs ce qui pose problème à nombre de serviteurs de l'État français. Un ancien haut responsable du renseignement résume : « L'ambassade du boulevard Lannes est excentrée, alors que le centre culturel est à proximité de l'Élysée, de Matignon, mais aussi des logements de fonction des plus proches conseillers du président de la République, le chef d'état-major particulier et le conseiller diplomatique. Quand on sait que les bâtiments diplomatiques disposent d'équipements permettant de pratiquer des écoutes, on ne peut qu'être perplexe[1]. » La discorde provient également du fait que ce centre soutient la montée en puissance de l'Église orthodoxe rattachée à Moscou, « nationaliste, conservatrice, cléricale, qui voit en Vladimir Poutine son protecteur[2] », selon le théologien Jean-François Colosimo. Un instrument diplomatique autant qu'un lieu de culte. Il doit « être le symbole de la proximité historique, culturelle et spirituelle entre nos deux peuples », explique l'ancien ambassadeur russe à Paris, Alexandre Orlov. Car l'orthodoxie a toujours été un vecteur d'influence pour la Russie. Et aujourd'hui plus qu'hier, comme en témoigne le soutien sans faille de l'actuel patriarche, Kirill, à la guerre russe à l'Ukraine. Lancé en 2010, le projet ne sera inauguré qu'en 2016, au terme de nombreux détours et pauses. « Saint-Vladimir », comme la surnommait le ministre de la Culture de l'époque, Frédéric Mitterrand,

1. Entretiens avec l'auteure.

2. Pierre-Henri Morin, « Paris : la cathédrale orthodoxe de la Sainte-trinité, cette "fabrique du nationalisme identitaire" », *Le Point*, 3 mars 2022.

a d'ailleurs fermé ses portes pour quelques semaines après l'invasion de février 2022 pour « raison administrative ». Non sans avoir d'abord relayé sur les réseaux sociaux les accusations du régime russe à l'égard des dirigeants ukrainiens de propagation d'une « idéologie néonazie ».

Au terme de la présidence de Nicolas Sarkozy, le candidat « anti-Poutine » et anti-realpolitik, la France est à la foi rentrée dans le commandement intégré de l'Otan et a pris les positions les plus pro-russes de sa récente histoire. Celle-ci va s'accélérer en 2014, l'annexion de la Crimée, et le début de la guerre d'Ukraine. Sans oublier la guerre en Syrie, où Moscou intervient en soutien politique et militaire à Bachar el-Assad.

5

François Hollande, l'exception française

Le cocktail Poutine : un tiers de séduction, un tiers de brutalité, un tiers de surprise… et une touche de mensonge

Une atmosphère tendue. C'est le constat qui s'impose lors de la première conférence de presse, ce 1er juin 2012, donnée en commun par François Hollande, élu quelques semaines auparavant à la présidence de la France, et Vladimir Poutine, tout juste redevenu chef de l'État russe. Comme le maître du Kremlin tarde à répondre quand on lui demande comment il avait trouvé son homologue, François Hollande saisit la balle au bond avec son humour habituel : « Vous avez raison, la première impression est toujours la bonne. » L'agenda diplomatique de cette rencontre initiale est chargé. Nucléaire iranien, Afghanistan, bouclier anti-missile de l'Otan et Syrie. Sur le nucléaire iranien, Paris et Moscou, qui travaillent à la signature d'un accord avec Téhéran, partagent une convergence relative. En Afghanistan, Paris a besoin de Moscou pour mettre en œuvre le retrait de ses unités combattantes d'ici à la fin de l'année – une promesse de campagne du candidat

Hollande – et gérer le devenir de son équipement militaire. En revanche, sur les deux derniers sujets, le courant ne passe pas.

Poutine repousse le projet de bouclier antimissile otanien envisagé depuis 2010, qui mènerait selon lui à un encerclement inacceptable de la Russie. Quant à la Syrie, Paris et Moscou ont sur ce sujet des positions diamétralement opposées. Pour la France, il faut une solution politique à la guerre civile syrienne, commencée en 2011, qui passe par le départ de Bachar el-Assad. Tandis que Moscou renvoie dos à dos le régime syrien et les insurgés, dont une partie désormais composée de djihadistes affiliés à Daech justifie encore mieux le soutien russe à Bachar el-Assad. Moscou pointe aussi l'instabilité générée selon elle par les destitutions de dirigeants à la suite des Printemps arabes. Le président russe ne manque pas non plus de souligner que Bachar el-Assad s'est rendu plus souvent en France qu'en Russie, remarque à laquelle François Hollande répond en se distanciant de la décision de Nicolas Sarkozy de faire du Syrien l'invité d'honneur du 14 juillet 2008. Le président russe fait montre d'une brutalité dont il est coutumier, mais, avec François Hollande, cette méthode ne prend pas. Le chaud-froid alternant séduction et tacles pour prendre l'ascendant dans la relation avec son homologue, loin de subjuguer le Français, produit l'effet inverse. Pourquoi cela ? Le septième président de la Ve République s'en explique.

À la différence de nombre de ses prédécesseurs, il n'a jamais rencontré le dirigeant russe avant son mandat. De ce dernier il n'a qu'une impression, disons peu favorable, fondée sur ce qu'il sait de sa politique. Mis en présence de son homologue, François Hollande se rend vite compte que celui-ci « comme un artiste, lui fait tous ses tours[1] ». Le cocktail Poutine, pour François Hollande, est assez simple. « Un tiers de séduction, un tiers de brutalité, un tiers de surprise » et un ingrédient souvent négligé mais qui fait toute la saveur du personnage, « le mensonge ». La séduction, c'est quand le président russe fait preuve d'une attention délicate, comme d'apporter une bouteille de la meilleure vodka à ses hôtes pour clore un dîner où le président américain a boudé la gastronomie française, par exemple, comme ce sera le cas en juin 2014 à Deauville. La brutalité, c'est de relater lors de sa première rencontre avec Hollande comment « il avait mis en présence dans la même pièce deux opposants tchétchènes ennemis jurés, pour voir s'ils allaient s'entre-tuer ». Mais attention, pour que le cocktail produise son effet, un ingrédient est essentiel, il s'agit de la surprise. « Tout, tout est fondé sur la surprise avec lui », estime François Hollande. Quant au mensonge, pour cette première rencontre à l'Élysée, on peut déjà citer l'affirmation que l'Otan veut encercler la Russie, en dépit d'engagements prétendument pris au début des années 1990. Alors que Poutine sait pertinemment en homme d'État expérimenté que ne valent que les documents dûment signés. Ce sera aussi la déclaration en 2013 que les habitants de la Ghouta, dont quatre mille cinq cents sont tués au moyen d'armes chimiques par Bachar el-Assad, ont été en réalité bombardés par

1. Entretien avec l'auteure, 7 février 2023.

les opposants eux-mêmes, pour faire accuser le président syrien ! Le massacre de la Ghouta est précisément celui qui décide François Hollande à envisager l'usage de la force en Syrie, sans recours au Conseil de sécurité de l'Onu. Avant que Barack Obama et David Cameron ne reculent malgré le franchissement de ce qui avait été présenté comme une ligne rouge. Cette reculade n'est pas un détail. Elle aura des répercussions considérables. En Syrie d'abord, où la Russie va s'impliquer militairement aux côtés du régime, puisqu'elle sait qu'elle est à l'abri d'une réaction américaine. En Ukraine par la suite et pour les mêmes raisons. Car Vladimir Poutine sait que, même face à ce type d'atrocités, la réponse de l'Occident est mesurée, quand elle n'est pas lâche.

Crimée, Donbass : les débuts de la guerre d'Ukraine

Le 21 novembre 2013, le président ukrainien prorusse Viktor Ianoukovitch, cédant aux pressions de Moscou, annonce qu'il ne signera pas l'accord d'association avec l'Union européenne, négocié et préparé depuis de nombreuses années. À la place, il propose d'ouvrir des négociations sur les relations économiques de l'Ukraine et de l'UE en associant la Russie. Cette dernière promet d'investir près de quinze milliards de dollars en Ukraine et d'accorder à Kiev des tarifs avantageux sur le gaz. Un levier énergétique dont Moscou se sert régulièrement pour faire pression sur les ex-républiques soviétiques depuis leur indépendance.

Le mécontentement populaire est énorme au bout de quelques jours et entraîne le mouvement baptisé Euromaïdan, du nom de la place de l'Indépendance (*maïdan* signifie « place » en ukrainien) sur laquelle des dizaines de milliers de manifestants, puis des centaines de milliers, vont se rassembler pendant trois mois après le 1er décembre. Car, pour les Ukrainiens, « cet accord d'association représente beaucoup : l'idéal de la démocratie, par opposition à la Russie autoritaire de Poutine ; l'idéal d'une administration efficace et non corrompue, dans un pays aux pratiques corruptives partagées jusqu'au sommet de l'État ; enfin l'idéal d'une vie plus riche, avec la possibilité de voyager plus facilement en Europe grâce à la libéralisation des visas[1] », commente Ioulia Shukan, qui multiplie les terrains d'étude dès le début du mouvement. Le 29 novembre, la répression brutale des manifestations, « dans un pays où jusqu'alors les mobilisations citoyennes s'étaient déroulées dans le calme [...] indigne : le mouvement se transforme en une révolte massive, et amène début décembre la mise en œuvre d'une stratégie d'occupation prolongée de la place », poursuit la spécialiste de l'Ukraine. Dès lors, « les revendications du Maïdan vont évoluer en réaction à l'autoritarisme du pouvoir », explique Ioulia Shukan. « À la mi-janvier, les trois premières victimes parmi les manifestants représentent un point

1. Ioulia Shukan est maîtresse de conférences en études slaves à l'université Paris-Nanterre. Elle est notamment l'auteure de *Génération Maïdan. Vivre la crise ukrainienne*, publié en 2016 aux éditions de l'Aube. – Cyrille Beyer, « "L'Euromaïdan" ou la révolution ukrainienne pour les valeurs européennes », *L'INA éclaire l'actu*, 2 mars 2022.

de non-retour : désormais, c'est le départ du président Ianoukovitch qui est réclamé. »

Le vote, début janvier 2014, d'une loi réduisant la liberté de manifester, achève de tendre la situation. En février les violences se multiplient et culminent avec le lancement par les autorités, le 20 du même mois, d'une « opération antiterroriste » qui autorise les tirs à balles réelles. Le bilan humain explose avec plus de quatre-vingts morts et six cents blessés. Les occupations de bâtiments publics se multiplient. À Kiev, les partis d'opposition exigent le retour à la Constitution de 2004 (que Ianoukovitch a amendée en 2010 pour s'octroyer davantage de pouvoir). Une médiation des ministres des Affaires étrangères français, allemand et polonais, associant un représentant russe, commencée le 19, aboutit le 21 à un accord de sortie de crise entre l'opposition et le président Ianoukovitch. Ce document prévoit une élection présidentielle anticipée, la formation d'un gouvernement de coalition et une réforme constitutionnelle. Mais, le soir même, le président ukrainien quitte précipitamment le pays *via* Kharkiv et la Crimée pour la Russie, où il réside désormais. Sa destitution est votée par le Parlement ukrainien. Le 28 février, depuis la ville de Rostov sur le Don, il donne une conférence de presse, en russe, où il affirme ne pas avoir été renversé et être donc le président légitime du pays[1]. Entretemps, les manifestants ont envahi sa demeure personnelle, Mejyhiria, qui deviendra un musée exposant après sa

1. « Ianoukovitch : "Je suis le président légitime de l'Ukraine" », *Le Monde*, AFP, Reuters, 28 février 2014.

chute le luxe dans lequel vivait l'ancien président et sa corruption.

La réaction russe est à la hauteur mais se passe tout d'abord de mots. Vladimir Poutine s'exprime pour la première fois le 4 mars 2014, après la clôture des Jeux olympiques d'hiver organisés à Sotchi du 7 au 23 février. Un événement majeur pour le prestige international de la Russie. Pour le dirigeant russe, ce qui s'est passé en Ukraine est « un coup d'État anticonstitutionnel, une prise de pouvoir par les armes ». Il nie toute implication de Moscou. Pourtant, depuis plusieurs jours, des hommes en uniforme militaire, mais privés d'insignes permettant de déterminer l'armée au nom de laquelle ils agissent, sont apparus en Crimée autour des casernes des forces ukrainiennes. On le sait aujourd'hui, ces « petits hommes verts » sont des soldats de l'armée régulière russe. Mais le Kremlin affirme que ce sont des « forces d'autodéfense ». Tout en soulignant disposer d'une demande d'intervention militaire de la part du seul président légitime, ce qui rendrait juridiquement valable une action de Moscou en ce sens. Poutine affirme aussi être prêt « à défendre les gens que nous considérons comme proches du point de vue historique, culturel, économique ». La guerre d'Ukraine a commencé.

Dès lors, les événements se précipitent et touchent deux régions ukrainiennes que la Russie instrumentalise pour défendre ce qu'elle considère comme étant ses intérêts, la Crimée au sud et le Donbass dans l'est du pays. En Crimée, où l'armée russe se déploie, le Parlement de la république autonome proclame son indépendance le 11 mars. Un texte d'une ironie profonde, qui affirme que la Crimée sera un « État démocratique, laïque et multiethnique ». Sauf si le référendum, fixé au 16 mars, décide d'un rattachement à la Fédération de Russie. Ce qui sera, ô surprise, le cas. Le 12 mars, François Hollande déclare qu'« annexer la Crimée serait inacceptable ». Avec les autres membres du G7 il appelle Moscou à « cesser immédiatement ses actions en soutien à un référendum sur le territoire de la Crimée portant sur le statut de cette dernière, en violation flagrante de la constitution de l'Ukraine[1] ». Les dirigeants rappellent que cette annexion « constituerait une violation manifeste de la charte des Nations unies ; des engagements pris par la Russie en vertu de l'acte final d'Helsinki ; de ses obligations à l'égard de l'Ukraine en vertu du traité d'amitié, de coopération et de partenariat [...] de 1997 ; de l'accord russo-ukrainien de 1997 sur les bases militaires ; et des engagements pris par la Russie dans le cadre du mémorandum de Budapest de 1994 ». Et ils annoncent que, non contents de ne pas reconnaître le résultat de ce référendum, ils prendraient des sanctions contre Moscou. Pour l'heure ils suspendent immédiatement la réunion du G8 prévue à Sotchi en juin. Le 16 mars, les résultats du pseudo-référendum tombent : plus de 96 % de « oui ». Sans tarder, le 18 mars, Poutine signe avec le président du Parlement de Crimée, Vladimir Konstantinov, un traité rattachant la péninsule à la Fédération de Russie.

1. « Déclaration des chefs d'État ou de gouvernement du G7 sur la situation en Crimée, le 12 mars 2014 », source : Vie-publique.fr, 12 mars 2014.

L'histoire ne s'arrête pas là, car dans l'est de l'Ukraine, et notamment à Kharkiv dès le 23 février, des mouvements anti-Maïdan sont organisés, suivis d'autres à Donetsk qui dégénèrent en rébellion armée. Le 7 avril, des manifestants pro-russes, dont beaucoup sont venus de Russie, prennent le siège du gouvernement et proclament une « République populaire de Donetsk[1] » et affirment qu'ils n'hésiteront pas à demander à la Russie l'envoi d'un « contingent de maintien de la paix » en cas d'agression des autorités de Kiev qu'ils considèrent comme illégitimes. Le 11 mai, une deuxième république fantoche, de Lougansk, rejoint celle de Donetsk. Le gouvernement ukrainien ne les reconnaît pas et envoie des troupes pour tenter de reprendre le contrôle du territoire. Jusqu'à la signature des accords de Minsk, le 5 septembre 2014, les combats font rage. L'armée ukrainienne fait face à de lourdes pertes et cède du terrain. Sans s'impliquer militairement, l'Allemagne, la France et les États-Unis cherchent à trouver une issue diplomatique à la crise.

Mais réunir autour d'une même table un représentant russe et le président Porochenko élu le 25 mai 2014 est impossible, car Moscou conteste sa légitimité. C'est là que la créativité et l'audace des diplomates français et allemands font la différence. Les conseillers de François Hollande et d'Angela Merkel travaillent de conserve. À l'approche des cérémonies du 70e anniversaire du débarquement allié en Normandie, ils voient un coup à jouer.

1. « Ukraine : proclamation d'une "république souveraine" à Donetsk », RFI, 7 avril 2014.

Il faudrait « détourner » cet événement pour amorcer des négociations sur l'Ukraine. Ils proposent donc de convier à cette cérémonie Vladimir Poutine ! Invité pour rendre hommage au rôle joué par l'URSS dans la Seconde Guerre mondiale, il accepte cet honneur. Et les deux conseillers d'en profiter pour convier Petro Porochenko et faire asseoir les deux hommes autour d'une même table en marge des cérémonies. Ce qui marche. Et porte sur les fonts baptismaux, le « Format Normandie » dont la première réunion se tient le 6 juin 2014 dans le château de Bénouville. Les prochaines négociations elles-mêmes se dérouleront dans la capitale du Bélarus, Minsk. Signé le 5 septembre, l'accord Minsk I[1] consiste en réalité en deux volets. Un protocole en douze points et un mémorandum paraphé plus tard, le 19 septembre (précisant les conditions de mise en œuvre du cessez-le-feu) du fait de la continuation des hostilités sur le terrain. En fait, un nouvel accord sera bientôt nécessaire. Négocié du 11 au 12 février, pendant seize heures de discussions « difficiles », selon le ministre des Affaires étrangères allemand, Frank-Walter Steinmeier, il prévoit un cessez-le-feu qui doit entrer en vigueur le 15. Sur le terrain, la bataille de Debaltseve fait rage. Là, plusieurs milliers de combattants de l'armée ukrainienne risquent d'être écrasés par les troupes des pseudo-séparatistes et de la Russie. Ces dernières veulent les déloger de ce nœud ferroviaire et routier qui occupe une place stratégique entre les deux républiques autoproclamées. La bataille débute le 17 janvier et se

1. « Protocole de Minsk – 5 septembre 2014 », source : Diplomatie.gouv.

termine le 18 février. Sous les bombes tirées en dépit du cessez-le-feu, l'armée ukrainienne doit laisser la ville aux troupes pro-russes. Quand il revient sur les négociations de Minsk II, François Hollande y trouve tout un concentré de la méthode Poutine. Séduire : « Dans ces négociations si dures, lors desquelles nous avons passé des nuits et des journées entières avec Poutine, Merkel et Porochenko, il y avait toujours des moments où il revenait à une forme plus douce pour laisser croire que l'entretien n'a pas été complètement inutile[1] », commente l'ancien président de la République. Dans la même session, il peut tout autant passer à un registre très violent, notamment avec le président ukrainien Petro Porochenko. Ce dernier est physiquement beaucoup plus imposant que son homologue russe. Pourtant c'est ce dernier qui est vindicatif et le traite de « vendeur de chocolat », en référence à la fortune de Porochenko acquise à la tête d'un empire dans la confiserie (sous la marque Roshen). Ou encore menacer d'écraser son armée. Et le mensonge est lui aussi de la partie. « Le mensonge, c'est aussi lorsqu'il me disait qu'il ne connaissait pas les séparatistes et ne connaissait pas leurs chefs, ne savait pas où ils étaient », évoque François Hollande. Car, au moment où il a fallu leur parler, on a apporté à Vladimir Poutine un téléphone pour les appeler immédiatement. « Il n'avait pas besoin de mentir. C'était une évidence qu'ils étaient en lien, mais ça lui servait d'artifice ou d'amusement », commente l'ancien chef de l'État français.

1. Entretien de l'auteure avec François Hollande, Tbilissi, 6 septembre 2023.

On a beaucoup dit sur Minsk I et II. Des accords aux enjeux souvent fort mal compris. Mais pour l'Ukraine, leur mise en œuvre complète aurait *de facto* signifié la fin du contrôle de l'Ukraine sur les territoires concernés et à terme la perte totale de sa souveraineté. Les accords comprennent en effet la fédéralisation du pays. Et la tenue de référendums prévus par l'accord n'aurait eu aucun sens, alors que la population ukrainienne avait fui et que les tanks russes circulaient partout dans la zone de conflit. Le président ukrainien Porochenko a négocié pour éviter le pire, soutenu en cela par la France et l'Allemagne. « Mais il avait un fusil sur la tempe », selon l'expression du diplomate et homme politique ukrainien, Oleh Chamchour[1]. Pour cet ancien ambassadeur d'Ukraine en France, l'utilité de Minsk I est double : d'une part prévenir une débâcle militaire ukrainienne et légitimer Petro Porochenko. Mais Minsk II, qu'il qualifie « de plan de Sourkov », du nom du conseiller spécial de Poutine responsable de la gestion de la situation en Ukraine, le laisse sceptique. Pour lui, « ce n'est pas un traité mais un arrangement, qui militairement d'ailleurs n'a pas fait la preuve de son efficacité puisque Debaltseve a été perdue[2] ». Pour l'ancien diplomate français et conseiller spécial de l'institut Montaigne Michel Duclos, l'accord aurait pu être utilement transformé. « Au lieu de s'accrocher à un format franco-allemand face aux États en conflit, pourquoi ne pas avoir convié les institutions européennes à la table

1. Qui a été ambassadeur en France, en 2014.

2. Entretien de l'auteure avec François Hollande, Tbilissi, 6 septembre 2023.

des négociations, comme cela a été le cas sur le dossier iranien par exemple ? Ce choix aurait en effet donné au conflit une visibilité accrue, au lieu de le reléguer à un niveau régional, presque local[1]. » Cette première phase de la guerre de la Russie en Ukraine, dont on estime qu'elle a fait près de quatorze mille morts, trouve sa conclusion, toute temporaire, en février 2022. Quand, lors d'une réunion exceptionnelle du Conseil de sécurité, le 21 février, la Russie se prononce en faveur de la reconnaissance des républiques populaires de Donetsk et de Lougansk. Avant de les intégrer à la Russie en octobre 2022 par une loi d'annexion faisant suite à de pseudo-référendums tenus du 23 au 27 septembre 2022.

Et c'est en cette année 2014, alors que Moscou déstabilise activement l'Ukraine où a débuté la guerre, que le contrat d'achat des navires Mistral doit être mis en œuvre. Un dilemme pour Paris.

L'adieu aux Mistral

Faut-il honorer ou ne pas honorer ce contrat ? Faut-il honorer ou non la parole de l'État français ou sa crédibilité sur la scène internationale ? Quand, le 18 mars, Laurent Fabius, alors chef de la diplomatie française, avait fait savoir que Paris envisageait de suspendre la vente le jour de l'annexion de la Crimée, le ministère de

1. Entretien de l'auteure avec François Hollande, Tbilissi, 6 septembre 2023.

la Défense, Bercy et Matignon (Jean-Marc Ayrault est de Nantes…) ainsi que le patronat français montent au créneau. Lorsque, près de six mois plus tard, François Hollande rend publique, le 3 septembre 2014, sa décision de ne pas livrer le premier des deux navires en octobre comme prévu[1], puis quand il dénonce le contrat après avoir négocié avec la Russie (5 août 2015), et trouvé un repreneur en l'Égypte (23 septembre 2015), tant à droite que chez LFI, le tollé est immense.

La décision est difficile. Le projet est bien avancé, des marins et des officiers russes sont venus se former à Saint-Nazaire, où le *Vladivostok* a même été très officiellement baptisé par un prêtre orthodoxe le 15 octobre 2013. Mais les alliés sont de plus en plus pressants. Barack Obama et Angela Merkel, durant les célébrations de l'anniversaire du Débarquement, font monter la pression sur la France. Il y a aussi les Britanniques, les Japonais (qui craignent une utilisation de ces navires contre les îles Kouriles, que Tokyo et Moscou se disputent depuis le XVIIIe siècle), ainsi que les Polonais. Le 3 juin, le ministre des Affaires étrangères polonais commente : « Quand des pays s'emparent par la force d'une partie du territoire de leurs voisins, ce n'est pas le meilleur moment pour leur fournir un armement sophistiqué. » Il y a enfin un éditorial assassin dans le *New York Times* du 31 juillet qui, comme le souligne Vincent Jauvert[2], en appelle à l'honneur français.

1. Le deuxième devait être remis en 2015.
2. Vincent Jauvert, « Mistral : comment Sarkozy et Fillon ont cédé aux exigences russes », *Le Nouvel Observateur*, 6 août 2014.

François Hollande se souvient : « Lorsque la décision a été prise de manière définitive et claire, je n'ai pas rencontré de résistance particulière dans l'appareil d'État. Sur le plan industriel, c'était assez légitime qu'il nous soit demandé au niveau local de répondre aux interrogations des élus sur l'emploi. Ce qui était plus inattendu d'une certaine façon, c'était la réaction des groupes politiques. »

« On s'y attendait de la part de l'extrême droite, compte tenu des liens avec Vladimir Poutine. Mais de la gauche communiste, de LFI, on pouvait s'attendre à plus de prudence. Or, en fait, ils ont utilisé à peu près les mêmes termes pour dénoncer l'annulation des contrats, s'étonne Hollande. C'était une trahison de la parole de la France et une soumission à l'Otan et aux États-Unis », poursuit-il. Une question qui, nous le verrons, est centrale dans le rapport des hommes politiques français à la Russie. « Enfin la droite française, plutôt que d'être gênée, a considéré que là aussi, ça pouvait mettre en cause l'ensemble de nos contrats d'armement à l'étranger et que cela aurait des conséquences graves pour notre relation avec la Russie », reprend François Hollande. « La réaction du patronat français aussi a été intéressante, qui craint de perdre des contrats en Russie et qui était déjà très hostile aux sanctions », complète-t-il.

Comment réagit Moscou ? On se rappelle que, initialement, le projet d'achat avait été porté par le chef de la Marine russe – outrepassant largement ses prérogatives – et transgressait la pratique militaire russe en prévoyant d'acquérir un navire de guerre auprès d'un membre de l'Otan pour la première fois depuis 1945.

Deux caractéristiques qui étaient un frein. Pour voir le jour, le projet Mistral a dû passer par des ajustements le rendant plus digeste, et plus profitable à l'appareil politico-industriel russe. La suspension et l'annulation du contrat à l'initiative française n'entraînent pas de réactions dures. On peut même, à l'instar de nombreux observateurs et acteurs des relations franco-russes, considérer que les autorités russes ont été très *fair-play*. C'est le cas d'un ancien ambassadeur de France à Moscou. « Quand François Hollande a dénoncé la vente, cela a été un soulagement côté russe, sauf peut-être pour le ministre de la Défense de l'époque, Anatoli Serdioukov, et pour Lavrov », commente l'ex-diplomate. « Ceux qui tenaient à ce projet se comptaient sur les doigts d'une seule main[1] », poursuit-il. Car l'acquisition, pour la première fois depuis 1945, d'armements aussi décisifs auprès d'un pays occidental et, qui plus est, membre de l'Otan, ne fait pas du tout l'unanimité. Question de fierté nationale. Les dirigeants russes sont aussi plus intéressés par du transfert de technologie plutôt que par des acquisitions pures et simples. On considère aussi en haut lieu que l'initiative prise par l'amiral Vyssotski outrepasse largement ses fonctions. Enfin, dans le premier projet discuté, le contrat aurait été conclu avec les chantiers navals de Saint-Pétersbourg, et n'aurait pas bénéficié au Kremlin, à moins d'une habile reprise en main. Un haut fonctionnaire proche du dossier confie alors à Louis Gautier (secrétaire général de la Défense et de la Sécurité

1. Entretien avec l'auteure, 26 juillet 2023.

nationale de 2014 à 2018 et qui gère à ce titre la négociation avec les représentants russes), que « nous avons eu une chance folle du fait du taux de change[1] ». En effet, il a permis aux acteurs russes payés en dollars de toucher des sommes rondelettes une fois ceux-ci convertis en roubles[2].

Les relations avec la Russie n'en sortent pas affaiblies. D'ailleurs le dossier du centre culturel et religieux russe du quai Branly progresse. Certes, l'arrivée de la gauche au pouvoir a permis à la mairie de Paris de bloquer avec succès en 2012 un premier projet. Blocage que l'ambassadeur russe en France, Alexandre Orlov, commente dans *Vanity Fair* : « On me dit qu'il y a des bolcheviques à l'Élysée qui ne veulent pas d'église du tout[3]… » Pourtant, depuis, le projet de l'architecte Jean-Michel Wilmotte a remplacé une proposition de son confrère et concurrent russo-espagnol Manuel Núñez Yanowsky[4]. Annoncée en 2014, la première pierre a été posée le 14 avril 2015, le premier bulbe installé sur la grande coupole de la cathédrale le 19 mars 2016 et le tout est inauguré à l'automne suivant. Ce qui démontre, selon Orlov, « la continuité de nos bonnes relations diplomatiques, au-delà des petites querelles que nous

1. Entretien avec l'auteure, 13 octobre 2023 (source anonyme).

2. En décembre 2014, la valeur du rouble dégringole, en raison notamment de l'effondrement des cours des hydrocarbures dont l'économie russe dépend et des sanctions adoptées en raison du début de la guerre en Ukraine.

3. « Notre-Dame de Poutine, ou l'incroyable histoire de la cathédrale orthodoxe en plein Paris », *Vanity Fair*, 5 juin 2014.

4. Né à Tachkent, d'une mère russe et d'un père républicain espagnol déporté au goulag, il a la nationalité espagnole et ouzbek.

pouvons avoir de temps en temps[1] ». En réalité, la venue de Vladimir Poutine le 19 octobre à Paris a été annulée à la dernière minute. Et l'inauguration s'est déroulée en présence du ministre de la Culture russe, Vladimir Medinski. Devant Jean-Pierre Chevènement, Rachida Dati et Gilbert Collard, Jean-Marie Le Guen a pu vanter « un dialogue permanent et structurant même si parfois, c'est normal, nous ne sommes pas d'accord[2] ». C'est en effet la situation en Syrie et le rôle de la Russie aux côtés de Bachar el-Assad qui est derrière l'absence de Poutine à Paris en ce jour. Pas l'annulation de la vente des Mistral.

La renonciation à la vente des Mistral à la Russie n'a en effet pas entraîné les catastrophes craintes ou annoncées. Ce qui confirme François Hollande dans la pertinence de son choix. Si personne à l'époque n'est en mesure de prédire la tentative russe d'invasion à grande échelle de l'Ukraine de février 2022, il ne fait pas de doute que les navires et les technologies français auraient aidé les dirigeants russes dans cette entreprise. Ce qui aurait été un déshonneur cinglant pour Paris et aurait nui à sa stature internationale. À l'époque, en France, rares sont les acteurs politiques à s'émouvoir de la guerre et à y voir une menace pour la sécurité de l'Europe et de l'Hexagone. « Aucune de ces réactions [des partis et acteurs politiques français] ne prenait en compte

1. Bertrand Gréco, « La future cathédrale russe va changer le cœur de Paris », *Le Journal du dimanche*, 23 mars 2016.

2. Samuel Lieven, « La nouvelle cathédrale russe inaugurée à Paris, sans Poutine », *La Croix*, 19 octobre 2016.

la donne politique créée par l'invasion de l'Ukraine par la Russie et la remise en cause d'un principe fondamental, celui de l'intangibilité des frontières », conclut François Hollande au cours de notre entretien. Sa position demeure pourtant minoritaire lorsqu'on examine l'ensemble des présidences françaises depuis 1992.

Partie II

La Russie vue de Paris : faux-semblants et confusions en série

Depuis le déclenchement de l'offensive de grande ampleur de Moscou contre l'Ukraine, le 24 février 2022, la Russie est revenue au cœur du débat français, entre spécialistes des relations internationales, de la Russie et de l'Ukraine mais aussi dans le débat public – étant donné les conséquences et les enjeux de cette guerre.

Un conflit qui nous force tous, élus comme citoyens, à réfléchir à l'avenir que nous souhaitons pour la France et pour l'Europe. À nous confronter au retour de la guerre en Europe, une première depuis 1945 (et depuis les guerres d'ex-Yougoslavie dans une moindre mesure), mais aussi à la question de la place de la guerre dans nos démocraties. Quel prix – politique, économique, social, moral aussi – sommes-nous prêts à payer pour défendre nos libertés et nos valeurs ? Quelles sont les frontières de l'Europe ? Et la Russie en fait-elle partie ?

Dans ce débat qui se déroule notamment dans l'espace médiatique, les positions s'affrontent. Des arguments variés, inégaux, fusent, et s'incarnent. Bien souvent dans des figures d'autorité : anciens ministres, diplomates de carrière, chercheurs, écrivains, journalistes. Ce sont les experts. Leurs armes sont des concepts, des idées, parfois des slogans.

Ce chapitre recense et examine les conceptions de la Russie qui sont le plus souvent avancées dans ces débats et qui disent tant de nous au passage. Certains voient en la Russie une dictature, un ennemi des libertés individuelles, un État et une société condamnés par leur nature ou leur histoire à ne connaître que la tyrannie. Des conceptions que je ne partage pas. D'autres affirmations aussi généralistes et péremptoires nous incitent au contraire à considérer que la victoire de la Russie est inéluctable, que nous devrions la soutenir, que, depuis toujours, nos deux États sont des alliés, des alliés naturels – des opinions que je ne partage pas davantage.

« Éternelle », « naturelle », autant de termes qui, en essentialisant les États et les sociétés concernés, rejettent la question politique et celle des choix bien réels que nous avons à faire en ce moment de basculement de l'histoire.

Cette approche est risquée en ce qu'elle nous incite à nous engager dans une série de confusions dangereuses. Des confusions qui laissent délibérément dans l'ombre les réalités qui les contredisent ou les nuancent. C'est pourquoi il est important de comprendre quelle est la matrice de ces confusions, de confronter celles-ci aux réalités russes mais aussi de souligner quand elles reprennent opportunément les éléments de discours, parfois de propagande, des dirigeants russes.

Ces représentations de la Russie ont leur pendant français. Et le débat sur nos relations avec Moscou est tout aussi déterminé par nos conceptions de la France que par celles de la Russie.

1

Le charme trompeur de la Russie éternelle

« Les Russes sont des Slaves. Ils sont différents de nous[1]. » Ces mots de Nicolas Sarkozy, dans une interview au *Figaro* du 18 août 2023, constituent un exemple typique des confusions entretenues par une partie des élites françaises et relayées par les partis de droite.

Avec cette affirmation péremptoire, l'ancien président nous incite à croire qu'il existe une nature propre à la Russie, échappant à tout débat et existant hors des questions historiques, politiques ou sociales. Une nature qu'il aurait seul comprise. Il nous encourage en cela à accepter les propositions qu'il avance ensuite pour sortir de la guerre. En matière de politique internationale, le choix des mots exprime déjà un point de vue sur la question, et revient au choix des armes. Les mots traduisent et parfois trahissent notre vision de la Russie, de son rôle dans le monde et souvent des relations à entretenir avec elle.

1. Charles Jaigu, Guillaume Roquette, « Nicolas Sarkozy : "Nous avons besoin des Russes et ils ont besoin de nous" », *Le Figaro Magazine*, 16 août 2023.

Pour clarifier le débat, bien nommer les choses

Les expressions absolues telles que « de tout temps, les Russes » ou « depuis toujours, la Russie » traduisent que le locuteur pense que la position russe dans un conflit est immuable et légitime, que nous ne la comprenons pas et qu'il va – que l'on pense à Nicolas Sarkozy, François Fillon ou Pierre Lellouche – nous guider vers la paix. En cédant aux demandes non pas des Russes, comme il le prétend, mais du régime russe actuel. C'est pour cela que, lorsque l'on évoque la Russie, il est primordial de préciser s'il est question du régime russe – ceux qui prennent les décisions politiques –, de l'État russe – c'est-à-dire les fonctionnaires ou employés des institutions – ou d'autres acteurs de la société. Environ un million de Russes ont quitté le pays depuis le début de l'invasion de l'Ukraine à grande échelle, le 24 février 2022. Près de vingt mille personnes ont été interpellées pour des actions de protestation antiguerre en Russie selon l'organisation de défense des droits OVD ; huit cents sont poursuivies pour ce motif. On ne peut pas les ignorer sous le terme abstrait de « Russes ».

Parler de « la Russie » en général est une fiction. « La Russie » n'existe pas, c'est au mieux un mot creux, au pire un slogan destiné à nous manipuler. De quelle Russie parlons-nous ? Celle des villes de plus d'un million d'habitants ? Celle de Saint-Pétersbourg et Moscou ou celle des campagnes désertées de quelque *gloubinka* (trou perdu) ? Ou bien celles encore des républiques non slaves du Caucase, du Tatarstan ou des territoires du Grand Nord et de la Sibérie ? Bien sûr, il ne s'agit pas de décréter qu'il est impossible de formuler des éléments de compréhension générale. Mais d'être toujours conscient, ce faisant, des limites de ces observations et des théories que nous bâtissons sur ces dernières. Sinon, nous ne parlons plus que d'une fiction qui n'existe que dans nos esprits. Combien de nos politiques et experts ne connaissent de la Russie que les belles avenues du centre de Moscou ? Quand je travaillais dans le Caucase du Nord en 2013, je rencontrais régulièrement des diplomates occidentaux, dont des Français, qui n'avaient pas le droit de s'y rendre et qui organisaient des réunions pour que mes collègues et moi-même partagions nos expériences avec eux. Plus tôt, dans les années 1990, la plupart des Français de Moscou – ils n'étaient pas nombreux – craignaient de se rendre hors du centre. Avoir rencontré Vladimir Poutine ou Dmitri Medvedev une dizaine ou une vingtaine de fois est, certes, significatif. Mais ne donne aucune qualification quand il s'agit de se positionner en expert de la Russie.

Ainsi faudrait-il s'interdire, pour l'hygiène intellectuelle comme pour la qualité du débat, de dire ou d'accepter de considérer comme sérieux les discours utilisant des expressions comme : « de tout temps Moscou », « depuis toujours la Crimée », etc. Revenons à la déclaration de Nicolas Sarkozy. Bien que d'une touchante et efficace simplicité, la première phrase de cette assertion est fausse et mène à des erreurs en série[1]. Pour commencer, elle passe sous silence la nature de l'État russe.

La Russie est en effet une Fédération multinationale, conformément à sa Constitution[2] qui commence par cette déclaration : « Nous, peuple multiethnique de la Fédération de Russie, uni par un destin commun sur notre terre [...]. » Elle est constituée d'entités appelées « sujets de la Fédération ». Depuis le 5 octobre 2022 et la signature par Vladimir Poutine de la loi d'intégration de quatre territoires d'Ukraine dans la Fédération de Russie[3], celle-ci revendique désormais quatre-vingt-neuf « sujets[4] ». C'est un ensemble composé de régions aux statuts différents (républiques, territoires, districts, etc.). Selon le dernier recensement, parmi les quelque cent quarante-sept millions d'habitants, on dénombre plus de cent quatre-vingt-dix groupes nationaux. Dont six totalisant plus d'un million de membres[5]. Parmi ces six groupes, le plus important, celui des Russes, est le plus connu.

Viennent ensuite les Tatars, originaires du Tatarstan, une république située à huit cents kilomètres à l'est de

1. Sur la deuxième de ces phrases, un silence poli s'impose.

2. « Fédération de Russie – Constitution », lors de la Commission européenne pour la démocratie (Commission de Venise), traduction fournie par la Cour constitutionnelle, Conseil de l'Europe, le 4 février 2021.

3. République pro-russe de Donetsk, république pro-russe de Lougansk, région occupée de Kherson, région occupée de Zaporijia.

4. Une intégration illégale et non reconnue par l'Ukraine et par la communauté internationale.

5. Le recensement se base sur les déclarations des citoyens. Il existe également une part de citoyens qui n'ont revendiqué aucune nationalité en plus d'être citoyens de la Fédération de Russie.

Moscou. Sa population est pour moitié musulmane et, comme la Tchétchénie, le Tatarstan a refusé en 1992 de rejoindre la Fédération de Russie en signant un traité constitutionnel. Mais à la différence de Grozny, Kazan (la capitale du Tatarstan) n'est pas allé jusqu'à proclamer son indépendance et n'a pas connu la guerre.

On retrouve également les Tchétchènes, un peuple du Caucase du Nord, où l'islam s'est implanté au XVIIIe siècle. C'est d'ailleurs sous la bannière de l'imam Chamil que la résistance à la colonisation par l'Empire russe au XIXe siècle s'est en partie organisée. Nicolas Sarkozy, lorsqu'il était candidat à la présidence de la France, l'ignorait clairement lors de sa rencontre avec des journalistes spécialistes de la Russie[1]. Après deux guerres d'indépendance contre Moscou qui ont décimé la population – on estime à quatre-vingt mille environ le nombre des victimes –, ils sont aujourd'hui officiellement un peu plus de un million et demi, selon le recensement de 2021.

Parmi les autres groupes rassemblant plus d'un million de membres, on trouve les Bachkirs, un peuple turc (plus de 4 millions), les Tchouvaches, également d'origine turcique mais bulgare (1,2 million en Russie en 2010), et les Avars, un des groupes ethniques et linguistiques du Caucase qui constitue la majorité de la république du Daghestan. Les Ukrainiens et les Arméniens ont vu leurs communautés diminuer entre le recensement de 2010 et celui de 2021 ; elles sont passées

1. Entretien de l'auteure avec une journaliste présente, et non avec Nicolas Sarkozy qui a refusé, 4 septembre 2023.

sous la barre du million d'individus. Ces changements doivent pour l'Ukraine beaucoup à l'évolution de la relation entre Kiev et Moscou.

Enfin, il est indispensable de souligner un élément : on ignore l'appartenance nationale de plus de dix-huit millions d'habitants de la Fédération de Russie ; soit 12,5 % de la population, parmi lesquels certains n'ont pas déclaré de groupe ethnique d'appartenance. En effet, le recensement se base sur les déclarations des individus.Une part de ceux-ci n'ont revendiqué aucune « nationalité » en plus d'être citoyens de la Fédération de Russie. Ce modèle est totalement étranger à la conception nationale de la France, fondée sur l'assimilation, la centralisation et l'effacement des particularismes régionaux. On ne vous demande pas en France si vous êtes breton, angevin ou bourguignon. En Russie, oui – et même fréquemment. Ainsi, à Moscou, mes interlocuteurs, lorsqu'ils apprenaient que j'étais française, me demandaient à coup sûr quelle était ma « nationalité ». Pour beaucoup, mon apparence évoquait une origine italienne ou espagnole. Les documents d'identité soviétiques distinguaient alors deux éléments : la citoyenneté (soviétique) et la nationalité.

Périodiquement, des députés du Parlement russe, la Douma, évoquent la possibilité de réintroduire ce « 5e point » (la 5e ligne du passeport soviétique). Un argument qui parle à l'électorat né sous le pouvoir soviétique. À partir de 1932, un passeport qui tient lieu de pièce d'identité, et que chaque citoyen doit désormais détenir, mentionne dans sa 5e ligne le groupe ethnique (appelé « nationalité » du détenteur ; elle ne peut rester vide). Sur le passeport de Staline, pourtant né en Géorgie, on retrouve la mention « nationalité russe ». Ainsi tout citoyen est-il soviétique mais aussi porteur d'une appartenance ethnique. Chacun *doit* choisir parmi une liste officielle de nationalités possibles[1].

En Russie, le caractère multinational et fédéral de l'État n'est pas un détail, il est central. Tellement central qu'il s'exprime clairement dans la langue russe. Ainsi on parle de la *Rossiïskaïa Federatsia.* C'est-à-dire non pas de la Fédération russe mais de la Fédération « russienne ». *Rossiïskaïa* fait référence à la Russie/*Rossia* et non à l'adjectif qui désigne les Russes ethniques : *rousskii.* Par commodité de langage, mais aussi parce que nous sommes un État-nation pour qui la réalité fédérale et multiethnique de la Fédération de Russie est assez peu parlante, nous utilisons le terme « russe » et ne connaissons ni n'utilisons le terme « russien ».

Nicolas Sarkozy s'engage dans un sillon qui a été emprunté par bien d'autres politiques français avant lui. Et notamment par le général de Gaulle. Les deux hommes entretiennent, ou sont victimes, de la même confusion entre la partie et le tout. Une des confusions fréquentes consistant à assimiler la Fédération de Russie au peuple russe, un peu comme Charles de Gaulle ramenait l'URSS à la Russie.

1. Ces nationalités varient d'ailleurs beaucoup. Ainsi, des 196 proposées dans le recensement de 1926, on passe à seulement 106 lors de celui de 1937. Source : Juliette Cadiot, *Le Laboratoire impérial. Russie-URSS 1860-1940*, HAL Open Science, 2010.

Lorsque Charles de Gaulle se rend en URSS en 1966 à l'invitation des dirigeants soviétiques, il est le premier président français à effectuer une telle visite (il s'y était déjà rendu mais en 1944, quand il n'était alors *que* le dirigeant de la France libre). Là, au long de ce voyage de douze jours, une longueur inconcevable aujourd'hui, dont on a conservé des images d'archives, le président et fondateur de la Ve République prononce plusieurs discours dans lesquels il ne fait presque jamais référence à l'URSS et presque toujours à la Russie. « Vive Moscou ! Vive la Russie ! Vive l'amitié entre la France et la Russie ! » Ce sont les mots qu'il lance aux Moscovites depuis le balcon de l'hôtel de ville de la capitale (où seul Lénine jusque-là avait prononcé un discours). Une scène qui ouvre le documentaire de Nicolas Jallot, *De Gaulle chez les Soviets*[1]. Et quand, la veille de son départ, il s'adresse aux Soviétiques sur les écrans de télévision, c'est pour exprimer sa gratitude aux « Russes » et leur assurer que « la nouvelle France est l'amie de la nouvelle Russie » !

Indépassable géographie ?

Dans la série des fausses évidences, venons-en à la géographie. Selon Marine Le Pen, interrogée le 31 mars dans l'émission *Élysée 2022*, « la Russie ne va pas déménager ». C'est aussi un des arguments de Gabriel

---

1. Nicolas Jallot, *De Gaulle chez les Soviets*, France, Betula Prod. 2016, 55'.

Attal, alors porte-parole du gouvernement, le 25 mars 2022, lorsqu'il répond au micro de France Info aux propos du candidat écologiste Yannick Jadot. En effet, ce dernier avait, la veille sur la même antenne, condamné le tutoiement utilisé entre le chef de l'État français et son homologue russe. Gabriel Attal rétorque : « C'est un voisin, la Russie va rester un voisin, il y aura une relation avec la Russie de toute façon, donc il faut continuer à dialoguer en se disant les choses[1]. » Des propos étonnamment similaires à ceux prononcés par le ministre des Affaires étrangères, Jean-Yves Le Drian, le 24 janvier 2021. Condamnant la vague d'arrestations en Russie de partisans réclamant la libération d'Alexeï Navalny, il déclarait que « la répression des manifestations pèse sur le dialogue engagé par le président Emmanuel Macron avec la Russie depuis 2019, même s'il reste nécessaire ». Avant de souligner que « malgré tout la Russie ne va pas déménager [...] la géographie est têtue, la Russie est notre voisin et nous avons des questions de sécurité et de confiance[2] » à discuter avec elle. Que de géographie...

Et pourtant, la Russie post-soviétique n'est pas notre voisin, elle est même beaucoup plus éloignée qu'à la période soviétique et celle du bloc de l'Est. Près de trois mille kilomètres nous séparent désormais (3 h 40 d'avion quand des vols directs reliaient Paris

1. « Guerre en Ukraine : Emmanuel Macron a "toujours dit les choses" à Vladimir Poutine "droit dans les yeux", assure Gabriel Attal », France Info, 25 mars 2022.

2. *Questions politiques*, avec Jean-Yves Le Drian, 24 janvier 2021.

à Moscou). Entre nous se trouvent l'Allemagne et la Pologne, la Tchéquie, le Bélarus aussi. Si l'on considère l'Union européenne et pas seulement la France, alors la Russie ne partage effectivement une frontière commune qu'avec cinq États membres : les trois pays Baltes (Estonie, Lettonie, Lituanie, membres de l'UE depuis 2004), la Finlande (qui a rejoint l'UE en 1995) et la Pologne (2004 pour l'UE) *via* l'enclave de Kaliningrad (ancienne Königsberg). Autant d'États qu'elle a, au cours de son histoire impériale, envahis ou dominés. Ce sont eux les véritables voisins de la Russie, et pas nous. D'ailleurs ils ont pour les États européens les plus éloignés de la Russie, comme la France, l'Allemagne, l'Italie, un terme : le *Deep West*. C'est dire si nous sommes loin.

Ces États, comme tous ceux qui avoisinent la Russie, forment dans la vision russe du monde et de sa place sur la scène internationale un « glacis » devant la protéger du monde occidental[1]. Ce glacis, au demeurant, nous a aussi préservés de la Russie et de l'URSS. Il est une des manifestations concrètes de l'ordre né de la Seconde Guerre mondiale. Des rapports de force établis sur le champ de bataille sont nées les zones d'influence occidentale et soviétique en Europe. Et de 1945 à 1991, l'Union soviétique n'a eu de cesse d'obtenir la confirmation de l'acceptation par l'Ouest

1. Si nous l'avons oublié, durant la période soviétique et notamment avant la Seconde Guerre mondiale, Staline redoute particulièrement une intervention polonaise ou japonaise. Ce sont ces craintes qui participent à sa décision de procéder à des déportations et assassinats de citoyens soviétiques soupçonnés de participer à un complot polono-japonais.

de sa zone d'influence, portant sur les pays d'Europe centrale et orientale, et sur l'Allemagne de l'Est. En ce sens, même les accords d'Helsinki de 1975 – accords ayant arraché à l'URSS des concessions sur le respect des droits de l'homme – ont eu pour effet d'entériner ce partage du continent européen. Comme à Yalta en 1945. Validant l'engagement de Moscou à accepter un droit de regard extérieur sur le respect des droits humains en URSS, dans le cadre de la détente Est/Ouest, ils ont confirmé au passage les frontières issues de la guerre.

Poursuivant la réflexion sur l'argument de proximité géographique, il faut rappeler quelques éléments. En premier lieu, la géographie seule ne façonne pas une politique étrangère, même si elle peut impliquer de fortes contraintes.

En d'autres termes, la géographie n'est pas la mesure ultime de la géopolitique, dont elle est un déterminant mais pas une nécessité. La France a longtemps fait la guerre à la Grande-Bretagne (guerre de Cent Ans pour n'en citer qu'une), à l'Espagne (au XVIIe siècle puis au XIXe avec Napoléon) ou à l'Allemagne (1870, 1914-1918, 1939-1945). Aujourd'hui, nous entretenons des rapports radicalement différents : nous sommes unis avec certains dans l'Union européenne, et nous sommes en paix avec la Grande-Bretagne. Le fait géographique est un potentiel, pas une vérité gravée dans le marbre. Que la Russie soit le plus grand pays du monde à l'heure actuelle n'est pas non plus en soi une raison pour vouloir en être l'allié. Et quand, dans le cas qui nous occupe, nous qualifions de voisin l'État russe, cela revient à user d'un argument massue, pour clore le débat. C'est aussi une erreur vis-à-vis de nos interlocuteurs russes.

Lorsque nous utilisons le terme de « voisin », nous voulons dire combien nous nous ressemblons, ce que nous considérons comme un compliment. Or, pour la Russie, les voisins de l'Europe sont les États centre-européens qui l'en séparent et l'en protègent. Moscou ne veut pas être une simple voisine. Elle entend être un partenaire de l'Europe privilégié. C'est d'ailleurs la réponse faite en substance au représentant européen en visite à Moscou en 2003 pour lui présenter en primeur le programme de « la politique européenne de voisinage ». Le ministre des Affaires étrangères russe Ivanov lui rétorque : « Nous ne voulons pas être un voisin, nous voulons être votre partenaire stratégique[1] », comme le rappelle Hugues Mingarelli, ancien diplomate européen qui a assisté à cette entrevue. La Russie ne veut surtout pas être placée sur un pied d'égalité avec ces nouveaux « États membres » qui appartiennent pour nombre de dirigeants russes à une « zone d'influence légitime de la Russie ». Moscou se conçoit comme un centre, à l'instar de Paris et de Washington. Elle ne veut pas être assimilée aux « États de la nouvelle Europe », ces petites nations pour lesquelles la France n'a d'ailleurs souvent que peu d'intérêt.

La priorité demeure pour Paris la relation avec Washington, suivie en Europe par celle avec Berlin,

1. Entretien avec l'auteure, 4 octobre 2023.

Bruxelles puis avec Moscou et enfin, avec ceux que l'on a successivement appelés Nouveaux États indépendants (NEI) ou pays d'Europe centrale et orientale (PECO). Dans les différentes phases de l'élargissement européen, Paris s'est d'abord attachée à ne pas fâcher Moscou. Ce que démontre par exemple l'insistance en 1997 de Jacques Chirac à obtenir la signature de l'acte fondateur du conseil Otan-Russie avant que ne soit entériné le futur élargissement de l'UE à 27, à l'instar d'ailleurs de l'accord de partenariat UE-Russie (lui aussi entré en vigueur en 1997, le 1er décembre). Le témoignage d'Hugues Mingarelli[1], diplomate dans les institutions européennes et ancien ambassadeur de l'UE en Ukraine, est éloquent. « La Russie est le seul État non membre de l'UE avec qui l'Union européenne tenait deux sommets chaque année et six rencontres annuelles des ministres des Affaires étrangères[2]. » En 2003, le président de la Commission a même proposé que la prochaine réunion de la Commission se déroule à Moscou, un fait resté unique en cinquante ans d'existence de cette institution. Pour l'ancien diplomate, Moscou était demandeuse de ce statut exceptionnel. Et ne souhaitait pas être traitée comme une voisine.

Deuxième erreur, pour les rassurer et inciter les dirigeants russes à agir en Européens sans doute, nos

1. Il a été directeur général adjoint des relations extérieures à la Commission (2007-2010), *managing director* au service européen d'Action extérieure (2011-2015) et ambassadeur de l'Union européenne en Ukraine (2016-2019).

2. Entretien avec l'auteure, 4 octobre 2023.

dirigeants aiment affirmer que « la Russie est européenne ». Comme Emmanuel Macron au fort de Brégançon en août 2019 lorsqu'il dit à Vladimir Poutine que « la Russie est européenne, très profondément ». Une expression déjà utilisée en 2018 à l'occasion de son déplacement à Saint-Pétersbourg où il ajoute qu'« il faut arrimer la Russie à l'Europe[1] » et lors du dernier entretien du 7 février 2022 à Moscou[2]. Cette affirmation est en soi problématique.

Parce que, si nous respectons la Russie, nous devons aussi respecter son droit imprescriptible à choisir sa politique et dire ce qu'elle est. En un mot, sa souveraineté. Cela suppose de ne pas parler à sa place, ne pas définir pour elle son identité. Comment réagirions-nous si les États-Unis venaient déclarer en préalable à notre rencontre que la France est une nation atlantiste ? Ou méditerranéenne, latine ou encore nordique ? Sans doute pas très bien. D'ailleurs quand Pierre le Grand (Pierre Ier) fonde Saint-Pétersbourg comme « une fenêtre ouverte sur l'Europe », il reconnaît implicitement qu'il y a un mur entre nos États. Dans lequel il est possible d'ouvrir une fenêtre, pour se regarder et converser, c'est tout. Par ailleurs, cette affirmation, « la Russie est européenne », fait l'impasse sur la nature du débat politique et philosophique qui parcourt l'histoire russe sur la longue durée.

1. Francesco Algarotti, 1739.

2. Laurent Marchand, « Crise en Ukraine. Que retenir du long tête-à-tête entre Emmanuel Macron et Vladimir Poutine ? », *Ouest France*, 7 février 2022.

Dans son ouvrage *La Russie face à l'Europe. D'Ivan le Terrible à Vladimir Poutine*[1], l'historienne Marie-Pierre Rey rappelle les éléments essentiels de ce débat. Car loin d'être évidemment européenne, la Russie est un État s'étendant sur deux continents (Asie et Europe), longue de neuf mille kilomètres et couvrant onze fuseaux horaires. Son identité composite est encore plus mise en débat par sa nature multinationale, multiculturelle et sa constitution au fil du temps, celle d'un Empire d'un seul bloc continental. Depuis sa première formulation au XVIe siècle, la question de la nature de la Russie oscille entre intérêt pour une Europe « tour à tour perçue comme modèle de modernité et d'efficacité, ou comme source de danger et de perversion[2] ». Nous nous rappelons volontiers les relations entretenues par l'impératrice Catherine II (Catherine la Grande, qui régna pendant les trente dernières années du XVIIIe siècle) avec le philosophe français Voltaire, dans sa recherche de ce qui pourrait l'aider à intégrer en Russie une partie des Lumières européennes. Nous oublions alors que « combinée à sa volonté d'assurer une place de choix à la Russie dans les affaires européennes, la volonté d'indépendance [de Catherine II] a très vite débouché sur une politique bruyamment expansionniste[3] ». La souveraine se lance dans des entreprises très agressives vis-à-vis de l'Empire ottoman et de la Pologne notamment, pour

1. Marie-Pierre Rey, *La Russie face à l'Europe. D'Ivan le Terrible à Vladimir Poutine*, Paris, Flammarion, coll. « Champs histoire », 3e édition, 2022.

2. *Ibid.*

3. *Ibid.*

joindre la mer Noire à la mer Caspienne, et celles-ci aux mers du Nord. C'est la même Catherine II qui arrache la Crimée aux Tatars en 1783… La Crimée qui n'est donc pas, n'en déplaise à ceux qui affirment un peu rapidement le contraire, « russe depuis toujours », en dépit de la répétition de l'argument à l'envi. Même si de nombreux Russes la perçoivent comme faisant partie du patrimoine national[1].

Dès lors, la question des relations avec l'Europe se posera régulièrement. Que cela soit pour décréter sous Nicolas Ier une fermeture afin de se soustraire à sa subversion, ou pour osciller de 1856 à 1914 entre « européanisation et europhobie[2] ». Car c'est aussi l'Europe qui apporte le marxisme et le socialisme, doctrines européennes par excellence. On ne peut donc évoquer l'identité européenne de la Russie sans toucher à la question qui hante le débat philosophique russe sur la nature et le destin de Moscou dans le monde. C'est ce que rappelle Michel Niqueux, dans son ouvrage *L'Occident vu de Russie*[3], qui démontre que « la question de la Russie et de l'Occident, […] apparaît bien comme le pivot… de tous les autres problèmes de la pensée russe ». Dans cet ouvrage, l'historien cite plus de trois cent soixante-cinq textes de cent quarante auteurs différents, ce qui souligne, si besoin, qu'en Russie aussi la géographie ne livre aucune

1. Cordélia Bonal, « Pour les Russes, la Crimée fait partie du patrimoine national », *Libération*, 5 mars 2014.

2. Marie-Pierre Rey, *op. cit.*

3. Michel Niqueux, *L'Occident vu de Russie. Anthologie de la pensée russe de Karamzine à Poutine*, Paris, Institut d'études slaves, 2016, p. 27.

réponse évidente. Ce que cherchent à occulter tous ceux qui recourent à une autre expression courante, en apparence anodine. Celle de la « Russie éternelle ».

« La Russie éternelle » : le nationalisme russe en embuscade

Quand nous reprenons des expressions comme celle-ci, nous nous plaçons dans un registre très particulier. Celui qui voudrait que la France, la Russie et tous les autres pays soient immuables. À l'instar, entre autres, du général de Gaulle lorsque, en 1966 à Moscou, il « achève une visite de la France de toujours à la Russie de toujours ». Nous donnons alors à entendre que nous souscrivons à la vision de la Russie véhiculée par ce lieu commun. Le plus souvent, sans la connaître.

Pour beaucoup, l'expression est romanesque : « Russie éternelle ». Elle convoque des images de flocons tombant sur la place Rouge illuminée, de steppes et de forêts enneigées, peut-être de fourrures et de bains de vapeur, de raviolis arrosés d'une bonne vodka. Lorsqu'elle est lancée dans une discussion, elle est fréquemment suivie par une déclaration sur la « mystérieuse âme russe ». Des termes qui, en général, font sursauter les chercheurs qui travaillent sur la Russie. C'est un peu, bien qu'en plus tragique, comme si un Japonais venait vous dire que Paris est la ville de l'amour, de l'accordéon et qu'on y mange des baguettes… Ou, un Russe, que la France est pour lui la patrie de Napoléon.

Ces expressions ne font pas seulement référence à un sentiment romantique. Ce sont les vecteurs d'une vision politique. La question de la nature de la Russie et de son rôle dans le monde occupe dans la vie des idées russes une place centrale. Elle structure le débat politique et philosophique depuis le tournant vers l'Europe de Pierre le Grand, qui le premier énonce la nécessité pour Moscou d'emprunter des savoirs et des techniques à l'Europe. Les déceptions nées de la relation avec l'Europe entraînent une alternance de périodes d'ouverture et de fermeture. La Russie est-elle européenne ou sa civilisation est-elle unique ? Au milieu du XIXe siècle, alors que se pose la question de l'abolition du servage[1], des intellectuels russes viennent affirmer avec Piotr Tchaadaïev que la Russie doit se réformer pour rattraper son retard moral et social par rapport à l'Europe. Le philosophe élabore en huit lettres rédigées en français (la langue internationale de l'époque) un programme de réformes pour la Russie. Celle-ci doit s'inspirer de l'Occident en matière de liberté et de démocratisation. C'est le courant occidentaliste. Leur répondent les slavophiles, pour qui la Russie doit rester une civilisation singulière et faire fond sur sa culture et son histoire propres sans emprunter à l'Europe. Parmi ses traits uniques, on retrouve la foi orthodoxe, la langue russe et l'Empire. Marginalisé pendant la période soviétique, ce courant se fait de nouveau entendre dans le débat politique russe à partir de 1992. Face à l'effondrement de

1. En Russie, les paysans sont demeurés des serfs jusqu'en 1861.

l'URSS et aux difficultés de la transition vers la démocratie, il vient réaffirmer une voie russe spécifique.

C'est sur ce terreau que se développe le nationalisme de la Russie poutinienne. Il s'appuie sur les travaux d'Alexandre Douguine et d'Ivan Iline. Le premier – dont la fille Daria Douguina a disparu dans un attentat en 2022 – formule, selon la chercheuse Marlène Laruelle, « un discours inspiré de la “nouvelle droite” occidentale, une géopolitique aux postulats proches de ceux de l'Allemagne des années 1920-1930, un discours messianique russe plus traditionnel et des réflexions spiritualistes et occultistes à la mode dans la Russie contemporaine[1] ». Ses idées néo-eurasistes, selon la chercheuse Marie-Pierre Rey, « s'inscrivent directement dans la mouvance anti-occidentaliste qui parcourt aujourd'hui la pensée russe » et, « en appelant au retour à la grandeur impériale perdue et en assignant à la Russie un grand dessein asiatique, entrent en résonance avec les idéaux du pouvoir en place[2] ». Le philosophe Michel Eltchaninoff, auteur de *Dans la tête de Vladimir Poutine*, voit dans Ivan Iline (1883-1954) « le penseur officiel du poutinisme[3] ». Cet auteur, tombé dans l'oubli à la période soviétique mais que Poutine cite abondamment et fréquemment, « est plutôt vu comme un historien de la philosophie doublé d'un essayiste ultraréactionnaire[4] ». Pour preuve, il affirme

1. Marlène Laruelle, « Le néo-eurasisme russe. L'empire après l'empire ? », *Cahiers du monde russe*, 2001.

2. « Mondes slaves », *Annales HSS*, n° 3, mai-juin 2009.

3. Michel Eltchaninoff, « Ivan Ilyine, l'inspirateur secret du poutinisme », *Revue des deux mondes*, septembre 2015, p. 51-55.

4. *Ibid.*

qu'« une liberté à l'occidentale, avec une presse, des partis, des artistes totalement libres mènerait inévitablement le pays au chaos social et à la domination étrangère[1] ».

Pour la grande reporter et réalisatrice Elena Volochine, le 24 février 2022, on assiste « au *coming out* d'une idéologie en gestation depuis très tôt dans les années 2000 ». « Les premières références à Iline et les premières saillies contre les falsificateurs de l'histoire par Vladimir Poutine datent de 2005. » La journaliste qui analyse la propagande russe dans une chronique depuis le début de la guerre résume pour nous : « Iline s'inspire lui-même du mouvement slavophile du XIXe siècle pour qui le slavisme s'oppose au monde occidental et à la civilisation romaine. Dans cette idéologie, les Slaves sont une civilisation millénaire qui doit se rassembler. Il y a une notion très nette de suprématisme culturel, cimentée à la religion orthodoxe. Iline affirme que la Russie a besoin d'un nouveau dictateur qui va restaurer la monarchie et l'unité du peuple. Il nie aux Ukrainiens leur identité en tant que peuple et État. C'est un nationalisme, et un expansionnisme qui se fait selon lui au nom du bien et de la vertu, contre la décadence. Ce qu'il présente dans son livre *La Résistance au mal par la force*[2]. »

C'est à ces idées que la simple expression « Russie éternelle » renvoie. Une Russie éternelle qui transcende et traverse indifféremment l'Empire, l'URSS et la Russie post-soviétique.

1. *Ibid.*

2. Ivan Ilyine, *La Résistance au mal par la force*, Berlin, typ. « Presse », 1925 ; rééd., Ajris-Press, 2007, M., Dar', 2013 et M., Institut russkoj civilizacii, 2013.

L'homme qui a conseillé Vladimir Poutine et permis à ces idées de prendre corps dans le débat politique russe s'appelle, lui, Vladislav Sourkov. Impliqué dans la guerre contre l'Ukraine dès ses débuts – y compris dans la déstabilisation active du Donbass –, il est aussi à l'origine du concept de « démocratie souveraine » revendiqué par les autorités russes et derrière la création du parti Russie unie. Il est ce qu'on appelle en Russie un *politechnolog*, c'est-à-dire un technicien de la politique. Il fournit les concepts, les slogans, les images mais aussi les stratégies qui permettent aux dirigeants de se maintenir au pouvoir, par le renforcement de leur position ou l'affaiblissement de celle de leur adversaire. Il n'est pas le seul mais certainement le plus connu. Utiliser une référence, comme celle de la « Russie éternelle », insister sur la souveraineté de la Russie, revient à banaliser délibérément ou inconsciemment la nouvelle doctrine russe. Au cœur de celle-ci, on retrouve d'abord et avant tout la recherche de la puissance, à notre détriment.

N'en déplaise à Alexander Makogonov, le porte-parole de l'ambassade de Russie à Paris, qui, le 18 janvier 2023, insistait sur le fait que « la Russie reste toujours la même[1] ». Or, une Russie qui n'aurait pas varié, ni dans ses frontières ni dans son histoire, n'existe pas. De même que l'État français d'aujourd'hui n'a rien ou très peu en commun avec le royaume de France du XIIIe ou du XVIIIe siècle ou avec la France du Second

1. Aurélie Casse, « Crash près de Kiev. Accident ou sabotage ? », BFMTV, 18 janvier 2023.

Empire. Ni dans ses frontières ni dans ses principes, ni dans les défis qui s'imposent à lui. Sauf, évidemment, pour la petite fraction de militants convaincus qu'il existe bel et bien une identité immuable de la France, ou de la Russie. Une conviction qui ne repose sur aucune vérité historique mais qui relève en revanche d'une vision politique spécifique et même nationaliste.

2

La Russie, cette alliée de toujours ?

« La France n'a jamais eu un allié plus fidèle et dévoué que la Russie. Positionner la Russie en tant qu'adversaire ou ennemi est une erreur historique. » C'est l'une des multiples déclarations du porte-parole de l'ambassade de Russie en France, Alexander Makogonov. En France depuis 2006, de dernier répond à la place de l'ambassadeur à tous les arguments de ses contradicteurs. Car sa fonction est celle d'un bouc émissaire. Il maîtrise quasiment à la perfection la langue française et peut tenir des propos défiant le réel avec un aplomb et une candeur presque désarmants – sans doute est-ce la marque de fabrique des communicants. Nous nous sommes croisés régulièrement, si ce n'est souvent, en plateau, le plus souvent sur BFMTV.

Alexander Makogonov joue volontiers de la corde sensible quand il s'agit des relations franco-russes. Il aime à rappeler que Moscou aurait toujours été aux côtés de la France. Il publie sur X – anciennement Twitter – le 13 novembre 2023 un message extrait de son passage sur LCI, cité au début de ce chapitre. Neuf mois plus tôt, en février 2023, il publiait[1] : « En 1814, vos chers alliés d'aujourd'hui voulaient démembrer la France en petits morceaux. Devinez qui a dit son "niet" ferme et incontestable à ce projet-là ? C'était le tsar russe Alexandre Ier. » Il tente occasionnellement de nous culpabiliser en qualifiant de « trahison » le soutien que Paris apporte à Kiev, comme ça a été le cas le 3 février 2023 dans l'émission de Maxime Switek sur BFMTV[2].

Trahison ? Car la Russie nous aurait à elle toute seule, à l'entendre, sauvés du nazisme[3]. Ce message qui procède par amalgame est facile à contredire pour sa première partie. Non, nous n'avons pas toujours été alliés.

Depuis le premier traité d'alliance signé entre Pierre le Grand et Louis XV en 1717 à Amsterdam, les conflits entre nous sont nombreux. Avec souvent pour dénominateur commun l'expansionnisme russe et notre rivalité sur le continent européen. Au XVIIIe siècle, la première guerre à nous opposer est celle de la succession en Pologne (1733 et 1735). La Russie y est alliée à l'Autriche tandis que la France soutient avec l'Espagne et la Sardaigne un autre candidat à la succession. La Révolution française marque un tournant majeur. Ses opposants trouvent en effet refuge en Angleterre et en Russie. La Russie ne fait pas que les accueillir, elle prend part à la guerre de la deuxième coalition qui s'oppose à la République (1799-1802). Plus tard, sous

1. Ambassade de Russie en France sur X, @AmbRusFrance.

2. « Le porte-parole de l'ambassade de Russie en France dénonce la trahison de la France », BFMTV, YouTube.

3. *Id.*

Napoléon, on peut citer plusieurs guerres mais la plus frappante est sans doute celle de 1812-1814 – perdue par la France. Paris est alors occupée de 1815 à 1818 par les troupes alliées de l'Angleterre, Russie, Prusse et Autriche. Puis la guerre de Crimée, de 1853 à 1856, oppose cette fois la Russie aux alliés (France, Grande-Bretagne, Empire ottoman, royaume de Sardaigne), et là encore l'Empire russe est vaincu, perdant entre autres sa flotte de la mer Noire.

L'autre argument, qui veut que la Russie nous ait sauvés du nazisme, est plus intéressant. Il vise à activer chez nous un imaginaire bien particulier, celui de la Seconde Guerre mondiale. Un imaginaire profondément structurant pour notre mémoire nationale. À commencer par les générations de Français qui ont connu la seconde conflagration mondiale. Qu'en est-il ?

Normandie-Niémen, le sommet de la fraternité d'armes entre Paris et Moscou

Sans doute, lorsque l'on pense aux époques de notre histoire lors desquelles la France et la Russie ont combattu côte à côte, songeons-nous d'abord à la Seconde Guerre mondiale. Et cela est indéniable, à partir du 22 juin 1941, lorsque l'Allemagne nazie attaque l'URSS, nos deux États ont pour ennemie l'Allemagne nazie. Nos soldats ont même parfois combattu ensemble. C'est le cas de l'unité de chasse Normandie-Niémen qui reste l'exemple le plus éclatant de notre « fraternité d'armes ».

En 1942, le général de Gaulle souhaite que les soldats de la France libre se battent aussi sur le front de l'Est. C'est pourquoi, après avoir envisagé l'envoi d'une division motorisée, il propose finalement aux dirigeants soviétiques la formation d'une unité aérienne. Moscou accepte après avoir obtenu que ces hommes soient intégrés dans une unité de l'Armée rouge. Quatorze pilotes et cinquante-huit mécaniciens français sont donc incorporés dans la 1re armée aérienne soviétique et stationnés sur la base d'Ivanovo (au nord-est de Moscou) à partir de novembre 1942. Là, ils se forment sur des avions soviétiques, les Yak, et s'illustrent dans certaines des batailles le plus emblématiques de la guerre comme celle de Koursk en juillet 1943. Cette unité de chasse reste cependant un cas unique dans ce conflit puisqu'il s'agit des seuls soldats étrangers à avoir combattu aux côtés des Soviétiques. Elle est un symbole éclatant de l'alliance entre l'URSS et les forces de la France libre. Elle était d'ailleurs encore abondamment célébrée tant en Russie qu'en France juste avant le déclenchement de la guerre en Ukraine. Ce dont l'expérience du général Jean-Paul Paloméros témoigne[1].

En 2012, le 12 septembre, son mandat à la tête de l'armée de l'air française touche à son terme. Bientôt, il rejoindra l'Otan pour y présider aux transformations nécessaires pour que l'alliance militaire soit préparée aux futures menaces. C'est sur la base de Mont-de-Marsan que ce pilote de chasse a choisi de passer son

1. Entretien avec l'auteure, 19 avril 2023.

dernier jour dans son corps militaire d'origine. En cette journée, la base française fête les soixante-dix ans du régiment de chasse Normandie-Niémen[1] et accueille à cette occasion le futur chef d'état-major russe, le général Valerii Guerassimov. Avec Jean-Paul Paloméros, il assure l'inspection de l'unité recréée pour l'occasion. Le choix de la base de Mont-de-Marsan pour l'accueillir a d'ailleurs du sens. Car cette base aérienne des Landes fut commandée en 1945 par le colonel Konstantin Rozanoff – né dans l'Empire russe et naturalisé français en 1927 – qui devait devenir l'un des plus grands pilotes d'essais français. La mémoire de l'unité Normandie-Niémen entretient l'amitié entre nos armées et entre en parfaite résonance avec le rôle de libératrice de l'Europe que l'Union soviétique revendique dans la Seconde Guerre mondiale. Une mémoire qui explique aussi pourquoi « notre cœur penche plutôt du côté des Russes » comme le résume le général Paloméros[2]. Mais cet exemple historique incontestable demeure un fait unique. Il ne peut à lui seul constituer une norme. À cette époque, dans cette guerre, les intérêts de nos deux États ont convergé. Mais comme nous allons le voir, très peu de temps avant la création de Normandie-Niémen, nos deux pays étaient opposés. Et c'est ce que veut faire oublier Alexander Makogonov quand il met l'accent sur l'alliance entre nous. Tout comme lorsqu'il présente l'URSS comme libératrice de l'Europe du joug nazi. Ce qu'il fait, dans

1. Du nom d'un fleuve situé prenant sa source au Bélarus et qui traverse la Russie et la Lituanie avant de se jeter dans la mer Baltique.

2. Entretien avec l'auteure, 19 avril 2023.

l'émission du 18 janvier 2023 présentée par Aurélie Casse sur BFMTV[1] sans oublier de nous culpabiliser, après la livraison de chars Leclerc à l'Ukraine « pendant la Seconde Guerre mondiale, sept mille Russes ont trouvé la mort au combat en France, le général Leclerc doit se retourner dans sa tombe quand son nom est mentionné dans ce contexte[2] ».

Ce rôle de libératrice de l'Europe, la photo d'Evguéni Khaldei, « Le drapeau rouge flottant sur le Reichstag », en est l'« icône ». On y voit trois hommes, installant le drapeau de l'Union soviétique sur le Reichstag (Parlement allemand), au cœur de l'empire nazi en ruine. Qu'importe que ce cliché et son histoire aient été patiemment retouchés et fabriqués[3] par le Kremlin. Il en va sans doute ainsi de tous les symboles. Publiée la première fois le 13 mai 1945 dans la revue *Ogoniok*, elle confère à l'Union soviétique un statut unique de triomphatrice du nazisme. Mais comme souvent l'histoire est plus complexe et moins rose qu'il n'y paraît.

Avant de le combattre, l'URSS fut d'abord l'alliée d'Hitler

Alexander Makogonov passe sous silence un fait capital lorsqu'il évoque le rôle de l'URSS dans la Seconde

1. Aurélie Casse, « Crash près de Kiev. Accident ou sabotage ? », BFMTV, 18 janvier 2023.
2. *Ibid.*
3. Renaud Février, « Le drapeau rouge sur le Reichstag », une photo symbole savamment fabriquée », *L'Obs*, 12 août 2015.

Guerre mondiale. Un fait dérangeant, qui ne cadre pas du tout avec les discours affirmant que la Russie a libéré l'Europe d'Hitler et qu'elle incarne l'ennemi du nazisme. Ce fait, c'est qu'avant de se combattre, l'URSS et l'Allemagne nazie ont été alliées.

Cette alliance est le fruit du pacte germano-soviétique, dit aussi pacte Molotov-Ribbentrop – du nom des ministres des Affaires étrangères soviétique et allemand – signé à Moscou en présence de Joseph Staline, le 23 août 1939. Ce document est officiellement un pacte de non-agression entre les deux États, mais il est surtout accompagné d'une clause secrète qui prévoit le partage entre Moscou et Berlin des territoires qui les séparent. Finlande, Estonie, Lettonie, Bessarabie et Pologne orientale doivent aller à l'URSS. Lituanie et Pologne occidentale reviendraient, elles, à l'Allemagne. Dès le 1er septembre de la même année, Berlin attaque la Pologne, entraînant le début de la conflagration mondiale deux jours plus tard, lorsque la France et la Grande-Bretagne respectent leurs engagements vis-à-vis de l'allié polonais et déclarent la guerre à l'Allemagne. Varsovie résiste mais le 17 septembre les troupes soviétiques l'attaquent par surprise (sans déclaration de guerre préalable). La Pologne ne peut faire face. Les troupes nazies et soviétiques progressent rapidement en Pologne, se rejoignent et le 23 septembre, défilent ensemble à Brest, comme en témoignent films et photos de l'époque[1]. Quand

1. Vidéo d'archive : « Heinz Guderian and Semyon Krivoshein at a Soviet-German victory parade in Brest on 1939 September 23 », YouTube : https://www.youtube.com/watch?v=CA__56vFqa8.

le ministre du Reich, Ribbentrop, se rend à Moscou le 27 septembre, il y est accueilli dans un aéroport décoré de drapeaux à croix gammée, « où l'attendent une bonne part de la direction soviétique et une spectaculaire garde d'honneur[1] ». Le lendemain, au Kremlin, un traité « de délimitation des frontières et d'amitié » entérine la disparition de la Pologne. Le même jour, les deux gouvernements publient une déclaration commune où ils annoncent qu'à la suite de « l'effondrement de l'État polonais », ils ont « jeté les fondements d'une paix durable en Europe orientale » et expriment leur conviction que « ce serait servir les véritables intérêts de tous les peuples que de mettre fin à l'état de guerre existant actuellement entre l'Allemagne, d'une part, et l'Angleterre et la France, d'autre part ». Ils ajoutent que « si néanmoins les efforts des deux gouvernements devaient rester stériles, la preuve serait établie que l'Angleterre et la France portent la responsabilité de la continuation de la guerre[2] ». Cela vous évoque-t-il un discours récemment entendu à propos de l'Ukraine ? Pourtant, force est de constater que, pour certains, la Russie demeure une alliée naturelle, quand elle n'exerce pas une fascination. Quelles en sont les autres origines historiques ?

1. Stéphane Courtois, *1939. L'alliance soviéto-nazie : aux origines de la fracture européenne*, Paris, Fondation pour l'innovation politique, septembre 2019.

2. Raymond James Sontag et James Stuart Beddie, *Nazi-Soviet Relations 1939-1941 : Documents from the Archives of the German Foreign Office*, Literary Licensing, LLC (October 20, 2012), cité par Stéphane Courtois, *op. cit.*

Indépassable « alliance de revers »

Elles se trouvent peut-être dans un des classiques de la tradition géopolitique française : l'« alliance de revers ». Comme dans l'expression qui consiste à « prendre quelqu'un à revers », il s'agit de conclure une alliance avec un État situé derrière votre ennemi. Dans le cas des relations franco-russes, la grande alliance de 1892 est le meilleur exemple d'alliance de revers ayant laissé un souvenir durable dans les esprits militaires et diplomatiques. Elle est conclue à un moment de difficultés importantes, éprouvées tant par la France que par Saint-Pétersbourg. La France est isolée sur la scène internationale après sa défaite contre l'Allemagne en 1870, et l'Empire russe fait alors face à une coalition entre l'Allemagne, l'Autriche et bientôt l'Italie (la Triplice), alors que la première a refusé de renouveler le traité de réassurance qui l'unissait à la Russie. L'Empire russe a en outre besoin de fonds étrangers pour financer son industrialisation (d'où bientôt les fameux emprunts russes que nos arrière-grands-parents souscriront). Même si leurs régimes politiques les opposent, le président de la République Sadi Carnot et le tsar conservateur Alexandre III concluent une convention militaire contre la Triplice en 1892.

Négociée par les chefs d'état-major des deux pays, elle stipule la nature et les modalités de l'aide que les deux puissances s'apporteront si l'une d'entre elles devait faire l'objet de visées militaires de la part d'au moins deux des pays de la Triplice. Si la mobilisation était annoncée par l'Allemagne ou l'Autriche par exemple, Paris déploierait un million trois cent mille de soldats et Moscou entre sept cent et huit cent mille. Toutefois pour ne pas dégrader le climat politique en Europe, et en particulier ses relations avec l'Allemagne, prioritaires pour le tsar, l'alliance reste secrète à sa demande pendant plus de cinq ans. Un de ses effets immédiats est néanmoins qu'on cesse dans les églises orthodoxes russes de célébrer une « prière anathème » contre la France pendant le service religieux de Noël, comme cela était le cas depuis 1812. Même si le rapprochement franco-russe reste secret, les échanges entre les deux pays s'intensifient. En 1896, la visite en France de Nicolas II (qui succède à Alexandre III, décédé en 1894) est marquée par un enthousiasme populaire et un faste considérable. Un dîner est même organisé dans la galerie des Batailles à Versailles (celle-là même où Macron et Poutine donneront leur conférence de presse en 2017). Et lors du discours d'adieu à Châlons, le monarque russe dispense un discours enflammé affirmant que nos deux pays « sont liés par une amitié indestructible, comme nos deux armées sont liées par la fraternité d'armes ». C'est l'année suivante que l'alliance devient officielle, à l'occasion de la visite de Félix Faure en Russie. Là, l'empereur russe annonce enfin « l'alliance des deux puissances ». Les liens entre la France et la Russie seront encore renforcés en 1900, avant que les deux puissances ne soient rejointes par la Grande-Bretagne, elle aussi inquiète de la montée en puissance de l'Allemagne. L'alliance franco-russe se brisera néanmoins après l'instauration d'un nouveau régime politique en Russie en 1917.

Bien que conclue entre deux régimes *a priori* antagonistes – une république et un empire –, alliés contre des rivaux communs, l'alliance franco-russe conserve aujourd'hui encore ses partisans. En premier lieu parce qu'elle permet à la France de s'opposer à son grand rival en Europe, avec lequel Paris sera en guerre par trois fois entre 1870 et 1945 : l'Allemagne. Mais aussi, au tournant de la Seconde Guerre mondiale, quand le général de Gaulle revisite cette approche géopolitique et l'applique non seulement à l'Allemagne – de laquelle il préfère la division au réarmement – mais aussi aux États-Unis, dont il veut limiter l'influence grandissante sur la France.

De Gaulle. L'alliance de revers

Au sortir de la guerre, l'ambition du général de Gaulle est de rendre son rang à la France. Pour cela il mène une politique étrangère qui doit d'abord faire reconnaître le statut de puissance victorieuse à Paris. Un statut que ne peuvent lui conférer que les trois vainqueurs de la guerre : les États-Unis, la Grande-Bretagne ou l'Union soviétique. Or, les deux premiers sont initialement réticents et il apparaît que l'URSS non seulement progresse vite sur le terrain militaire à l'Est mais craint également la constitution d'un bloc des puissances occidentales en Europe. C'est pour cela que le chef du Gouvernement provisoire de la République française (GPRF) se rend secrètement à Moscou en novembre et décembre 1944 avec le but de convaincre Staline de reconnaître en la France, représentée par de Gaulle, l'un des vainqueurs de la guerre. À Moscou, il se dit « heureux et honoré » d'être reçu. Les négociations sont difficiles. Les contreparties demandées initialement par les Soviétiques sont inacceptables. Staline exige la reconnaissance officielle par Paris du Comité de Lublin, un gouvernement polonais procommuniste mis en place en place en juillet 1944 par l'Armée rouge, comme représentant de Varsovie. Le chef du GPRF y est opposé. La Pologne dispose déjà d'un gouvernement internationalement reconnu, en exil à Londres. À plusieurs reprises, de Gaulle pense abandonner. Mais les négociations finissent par aboutir, comme le lui annonce Joseph Staline lors d'un appel téléphonique en pleine nuit. Un compromis sur la Pologne a été trouvé à mi-chemin. Il n'y aura pas de reconnaissance officielle mais Paris accueillera un représentant du Comité de Lublin et enverra un diplomate français auprès du comité en Pologne. Le traité d'alliance franco-soviétique peut être signé. Le statut de puissance victorieuse acquis, celui-ci se matérialise d'abord dans l'association de la France à la gestion des questions allemandes. L'Allemagne est en effet la priorité des priorités pour de Gaulle en matière de politique étrangère.

En politique intérieure, l'objectif du général est de neutraliser la popularité et l'influence du parti communiste français (PCF), à son apogée au sortir de la guerre avec huit cent mille adhérents. Là encore, il a besoin de se rapprocher de Moscou. Enfin, pour assurer à la France une indépendance stratégique face à la superpuissance américaine, il décide de l'acquisition par Paris de sa propre capacité nucléaire, et œuvre pour le développement de relations diplomatiques indépendantes avec Moscou. Le 23 mars 1960, Nikita Khrouchtchev, « Monsieur K. », comme le surnomme la presse française, effectue donc la première visite d'un dirigeant soviétique en France (accompagné de six ministres, onze interprètes, douze gardes du corps et trente-cinq journalistes). Il y retrouve d'ailleurs l'un des pilotes de l'unité Normandie-Niémen, à Dijon. L'alliance de revers est de retour.

Des relations privilégiées mais pas au point de sacrifier la solidarité avec les États-Unis. C'est pourquoi le voyage est repoussé à la suite de la crise de Berlin de 1961 – la création du mur – , puis de celle des fusées soviétiques à Cuba où Washington et Moscou n'ont jamais été aussi près de se faire la guerre. Au cours de ces deux crises internationales, de Gaulle se range sans hésitation du côté des alliés occidentaux, un fait généralement passé sous silence par ceux qui aujourd'hui se revendiquent du gaullisme. La sortie de la France des structures de commandement de l'Otan en 1966 est en revanche très appréciée en URSS et relance les échanges. À Moscou, où il se rend la même année, comme le rapporte alors Georges Bortoli, le correspondant de l'ORTF, les « Russes » (lui aussi utilise le terme comme synonyme de « Soviétiques ») – ont très bien accueilli l'expression de De Gaulle : « L'Europe de l'Atlantique à l'Oural » et la nécessité de « régler les problèmes européens entre Européens ». Le journaliste décrypte méticuleusement la nature des échanges :

« problèmes européens », cela signifie la question de l'Allemagne. Et que veulent les Soviétiques ? Maintenir le *statu quo* avec les deux Allemagnes[1]. L'Allemagne, décidément toujours au centre des préoccupations de l'alliance avec Moscou.

Les amis de mes amis…
France et Russie protectrices de la Serbie

Un autre facteur rapproche nos armées : nos alliances avec la Serbie. Dans sa capitale, Belgrade, on trouve d'ailleurs un monument « À la France ». Sur celui-ci est inscrit : « Aimons la France comme elle nous a aimés. » Non seulement Paris et Moscou ont-elles combattu aux côtés de la Serbie dans la Première Guerre mondiale, face à l'Allemagne, l'Autriche et la Bulgarie. Mais le « martyre de la Serbie » a ému nos deux sociétés. Un épisode particulier a marqué les mémoires. Celui de la défense du fort de Salonique où les Alliés, dont la France, ont tenté de venir en aide à la Serbie attaquée par les troupes des empires centraux. Paris sauve, protège, forme et ravitaille pendant trois ans des combattants serbes, notamment dans le camp retranché de Salonique. Pendant ce temps, des enfants serbes évacués de Corfou et Salonique par bateaux ont été accueillis dans des familles françaises. Dans ce conflit, « la France a connu, après la Serbie, parmi les alliés, le nombre le plus élevé de morts par rapport à sa

1. Nicolas Jallot, *op. cit.*

population totale[1] ». Mais la Serbie, parmi les Alliés, est la nation la plus touchée de toutes. Ces épreuves et ces liens ont marqué durablement les mémoires françaises. Et expliquent aussi pourquoi François Mitterrand, confronté aux guerres d'ex-Yougoslavie, et bien que déterminé à témoigner une aide humanitaire à la Bosnie, refuse d'engager des actions contre les combattants serbes. Pressé en ce sens par le philosophe médiatique Bernard-Henri Lévy, il lâche : « Moi vivant, jamais la France ne fera la guerre à la Serbie[2]. »

Lorsque, le 25 juin 1991, la Croatie proclame son indépendance de la Fédération yougoslave, imitée en 1992 par la Bosnie-Herzégovine, un conflit éclate rapidement avec les combattants serbes de ces républiques, soutenus par les Républiques serbe et croate de la Fédération yougoslave. La guerre de Bosnie-Herzégovine est marquée par le siège de Sarajevo, le plus long de l'histoire moderne, et le génocide de Srebrenica[3], lors duquel plus de huit mille hommes et adolescents bosniaques furent assassinés par les troupes serbes de Bosnie commandées par Ratko Mladic et des paramilitaires serbes, en juillet 1995.

Cette guerre nous intéresse particulièrement ici car la France, après avoir été partisane d'une action avant tout

1. Jean-Marc Rohrbasser (dir.), *Bouleversements démographiques de la Grande Guerre*, Paris, Ined, Hors collection, octobre 2014.

2. Philippe Cohen, *BHL. Une biographie*, Paris, Fayard, 2005.

3. Reconnu comme tel par le Tribunal pénal international pour l'ex-Yougoslavie (TPIY), institué en 1993 et qui s'est réuni pour la première fois en 1995 pour juger des crimes commis durant les guerres de Yougoslavie (Croatie, 1991 ; Bosnie-Herzégovine, 1993-1995 ; Kosovo, 1998-1999).

humanitaire, s'est rangée du côté de l'option militaire sous l'égide de l'Onu, dans la Forpronu. La contribution française en effectifs y est considérable, mais les mandats confiés aux troupes sont extrêmement limités et biaisés. La responsabilité des combattants et autorités serbes dans les violences a peiné à être reconnue par les dirigeants français, en particulier par l'Élysée.

Or, la Serbie est également proche de la Russie. Les deux pays célèbrent une proximité fondée sur des composantes identitaires (slave et chrétienne) et historiques. Une alliance qui se veut séculaire mais qui date du XIXe siècle. Bien avant même l'alliance partagée pendant la Première Guerre mondiale, l'Empire russe s'est engagé aux côtés des populations chrétiennes de l'Empire ottoman et notamment de la Serbie. Saint-Pétersbourg s'est ainsi érigé en protecteur des Serbes dans la seconde guerre russo-turque de 1877-1878. Ainsi, France et Russie partagent-elles le souvenir de leurs alliances pour sauver la Serbie dans la Première Guerre mondiale et portent-elles souvent le même regard sur Belgrade. Guillaume Ancel, ancien officier de l'armée française, qui a servi dans plusieurs opérations extérieures, dont en ex-Yougoslavie, livre une analyse éclairante sur l'institution militaire dont il est issu. En Bosnie, se souvient-il[1], nombre d'officiers français engagés dans les opérations de maintien de la paix niaient la gravité des événements – craignant qu'une erreur de leur part puisse « déclencher une guerre » qui était en fait déjà en cours – et étaient

1. Entretien avec l'auteure, 5 octobre 2023.

plus sensibles à la position serbe et en adéquation avec elle. « À Sarajevo, je suis parti avec les meilleures unités de combat de l'armée française. Celles de la Légion étrangère. J'avais une équipe spéciale formée pour déclencher les frappes aériennes pour empêcher les canons de tirer sur la ville. Notre mission, formellement, était de protéger la capitale de la Bosnie-Herzégovine qui, à l'époque, subissait trois cents tirs d'obus par jour. La réalité, c'est que nous avons reçu l'ordre de ne jamais nous en prendre aux Serbes, car l'Élysée de l'époque avait décidé que les Serbes étaient nos alliés », commente Guillaume Ancel. Une affinité qui s'ancre dans l'histoire longue, mais qui relève aussi de la préférence de Paris pour les États-puissances, contre le risque de déstabilisation que génèrent les aspirations à l'indépendance des « petites nations ».

France et Russie alliées dans la lutte contre le terrorisme islamiste

Une autre dimension, enfin, a contribué à rapprocher nos deux États durant les vingt dernières années : la lutte contre le terrorisme islamiste. À partir du 11 septembre 2001, lorsque les États-Unis sont visés sur leur propre sol et plus seulement à l'étranger par l'organisation terroriste Al-Qaida, une nouvelle coopération internationale se met en place. Pour Moscou, l'irruption de ce nouveau paradigme dans la vie internationale est l'occasion de « transcender les profondes divergences entre Moscou et les capitales occidentales sur les données de l'ordre international » et de « faire taire leurs critiques sur les nouvelles opérations militaires menées en Tchétchénie depuis l'automne[1] ».

La lutte contre la menace terroriste entraîne du partage d'informations et des coopérations nouvelles entre nos services de renseignement. Des éléments renforcés à partir des années 2010 par le fait que Moscou et Paris détiennent le triste record du nombre de ressortissants ayant rejoint des organisations terroristes à l'étranger. C'est aussi l'argument de la lutte contre le terrorisme que la Russie invoque pour justifier son intervention militaire en soutien au régime de Bachar el-Assad en 2015. Un argument qui ne convainc pas la communauté internationale. « La convergence au nom de la lutte contre le terrorisme ne s'est cependant pas produite », constate la chercheuse Isabelle Facon. Mais pour les acteurs de la lutte contre le terrorisme en France, le souvenir de la coopération demeure et il les a empêchés d'apprécier la menace russe à sa juste valeur. Un ancien haut fonctionnaire du renseignement souhaitant rester anonyme témoigne que la sympathie en faveur de la Russie dans le domaine du renseignement est réelle. Elle s'explique notamment par l'histoire, le fait que nous avons été alliés face à l'Allemagne en 1917 et en 1942. Mais l'organisation des JO d'hiver à Sotchi en 2014 a aussi beaucoup fait pour cela. Car « les services russes ont su instrumentaliser la menace

1. Isabelle Facon, *La Question du terrorisme dans les relations internationales de la Russie*, Paris, Fondation pour la recherche stratégique, note, 29 novembre-6 septembre 2021.

terroriste pour approfondir et élargir leurs réseaux de contacts dans nos services sur un terreau déjà propice[1] ».

À la différence de l'armée, les services de renseignement ne sont pas touchés par l'anti-américanisme. « Depuis le 11 septembre, la doctrine américaine en la matière est passée du "besoin d'en connaître" au "besoin de partager l'information". De plus, la loi française de 2015 sur le renseignement qui limite les capacités d'écoute des pays européens nous a rendus particulièrement dépendants de Washington », précise l'ancien haut responsable du renseignement.

Il poursuit : « La DRM est un nid de russophiles. » En témoigne le terme mis en mars 2022 aux fonctions d'Éric Vidaud, le chef du renseignement militaire français, sept mois seulement après sa prise de fonction. Il est reproché à ses services des « briefings insuffisants » et un « manque de maîtrise des sujets[2] ». « Pendant 2014, leurs analyses qui persistaient à ne pas voir la Russie parmi "les petits hommes verts présents en Crimée" soulevaient bien des interrogations », relève ce fonctionnaire.

Bernard Squarcini, qui a dirigé les renseignements intérieurs français (DCRI) de 2008 à 2012, disait un an après le début de la guerre que la Russie était tombée dans un « guet-apens » américain en Ukraine. Depuis qu'il a commencé une carrière dans le privé avec sa propre structure de conseil, Kyrnos, il a plusieurs clients russes, parmi

1. Entretien de l'auteure avec un haut fonctionnaire du renseignement souhaitant rester anonyme, le 26 septembre 2023.

2. « Le chef du renseignement militaire français quitte son poste, faute d'avoir suffisamment alerté sur le risque de guerre en Ukraine », *Le Monde* – AFP, 31 mars 2022.

lesquels l'oligarque Rybolovlev[1] (propriétaire de l'AS Monaco). Parmi les figures russes influentes avec lesquelles l'ancien responsable du renseignement aurait été en affaires ou auxquelles il aurait rendu des services en usant de ses connexions avec la police et le renseignement, on compte aussi le député et milliardaire André Koch (désormais sous sanctions européennes et américaines) et Andreï Bokarev, un autre milliardaire russe, lui aussi sous sanctions[2].

Dans la galaxie des anciens chefs de service de renseignement qui gravitent dans des structures en affinité avec le régime russe, il faut mentionner le CF2R (Centre français de recherche sur le renseignement). Une structure privée, qualifiée par Bruno Tertrais d'« officine utilisant les éléments de langage du Kremlin », et dirigée par Éric Denécé qui se présente comme ancien analyste au secrétariat général de la Défense et de la Sécurité nationale (SGDSN). En février 2022, quelques jours avant l'invasion de l'Ukraine, il affirmait par exemple que « nous sommes confrontés à un scénario médiatique concocté de toutes pièces à Washington – qui rappelle celui ayant légitimé l'invasion de l'Irak en 2003 – dans le triple but de pousser Moscou à la faute, de mobiliser les Européens derrière les États-Unis et l'Otan, et de faire diversion des problèmes internes que connaissent le président américain et le Premier ministre britannique. » Comme l'indique le journaliste Antoine Izambard, le

1. Renaud Lecadre, « Enquête. Bernard Squarcini, détective prisé », *Libération*, 22 février 2019.

2. Olivier Faye, « Bernard Squarcini, un ancien chef du renseignement intérieur conciliant avec la Russie », *Le Monde*, 23 février 2023.

27 mars 2022[1], c'est-à-dire après le déclenchement de la guerre, Éric Denécé va même jusqu'à appeler « Volodymyr Zelensky à présenter des excuses pour avoir été à l'origine du conflit », dans ses déclarations sur la chaîne CNews. Les prises de position répétées de membres du CF2R amèneront d'ailleurs l'ancien directeur du renseignement militaire, Christophe Gomart, à quitter la structure. Comme aussi l'ancien homme politique Pierre Lellouche après que les journalistes de l'émission *Vrai ou fake*[2] l'ont interpellé sur son appartenance à cette structure. Une organisation privée qui regroupe dans son comité stratégique nombre d'anciens du renseignement. Ainsi en est-il de François Mermet (ancien patron de la DGSE), Yves Bonnet (ex-patron de la DST), Claude Revel (ex-déléguée interministérielle à l'intelligence économique) ou Alain Juillet (ex-directeur du renseignement de la DGSE). Comme le résume un haut fonctionnaire de la communauté du renseignement : « Il y a une convergence entre les instructions reçues par les militaires et les services de renseignement de renforcer la coopération avec la Russie dans la lutte contre le terrorisme islamiste, et cette fascination ou inclination, issue de l'histoire et des représentations[3]. »

1. Antoine Izambard, « Le think tank des espions français prend l'accent russe (et perd un ancien DRM) », *Challenges*, 19 avril 2022.

2. *Vrai ou fake*, « Les prorusses français », France Info, 5 février 2023.

3. Entretien de l'auteure avec un haut fonctionnaire du renseignement souhaitant rester anonyme, le 26 septembre 2023.

3

Le mythe de la puissance russe

Un soir d'octobre pluvieux de 2022, après un plateau chez BFMTV, un ancien ambassadeur de France aux États-Unis me confie : « Chère Elsa, je n'arrive pas à concevoir une défaite de la Russie. » L'homme n'est pas connu pour ses sympathies actives pour la Russie mais Moscou occupe nos imaginaires. Et sur le dossier russe dont il n'est pas un spécialiste, il reste aussi démuni que n'importe quel Français.

Cette remarque reflète fidèlement notre croyance, profondément ancrée dans le mythe de la puissance russe. Sur les plateaux, dans les premiers temps de la tentative d'invasion russe de l'Ukraine, les pronostics étaient sombres. Comment la petite Ukraine pourrait-elle résister à la deuxième armée du monde ? L'armée russe fascine et effraie. Tout comme la Russie dont elle est censée incarner la puissance. Là aussi en tirant souvent profit de représentations qui ont la vie dure. Parmi les différents arguments utilisés par les représentants russes, il en est un qui est intéressant tant il est si clairement et facilement contredit par les faits. Celui qui veut que « l'armée russe, souvent amalgamée avec l'Armée rouge soviétique, soit invincible[1] ». C'est d'ailleurs ce mythe que cherche à activer chez nous le porte-parole de l'ambassade de Russie, Alexander Makogonov, comme le 31 mai 2023 sur BFMTV[2] lorsqu'il clame que « militairement, vaincre la Russie est impossible ! ». Le message est ciselé à la hache mais il entend s'appuyer sur le caractère impressionnable de nombre de membres de l'élite française, prêts à le croire sans hésitation.

Défaites russes

Aucun État ne peut prétendre n'avoir jamais été battu sur les champs de bataille. Les traces des défaites russes sont visibles à Paris ne serait-ce qu'au pont de l'Alma – du nom d'une bataille de 1854 remportée contre la Russie dans la guerre de Crimée – sous lequel se trouve un zouave (des soldats d'infanterie stationnés en Afrique du Nord). Dans cette guerre, l'Empire russe perd entre autres sa flotte de la mer Noire. Au XXe siècle, dans un contexte plus familier, la Russie impériale est la première puissance occidentale à connaître en 1905 une défaite militaire face à une nation asiatique.

Elle s'incline en effet devant le Japon dans la bataille navale de Tsushima des 27 et 28 mai 1905 au terme de la guerre russo-japonaise qui aura duré près de vingt mois. Avec plus de six mille prisonniers et cinq mille tués,

1. « Alexander Makogonov : "Militairement, vaincre la Russie est impossible" », BFMTV, 31 mai 2023.
2. *Ibid.*

l'Empire russe accepte l'offre de médiation des États-Unis et signe la paix de Portsmouth en septembre 1905. Les deux ennemis avaient intensément rivalisé de propagande, au moyen d'affiches des plus piquantes, d'un côté comme de l'autre, qui culminèrent avec des *shunga*, estampes japonaises particulièrement grivoises, après cette défaite historique[1]. Défaite qui ébranle profondément le régime, bientôt suivie par la première révolution russe, celle de 1905.

Moins de quinze ans plus tard, la Première Guerre mondiale révèle quant à elle les faiblesses, pour ne pas dire les faillites, de l'armée de Nicolas II. Les défaites qui s'accumulent nourrissent le climat révolutionnaire. Le dernier tsar est partisan de la manière forte contre les insurgés, mais les mutineries se multiplient et des soldats prennent parti pour les contestataires. Deux révolutions scandent l'année 1917 et viennent mettre un point final à la participation d'une armée exsangue au premier conflit mondial, avec la décision des bolcheviques de déclarer un armistice, concrétisé par la signature du traité de Brest-Litovsk le 3 mars 1918.

Il est une autre guerre dont nous devons parler, qui elle aussi a abouti à une défaite de l'État soviétique, dont la Russie actuelle est l'héritière en matière de droit. Il s'agit de la guerre d'Afghanistan. Commencée en 1979 et achevée en 1989 par le retrait des troupes soviétiques de ce pays d'Asie centrale, elle est l'un des

1. Olivier Pons et Pierre-François Souyri, *L'Esprit de plaisir. Une histoire de la sexualité et de l'érotisme au Japon (XVIIe-XXe siècle)*, Paris, Payot, 2020.

fossoyeurs de l'Union soviétique. Notamment en cristallisant les protestations contre le pouvoir soviétique. Tant chez des figures de la contestation, comme Andreï Sakharov (le père de la bombe H soviétique, mais aussi l'un des dissidents le plus influents de l'époque soviétique et l'un des fondateurs de l'ONG Mémorial de défense des droits humains en 1989) que des mouvements citoyens comme celui des comités des mères de soldats, emmené par Valentina Melnikova et qui poursuit aujourd'hui ses activités. Ce mouvement défend toujours les droits des conscrits et de leurs familles face à l'armée et aux institutions russes. Pendant la guerre en Afghanistan, il ne peut exister officiellement puisque les ONG indépendantes sont interdites. Mais il ne s'en tient pas moins avec détermination aux côtés des jeunes gens envoyés combattre secrètement en Afghanistan et de leurs familles. Car officiellement l'URSS n'est pas en guerre. L'Union soviétique envahit pourtant l'Afghanistan le 27 décembre 1979, prétextant un soutien au régime communiste de Kaboul, installé depuis peu et exposé à des résistances et insurrections internes. En janvier, quatre-vingt-dix mille hommes y sont déjà déployés. Moscou craint que la défaite du régime communiste, contesté notamment par les Tadjiks d'Afghanistan, n'inspire les républiques soviétiques d'Asie centrale. Par ailleurs, elle redoute aussi que le communisme ne soit vaincu par le camp occidental. En Afghanistan, Moscou et Washington s'affrontent en effet par alliés interposés. Les États-Unis soutiennent les combattants islamistes, et l'Union soviétique, les communistes. Elle y envoie en dix ans environ six cent mille hommes[1], dont dix mille périrent. Ou revinrent amputés, rendant enfin visibles dans les rues de Moscou et les couloirs du métro cette guerre et ses conséquences. Celles-ci furent considérables pour le régime. Obligé de battre en retraite face aux combattants d'un pays du « tiers-monde », l'Armée soviétique en sort décrédibilisée et la société soviétique encore plus fracturée. Dans son livre, *Les Cercueils de zinc*[2], la journaliste et écrivaine Svetlana Alexievitch a enquêté pendant cinq ans en Union soviétique pour réunir les récits des proches des soldats disparus en Afghanistan et rendus à leurs familles dans des cercueils de métal, parfois trop lourds pour entrer dans les logements soviétiques. Le livre démolit le mythe de l'armée soviétique, de son engagement internationaliste, et l'auteure fut l'objet d'une campagne de décrédibilisation, puis d'un procès en 1992, à Minsk, au Bélarus où elle résidait alors.

La Russie n'a donc jamais été invincible mais elle est associée à de grandes victoires, à commencer sur le nazisme. À cette nuance près que ce n'est pas la Russie qui a vaincu Hitler.

1. Ehsan Manoochehri, « Afghanistan : quatre décennies de guerres depuis l'invasion soviétique », RFI, 27 décembre 2019.

2. Svetlana Alexievitch, *Les Cercueils de zinc*, Paris, Actes Sud, 1989.

La Russie n'a pas vaincu l'Allemagne nazie, l'URSS si !

Il faut en effet rappeler que ce n'est pas la Russie qui s'est battue contre l'Allemagne nazie mais bien l'Union soviétique. Cette différence est cruciale. La négliger revient à nous faire adopter un point de vue développé non seulement par Moscou mais surtout par Joseph Staline. Une vision qui instaure un monopole russe sur l'héritage de la victoire soviétique, bien loin de la réalité.

À son entrée en guerre, l'URSS est un État constitué de quinze républiques, comme la Russie et l'Ukraine, mais aussi le Kazakhstan, la Géorgie ou l'Arménie. Dirigée par Joseph Staline depuis 1924, elle comprend de nombreuses nationalités. En 1939, les 170 millions de Soviétiques sont officiellement constitués de plus de 100 millions de Russes, de 17 millions d'Ukrainiens, de près de 8 millions de Biélorusses, 5 millions de Tatars, autant d'Ouzbeks[1]. Et l'Armée rouge est à cette image : « plus de 4 millions d'Ukrainiens ont combattu les nazis au sein de l'Armée rouge[2] », souligne la chercheuse Anna Colin-Lebedev.

Les peuples soviétiques ont sans aucun doute possible payé un très lourd tribut à la Seconde Guerre

1. Alexandre Slouka, « La composition nationale de la population de l'URSS [note critique] », *Annales de géographie*, 1960, p. 533-536.

2. Anna Colin-Lebedev, *Jamais frères ? Ukraine et Russie. Une tragédie postsoviétique*, Paris, Seuil, 2022, p. 40. Ici, Anna Colin-Lebedev fait référence à Lev Shankovsky, « Soviet Army », *Internet Encyclopaedia of Ukraine,* Canadian Institute of Ukrainian Studies.

mondiale. Un consensus aujourd'hui existe sur le fait que l'URSS a perdu dans cette guerre plus d'hommes et de femmes que tout autre pays. Toutefois, comme le rappelle l'historien Jean Lopez, la guerre a été gagnée à l'Ouest et à l'Est. « L'Armée rouge a reçu une aide massive des Anglo-saxons, grâce auxquels elle a pu pallier ses très graves déficiences en matière de communications, de transports et de carburants spéciaux, par exemple ; elle n'a jamais eu la totalité de la Luftwaffe sur le dos, du fait de l'offensive aérienne continue des Alliés ; elle n'aurait jamais avancé si loin vers l'ouest si ses adversaires n'avaient pas vu leur appareil industriel et ses sources d'énergie démolis par les bombardiers alliés[1] », développe l'historien interviewé par Alexandre Devecchio. Enfin, il rappelle que « les historiens russes pourraient rappeler à leur président qu'en 1940, c'est Churchill qui décide de continuer la guerre seul contre le nazisme après la chute de la France, quand Staline fait envoyer des télégrammes de félicitations au Führer pour la victoire à l'ouest[2] ».

Parmi les victimes civiles et militaires de la guerre, se trouvent de nombreux Russes, mais aussi des ressortissants des autres nationalités constituant l'URSS et notamment ceux des républiques où les batailles les plus âpres ou les exactions des occupants se sont déroulées.

Les bilans présentant le nombre global de Soviétiques tombés pendant cette guerre sont d'ailleurs très

1. Alexandre Devecchio, « La Seconde Guerre mondiale a-t-elle été gagnée à l'Est ? », *Le Figaro*, 8 mai 2020.

2. *Ibid.*

variables à travers les décennies. Conformément à une vieille expression russe, le passé russe est décidément imprévisible. Ainsi aujourd'hui, dans la Russie de Vladimir Poutine, on avance le chiffre de plus de vingt-six millions de victimes soviétiques mais, en 1946, Joseph Staline n'en reconnaissait officiellement qu'« environ sept millions ». Pourquoi ? Pour que l'URSS n'apparaisse pas comme une victime de la guerre mais comme victorieuse ! À cette époque, une commission soviétique a déjà évalué à quinze millions le nombre de victimes soviétiques, mais Staline refuse de rendre ce chiffre public. Plus tard, de Khrouchtchev à Brejnev, ce bilan passe à vingt millions puis à « plus de vingt millions ». Depuis 2019, les chiffres officiels utilisés par les autorités russes sont désormais de 26,6 millions de victimes. Des chiffres qui ne distinguent pas civils et militaires – militaires dont on estime les pertes à environ dix à douze millions. « Une partie des morts militaires soviétiques est en effet due à des méthodes de commandement primitives et au mépris abyssal de Staline et du parti pour les pertes humaines[1] », commente Jean Lopez. Des données qui ne distinguent pas non plus les causes de décès – du fait des combats ou des déportations, de la main nazie ou des autorités soviétiques – et ne mentionnent pas les nationalités, notamment pour les juifs victimes de la plus massive tentative d'extermination.

L'invisibilisation des différentes populations tombées pendant la guerre, le silence sur les responsabilités dans

1. *Ibid.*

leur mort permet de fondre cette tragédie dans l'héritage historique de la seule Russie. Cet amalgame entre la victoire soviétique et celle de la Russie s'inscrit dans une stratégie politique de Staline destinée à faire du seul peuple russe l'artisan de la victoire contre le nazisme.

Le 24 mai 1945, le maître de l'URSS porte un toast à l'occasion de son discours de la victoire dans le palais du Kremlin. Un toast consacré au « peuple russe, peuple victorieux, nation dirigeante de l'URSS[1] » qui signe le grand tournant nationaliste de l'Union soviétique et qui ouvre une nouvelle période de déportations massives vers le goulag des peuples non russes. Désormais, la Russie occupe officiellement en URSS une place dirigeante. Ainsi Staline entend-il museler les aspirations nationales des peuples de l'Union ayant combattu le nazisme et versé leur sang dans cette bataille. Le maître du Kremlin pense aux mouvements nationaux notamment ukrainiens, mais pas seulement. La spécificité des horreurs infligées à la population juive des territoires occupés par l'Allemagne nazie est elle aussi occultée au profit du sacrifice du prétendu seul peuple russe.

D'ailleurs, dans l'immédiat après-guerre et au début des années 1950, il ne fera pas bon être juif en Union soviétique. Celle-ci s'engage en effet dans de nouvelles répressions, cette fois ouvertement antisémites. En 1948, le Comité antifasciste juif est interdit et ses

1. Nicolas Werth, « URSS 1945 : l'envers d'une victoire », *Matériaux pour l'histoire de notre temps*, 1995. Voir aussi Hélène Carrère d'Encausse, *L'Empire éclaté*, Paris, Le Livre de poche, 1978, p. 37.

membres sont arrêtés et accusés de « planifier l'instauration d'une république juive en Crimée pour servir les intérêts américains[1] ». Le 1er décembre 1952, Staline proclame devant le Comité central du parti communiste que « tout juif est un ennemi potentiel à la solde des États-Unis ».

Au sortir de la Seconde Guerre mondiale, le nationalisme russe écrase la victoire des peuples de l'Union. Et la domination du Kremlin sur les destinées des États d'Europe centrale et orientale s'étend et s'affirme. Ainsi de l'après-guerre à la chute de l'URSS, Moscou exerce, au nom du peuple russe, un contrôle croissant sur une partie de l'Europe, un attribut certain de la superpuissance qui lui est attachée. Une superpuissance qui procède du rôle de l'URSS dans la guerre froide.

La matrice soviétique

À partir de 1947, la guerre froide oppose deux systèmes concurrents tout en conférant aux deux superpuissances qui les incarnent un statut de cogestionnaires de l'ordre international. Dans cette course, tantôt effrénée, tantôt plus détendue, États-Unis et Union soviétique se sont longtemps affrontés à coups de records. Records de production industrielle, agricoles, sportifs… Mais aussi compétition pour la conquête de l'espace (l'URSS place en orbite un premier satellite artificiel en

1. Edvard Stanislavovitch Radzinsky, *Joseph Staline*, Paris, Le Cherche Midi, 2011.

1957, le *Spoutnik*) comme pour la suprématie militaire. Dans ce domaine, la rivalité de l'URSS et des États-Unis, tous deux dotés de l'arme nucléaire, entraîne le développement de la doctrine de dissuasion nucléaire. Leur opposition provoque des crises qui font craindre une apocalypse, à l'instar de celle des missiles à Cuba à la mi-octobre 1962. Or, quel attribut plus absolu de la puissance peut-on imaginer que la possession de cette technologie capable d'éradiquer toute vie sur terre comme l'illustre la doctrine de « la destruction mutuelle assurée » ? Celle-ci instaure un « équilibre de la terreur » lié au fait que chacun des deux États dispose des moyens nécessaires pour détruire la planète plusieurs fois. Cette donnée est centrale, prégnante et pénètre jusque dans les imaginaires et créations culturelles, comme des tubes mondiaux à l'instar de la chanson de la star britannique Sting, *Russians*[1]. L'URSS est une puissance pauvre, qui a beaucoup consacré au développement de son complexe militaro-industriel. Elle a aussi développé un système alternatif et elle tient tête au modèle américain. Elle est à la fois une superpuissance et un super-contestataire de la puissance américaine. Deux attributs qui la rendent attirante au niveau mondial, en France parmi toutes les formations politiques dans la contestation, mais aussi parmi certaines couches de notre armée.

Les affinités entre l'armée française et la Russie ? Si, pour le général cinq étoiles Jean-Paul Paloméros, il s'agit d'abord d'une culture propre à l'armée de terre,

1. Sting, *Russians*.

pour l'ancien officier Guillaume Ancel, la question est aussi affaire de formation. « Ma génération, celle des officiers qui sont au sommet de leur carrière à l'heure actuelle, est la dernière formée à la lutte contre les troupes de l'URSS et du pacte de Varsovie[1] », explique l'ancien officier, qui a décidé de sortir du rang en portant sur la place publique des débats sur le rôle de la France au Rwanda et en Bosnie qu'il est d'usage de taire ou de discuter seulement au sein de l'armée. Pour lui, ces officiers et soldats ont grandi sous la menace soviétique et en 1989, alors que le mur de Berlin s'écroule et que les pays d'Europe de l'Est se libèrent de la domination soviétique, tous sont sidérés. Une sidération doublée de scepticisme tout d'abord. Mais, cette fois, il ne s'agit pas de révoltes dans l'un ou l'autre des États d'Europe centrale pour secouer le joug de Moscou. Le système soviétique même se décompose. En décembre 1991, l'URSS s'effondre. Commence alors une période où l'armée française, à l'instar des autres armées occidentales, doit revoir toute son orientation. L'ennemi central autour duquel toute la culture militaire s'était structurée a disparu. Et laisse un vide perturbant.

À ce stade, le vide créé par l'effondrement sur lui-même du carcan soviétique laisse un abîme de menaces, dont le risque d'un conflit ou d'une catastrophe nucléaire. L'URSS était en effet, à l'heure de sa disparition, à la tête d'un arsenal terrifiant : 1 054 missiles intercontinentaux et 4 278 têtes nucléaires en 1990. Le risque de trafic et de dissémination, ou de vente à des

1. Entretien avec l'auteure, 5 octobre 2023.

groupes terroristes, tend à faire espérer l'arrivée d'un homme fort à Moscou. L'armée française nourrit cet espoir, quitte à ce que l'ordre en résultant soit injuste. Plus tard, la figure du terroriste tchétchène, associée à l'islamisme, viendra réactiver et nourrir ce choix. La préférence va d'abord à l'ordre brutal pour éviter le chaos. Ce n'est pas tout.

Selon Guillaume Ancel, les décideurs français le plus étoilés font parfois preuve d'une « ambiguïté totale[1] » vis-à-vis de la Russie. Car s'il est un rempart d'ordre face aux dangers d'un monde de plus en plus complexe, Poutine met aussi « un pognon de dingue dans son armée ». Et ces investissements connaîtront un pic historique en 2024 : le budget russe prévoit une hausse de 68 % des sommes allouées à la défense, ce qui placera ce secteur devant celui des dépenses sociales, pour la première fois depuis 1992. Face à la diminution des moyens dévolus à l'institution militaire en France – en baisse constante depuis 1966[2] –, ce tableau a de quoi faire rêver.

L'époque en Europe occidentale n'est plus à la guerre, et l'on se berce de la douce musique d'une « fin de l'histoire » avec le triomphe du camp occidental.

Face à ce bouleversement stratégique, les armées, dont celle de la France, se transforment. Dès 1990, Paris entame une réflexion sur ses forces militaires, dont le bilan est dressé dans le « Livre blanc de la défense » de 1994. Le 22 février 1995, dans un entretien télévisé, le président

1. Entretien avec l'auteure, 5 octobre 2023.
2. Voir les statistiques sur le site Perspective Monde au sujet des dépenses militaires.

Chirac lance une réforme exceptionnellement profonde et rapide consacrée par la fin du service militaire, la professionnalisation des troupes[1], et la réduction des effectifs, particulièrement importants dans l'armée de terre.

Depuis 1990, l'armée de terre a été réduite de cinquante mille hommes « tout en préservant la capacité opérationnelle des forces[2] », selon le ministre de la Défense Charles Millon. « De 1990 à 1996, l'armée de terre a fourni en moyenne 70 % des forces françaises engagées dans les crises et plus de 90 % des forces qui agissent au contact sur le terrain. » Cette « véritable refondation[3] » s'accompagne d'une place et d'un rôle de l'armée nettement moins centraux dans la société française. En effet, le service militaire obligatoire universel, institué par la loi de 1905, était jusque-là considéré comme le creuset où venait s'élaborer une identité nationale. Et cette réforme qui transforme durablement la physionomie de notre armée a été voulue, réfléchie et mise en œuvre à une vitesse inédite par l'Élysée, dont c'est le projet. On peut comprendre que dans ces conditions, le contre-exemple russe d'une réforme ayant maintenu la conscription et réaffirmé le « facteur militaire » dans sa politique internationale soit attractif.

Selon Guillaume Ancel, les ambiguïtés de certains haut gradés vis-à-vis de la Russie s'accompagnent d'un déni

---

1. Bastien Irondelle, « Professionnalisation : le processus décisionnel », *Inflexions*, 2012/3, n° 21, p. 89-96.

2. « Déclaration de M. Charles Millon, ministre de la Défense, sur la carrière du général Monchal et son rôle dans la réflexion sur la réforme de l'armée, Paris, le 27 août 1996 », source : Vie-publique.fr, 27 août 1996.

3. Benoît Vitkine, « Face à "l'agression" occidentale, Vladimir Poutine se dit prêt à une guerre longue », *Le Monde*, 21 février 2023.

face à la droitisation d'une institution qui est par nature conservatrice puisque chargée de protéger la nation, structurée par l'obéissance et incarnant le bras armé de la France. « Jeune officier, j'ai été très gêné dans l'armée par la facilité avec laquelle étaient tenus des propos extrêmes, contraires aux valeurs de l'armée et de la République. Quand je m'en ouvre auprès de mes interlocuteurs comme le chef d'état-major de l'armée de terre, Pierre Schill, ou encore le chef d'état-major des armées, Thierry Burkhard, ceux-ci mettent le problème de côté », souligne l'ancien officier. Or « la culture du silence est précisément ce qui fait obstacle à l'évolution de notre armée », poursuit-il.

Des éléments réactionnaires et en faveur d'un pouvoir fort dans l'armée ? La tribune publiée le 14 avril 2021 dans *Valeurs actuelles* et signée par une vingtaine d'anciens généraux en témoigne. Dans celle-ci, face à un supposé délitement de la France, ils agitent le spectre de la guerre civile et soulignent qu'il faudra peut-être que « leurs camarades d'active » interviennent. Un appel qui aurait rassemblé cinq mille signatures. Ce texte reflète-t-il fidèlement les valeurs en cours dans l'armée ? Interrogé sur France Culture, Jean-Dominique Merchet, journaliste spécialiste des questions de défense, précise : « Ce sont surtout des anciens militaires, des gens à la retraite ou des réservistes. Avec une moyenne d'âge qui doit être supérieure à soixante-dix ans.[1] » Et on ne peut pas dire que cette tribune reflète les convictions de l'« armée d'active ».

1. Guillaume Erner, « Tribune dans "Valeurs actuelles" : les militaires signataires sont-ils représentatifs de l'armée française ? », *Les matins de France Culture*, 28 avril 2021.

En revanche, le texte « reprend les antiennes de l'extrême droite », souligne Jean-Dominique Merchet avant d'ajouter que les sondages Ifop publiés par Jérôme Fourquet montrent que « militaires et policiers ont voté à 40 % pour Marine Le Pen », un pourcentage supérieur à la moyenne nationale. Et il est vrai qu'auprès de ces segments de la population française, la Russie promue par Vladimir Poutine jouit d'un argument de poids. Elle se présente comme la gardienne des valeurs traditionnelles. Même si ce n'est qu'une façade.

4

Moscou, gardienne des valeurs traditionnelles ?

Depuis le début de la tentative d'invasion de l'Ukraine à grande échelle, nos opinions publiques sont des champs de bataille. On y combat pour nos esprits. L'un des arguments utilisés par ceux qui soutiennent la Russie est de dénigrer les sociétés occidentales et de présenter la société russe comme la véritable et seule gardienne des valeurs de la civilisation européenne. Les porteurs de ces messages occultent les réalités sociales russes. De la Russie, ils ne connaissent au mieux que ce que leurs guides intéressés ont bien voulu leur en montrer. Or, la société russe, même si ses autorités travaillent activement à y promouvoir « les valeurs traditionnelles », est assez typique des sociétés modernes et industrialisées. Elle porte aussi un héritage de plus de soixante-dix ans de communisme qui a activement modelé les mœurs de ses citoyens et parfois dans un sens qu'on peut considérer comme d'avant-garde. Les mœurs de ses citoyens y sont libéralisées, et sur certaines questions, ce processus y a été bien plus rapide qu'en Europe occidentale. On se rappelle que c'est en URSS que, pour la première fois, une femme fut ministre : Alexandra Kollontaï, à qui l'Union soviétique doit le divorce par consentement mutuel et d'avoir été le premier État à légaliser l'avortement. On attribue à Kollontaï une célèbre phrase qui voudrait que « pour les femmes soviétiques faire l'amour [soit] aussi simple que de boire un verre d'eau ».

Déprécier l'Occident est avant tout un levier politique puissant en Russie. La campagne de dénigrement de l'Occident décadent a pour objectif premier de répondre à une baisse de popularité du Kremlin dans une société vieillissante et de gagner des points en se présentant comme supérieur au modèle occidental, vers qui regardent de plus en plus de citoyens. Dans le monde, elle sert aussi une reconquête de l'influence russe, en direction des pays du Sud. C'est un slogan politique porteur et multifonction.

« Gayeuropa », « l'Occident décadent » où « la pédophilie est considérée comme une norme » et où « des prêtres sont obligés de bénir des mariages homosexuels »... Rien de bien nouveau dans le discours que Vladimir Poutine délivre le 21 février 2023 lors de son adresse à la nation. À ceci près qu'il se tient presque un an après le début de la tentative d'invasion russe à grande échelle de l'Ukraine. Dans un décorum qui ne peut que rappeler la pompe soviétique, le président russe a décliné « un long discours mêlant diatribes aux accents quasi messianiques et annonces évoquant plutôt la monotonie d'un plan quinquennal[1] », selon Benoît Vitkine.

1. Benoît Vitkine, *op. cit.*

Dans sa volonté d'ériger la Russie en contre-modèle de l'Occident, en 2020, le président a fait inscrire dans la Constitution la foi en Dieu – alors que la version de 1993 spécifiait que la Russie est un État laïque. La loi fondamentale russe s'est aussi enrichie d'une définition du mariage comme « institution hétérosexuelle ». Et d'autres amendements chargent la Russie de « défendre la vérité historique », « la culture et l'identité russes » et valorisent « la mémoire de nos ancêtres qui nous ont transmis des idéaux et la foi en Dieu », tout en affirmant que Moscou est « le successeur de l'URSS » (on se rappelle que pendant des décennies l'URSS a mené une politique antireligieuse). Un ensemble certes hétéroclite mais qui offre un ancrage institutionnel à des éléments de communication politique qui ont commencé à se multiplier comme des petits pains au début des années 2010. Un discours qui a plusieurs publics cibles tant en Russie que hors de ses frontières. En France, il parle à la fraction de la population qui est à la recherche d'un leader fort et qui s'attache aux valeurs traditionnelles, notamment religieuses.

Un discours en direction de plusieurs publics

En cela, le discours actuel russe s'inscrit dans la grande tradition messianique du Kremlin, et notamment celle où Moscou s'est rêvée en « troisième Rome », après la chute de Constantinople en 1453. Elle est aussi hautement compatible avec l'idéologie impériale sous Nicolas Ier formulée par Nikolaï Ouvarov (homme politique russe conservateur, ministre de l'Instruction publique). Ses trois fondements : orthodoxie, autocratie et union entre le peuple et son tsar. À l'extérieur des frontières nationales, elle séduit de nombreux publics : ceux qui voient dans la Russie la défenseure des peuples chrétiens face aux musulmans (en regardant là aussi en arrière vers les guerres qui tout au long du XIXe siècle ont opposé la Russie à l'Empire ottoman). Mais aussi les pays du « Sud global », aux sociétés conservatrices, notamment musulmanes, sur les questions de mœurs. Mais ces éléments de communication idéologique sont aussi et d'abord pensés pour répondre à des objectifs de politique intérieure.

Les derniers amendements constitutionnels visent à répondre à la grogne sociale et à remédier à l'effritement de la cote de popularité du régime. Début 2020, la confiance de la population dans le président russe a chuté et, selon l'institut de sondage indépendant Levada, ne rassemble plus que 35 % des Russes[1]. Des résultats qui contrastent avec les taux de 59 % de novembre 2017, bien loin des records consécutifs à l'annexion de la Crimée en 2014.

L'impopulaire réforme des retraites, imposée en 2018, et la fermeture des hôpitaux sont autant de thèmes qui ont détourné bien des Russes du pouvoir. Adoptée en septembre 2020, la première a repoussé l'âge minimum de départ à 60 ans pour les femmes et 65 ans pour

1. « Uroven doveriya k Vladimiru Putniu za dva goda snizilsya pochti v dva raza », *Vedomosti*, 12 février 2020.

les hommes, dont l'espérance de vie moyenne en 2021 est de 64 ans – extrêmement basse, donc[1]. Ces réformes ont entraîné suffisamment de manifestations de mécontentement pour que le gouvernement lâche du lest. Il renonce à imposer un départ à 63 ans pour les femmes et s'engage à revaloriser les pensions dont la moyenne est d'environ 193 euros par mois en 2023.

Les sondages indiquent également que les Russes, depuis 2010, ont une confiance croissante dans deux institutions : l'Église orthodoxe et l'armée, dont les scores avoisinent les 63 %, selon un sondage réalisé en 2018[2] par la Haute École d'économie (mieux connue sous le nom de Vyshka). D'où la tentation des autorités de faire fond sur le conservatisme pour lutter contre la grogne sociale.

Une Russie aux mœurs moins conservatrices qu'il n'y paraît

Les valeurs traditionnelles, si régulièrement vantées publiquement par le pouvoir et la propagande russe, ont pourtant assez peu d'ancrage dans les modes de vie de la plupart des Russes. Dans la sphère privée, le tableau est tout autre. Ainsi, comme le rappelle Tatiana Kastoueva-Jean, directrice du Centre Russie/Eurasie de

1. « Life expectancy at birth, male (years) – Russian Federation », source : The World Bank Data. (« Espérance de vie des hommes en Russie 1960-2021 », Banque mondiale).

2. « Opredelen uroven doveria Rossian VS Y tserkvi », *Vzglyad*, 12 octobre 2018.

l'Institut français des relations internationales (Ifri), si « les propos contre le mariage homosexuel sont largement partagés en Russie, la société russe n'est pas véritablement conservatrice[1] ».

Pour s'en convaincre, il suffit de revenir sur quelques indicateurs. Tout d'abord, le taux de pratique religieuse. Même si cela est surprenant, dans un pays où 70 à 80 % de la population se déclarent orthodoxes (deux fois plus qu'en 1991), il s'agit surtout d'une affirmation identitaire. Le taux de pratique religieuse active, lui, selon les statistiques officielles, serait assez similaire à ceux de nos sociétés. Un sondage de 2013 de l'institut Levada conclut à un taux de 6 % d'orthodoxes participant à un service religieux au moins une fois par mois et 3 % deux ou trois fois par mois en Russie[2]. Un chiffre qui est surtout très discuté. Car les statistiques officielles dans les régimes autoritaires comme celui qu'a développé Vladimir Poutine sont l'objet d'enjeux politiques. Elles ne font pas que donner un instantané de la société, elles contribuent à la modeler.

Un excellent expert russe de la question, Nikolaï Mitrokhine, n'a « pas confiance dans les statistiques officielles, notamment dans la façon dont elles sont établies, dans la façon dont les questions sont posées pour conduire ces enquêtes[3] ». Il va même plus loin en affirmant qu'« il

1. Olivier Tallès, « Les “valeurs traditionnelles” bientôt dans la constitution russe », *La Croix*, 28 juin 2020.

2. « Les Russes sur la religion », source : levada.ru, 24 décembre 2013.

3. Régis Genté, « Russie : l'Église orthodoxe, l'État et la société. Entretien avec Nikolaï Mitrokhine », *Religioscop*, 10 janvier 2014.

se garderait de parler d'une renaissance de la foi chez les Russes » Le nombre de fidèles qui fréquentent les églises me semble en fait à peu près stable. Depuis vingt-cinq ans, le pourcentage de Russes qui vont une fois par mois à l'église est le même ! » En revanche, il ajoute non sans ironie que « si l'on parle d'une renaissance en se basant sur le nombre d'églises construites, alors c'est différent. Si l'on parle du nombre de prêtres qui passent à la télévision, alors oui, il y a une renaissance. »

Le chercheur résume sa perception de la nature des relations entre le pouvoir politique et l'Église orthodoxe : « Il me semble que Poutine essaie d'utiliser les valeurs traditionnelles d'une façon très large, allant du patriotisme militaire à des formes de xénophobie. Une partie de sa stratégie consiste à s'appuyer sur l'Église orthodoxe, avec sa philosophie conservatrice et son organisation institutionnelle : en effet, dans chaque région, l'Église offre des structures permettant à M. Poutine de diffuser les idées qu'il veut aujourd'hui promouvoir. » Car « l'Église russe est l'organisation qui dispose du plus grand réseau social dans la Russie moderne ». On peut donc parler d'une convergence d'intérêts entre deux acteurs politiques, le Kremlin et l'Église orthodoxe russe, laquelle gagne en puissance. Pour le journaliste spécialiste des élites russes Andreï Pertsev, « même le patriarche Kirill était un homme d'Église plutôt libéral dans les années 1990 et au début des années 2000. Le problème est qu'il était et est toujours enclin à servir les autorités ; aujourd'hui, elles exigent du conservatisme et il est prêt à jouer le rôle d'un ultra-conservateur. »

Poursuivons notre analyse des indicateurs par ceux de la nuptialité. Le mariage en Russie est certes très fréquent (66 % des femmes et 56 % des hommes le considèrent comme indispensable), et se produit tôt. En 2012, l'âge moyen au moment du mariage était pour les femmes de 22 ans, 24 ans pour les hommes. En 2023, il a très légèrement évolué à 23 et 25 ans respectivement. Le taux de divorce, lui, est très important puisque plus de 50 % des unions se terminent par une séparation. Il est bien supérieur à celui de la France (46 %). La tendance s'accélérerait même ces dernières années en Russie, selon les statistiques officielles. Pour la période 2022-2023, le divorce concernerait 68 % des mariages, tandis que le nombre d'unions serait à la baisse. Pour le premier trimestre de 2023, le nombre des divorces et celui des mariages étaient même extrêmement proches : 216 000 contre près de 220 000. Une tendance qui s'inscrit dans la longue durée car toujours selon cette étude, « il y a soixante-dix ans, le taux de divorce était de 4 %, il y a trente ans de 42 % et aujourd'hui[1], environ 68 % ». Une évolution qui concerne autant les centres urbains que les régions rurales, et touche tous les groupes ethniques qui composent la Russie.

Impossible d'évoquer les pratiques russes en contrepoint du discours des autorités sur les valeurs

1. Selon les données présentées en conférence de presse le 18 juillet 2023 par la représentante du conseil pour les droits de l'homme et les relations avec la société, près la présidence de la Fédération de Russie, Irina Kirkorai.

traditionnelles sans aborder la question de l'homosexualité, ou plutôt des « orientations sexuelles non traditionnelles ». Jusqu'au début des années 2010, les autorités russes ont été plutôt indifférentes à la question de l'homosexualité. Dans le passé communiste, l'homosexualité a été tantôt considérée comme « parfaitement naturelle[1] » en 1925 puis interdite par la loi en 1933 et décriminalisée de nouveau en 1993. Elle a été finalement retirée de la liste des maladies psychiatriques en 1999. Evgueni Beliakov, un militant du mouvement LGBTQ+ en Russie, fixe à 2012 « l'année où la véritable homophobie politique a commencé[2] ».

L'intérêt des autorités russes pour cette thématique s'illustre particulièrement à partir de l'adoption en 2013 par la Douma à la loi dite « anti-propagande gay », qui est la loi fédérale n° 135-FZ pour « protéger les enfants des informations promouvant la négation des valeurs familiales traditionnelles ». Elle a été complétée le 24 novembre 2022 par une loi interdisant la propagande des relations sexuelles non traditionnelles : homosexualité, changement de sexe (qui demeurait néanmoins autorisé jusqu'en 2023) et pédophilie. En des termes le plus vagues, le simple fait de « susciter l'intérêt » pour ces orientations dans le débat public (Internet, presse, littérature cinéma) peut entraîner une poursuite et des amendes pouvant atteindre cent soixante mille euros. Ce texte

1. Dr Grigori Batkis, directeur de l'Institut d'hygiène sociale, « La révolution sexuelle en Russie », rapport, 1925.

2. Tess Lowery, Evgeny Belyakov, « "Petit à petit, c'est comme ça qu'ils nous ont eus" : j'ai vu la Russie éroder les droits des LGBTQ+ jusqu'à ce qu'il n'en reste plus rien », *Global Citizen*, 7 avril 2022.

pourrait provoquer la disparition de nombreuses œuvres – et même de dessins animés russes ! – des discours, mais aussi des bibliothèques, librairies, cinéma, théâtres, musées, et des ordinateurs. L'homosexualité était criminalisée en Union soviétique et la dépénalisation est intervenue en 1993. L'union entre deux personnes du même sexe n'est pas autorisée. L'apparition de cette thématique dans le débat public russe est d'ailleurs concomitante de l'autorisation du mariage homosexuel à l'étranger[1]. En juin 2023, lors de l'examen du projet de loi interdisant le changement de sexe en Russie, Vladimir Poutine va plus loin et charge les autorités sanitaires de commencer à « étudier les comportements des populations LGBTQ+ » d'un point de vue psychiatrique, ce qui fait craindre l'introduction prochaine de thérapies forcées en Russie[2]. Cette focalisation sur la question homosexuelle, comme une menace pour la société russe et surtout pour ses enfants, s'accompagne d'une augmentation des crimes haineux contre les personnes à qui ces orientations sont imputées, multipliées par six entre 2007 et 2021 selon l'ONG SOVA qui suit et documente les crimes de haine

1. En mai 2023, la France a célébré les dix ans de l'adoption de la loi autorisant le mariage entre deux personnes du même sexe. Dans le monde, ce sont aujourd'hui trente-quatre États qui reconnaissent ces unions dont la vaste majorité est située en Europe de l'Ouest (18) où les Pays-Bas ont été les premiers à ouvrir cette voie en 2001.

2. Мурашко : Путин поручил Минздраву создать психиатрический институт по исследованию поведения ЛГБТ-людей 15 июня 2023 Никита Кондратьев. Vajnyie Istorii https://storage.googleapis.com/ istories/news 2023/06/15/murashko-putin-poruchil-minzdravu-sozdat-psikhiatricheskii-institut-po-issledovaniyu-povedeniya-lgbt-lyudei/index. html ? utm_source = telegram&amp ; utm_medium = mainpage.

dans le pays[1]. Ce qui est également perceptible dans l'évolution des positions des citoyens russes envers l'homosexualité. Selon un sondage réalisé par l'institut Levada[2], la part des citoyens indifférents face aux personnes LGBTQ+ est passée de 45 % en 2013 à 26 % en 2021. La proportion de ceux ressentant de la peur ou du dégoût a progressé de 17 points en passant de 21 % (2013) à 38 % (2022).

Poursuivons cet examen des mœurs en Russie. L'avortement est devenu un enjeu dans le mouvement réactionnaire que les autorités cherchent à imposer à une population beaucoup plus libérale. Or, il demeure une pratique répandue, même si le recours à cette dernière a baissé avec constance depuis les années 1990. Selon le service des statistiques russe, Rosstat, de 1990 à 2008, le recours à l'avortement est passé de 94,7 pour mille à 19 pour mille (femmes de 15 à 49 ans). Pour comparaison, en France, en 2022, on recense 16,9 interruptions de grossesse pour mille[3]. En Russie aussi, le droit à l'avortement est exposé à des limitations croissantes depuis 2003 et les autorités ont mis en place une politique nataliste volontariste, avec des incitations financières importantes. La motivation en est

1. Natalia Yudina « Criminal Activity of the Ultra-Right. Hate Crimes and Counteraction to Them in Russia in 2019 », *Sova Research Center,* 5 février 2020.

2. « The attitude of Russians to the LGBT community », Levada-Center, 19 octobre 2021.

3. Annick Vilain, Jeanne Fresson, « Le nombre des interruptions volontaires de grossesse augmente en 2022 », *Études et résultats*, n° 1281, 27 septembre 2023.

initialement moins idéologique ou religieuse que démographique. La Russie fait en effet face à « une tragédie démographique » selon l'expression de *The Economist*[1]. D'après les statistiques officielles, la population russe est au 1er janvier 2022 de 146,6 millions, c'est-à-dire inférieure à celle de 1994 (149 millions), et elle risque, d'ici cinquante ans, de passer sous les 120 millions. Une évolution que Poutine considérait comme « le problème plus grave du pays » en 2006. Le quotidien *Kommersant* soulignait, le 11 mai 2006, que dans le discours du président la « démographie » avait remplacé la « démocratie[2] ». Mais depuis, l'argument idéologique est entré en ligne de compte. Andreï Pertsev explique ce tournant réactionnaire par deux éléments. D'une part la « pénétration de tous les organes de pouvoir par le FSB, et d'autre part par le vieillissement de la classe dirigeante dans son ensemble[3] », commente-t-il. Vladimir Poutine a soixante et onze ans, son entourage le plus proche est à son image. « De plus en plus d'entre eux se tournent vers la religion avec l'âge et commencent même à faire des pèlerinages au mont Athos[4] », poursuit le journaliste. Ce haut lieu du pèlerinage orthodoxe est situé en Grèce. Le monastère reçoit de nombreux pèlerins, tous masculins car il est interdit aux femmes, qui ne peuvent l'observer au mieux que de la mer.

1. « Russia's population nightmare is going to get even worse », *The Economist*, 4 mars 2023.
2. « V slovarie prezidenta demografia zamenila democratiu », Gazeta *Коммерсантъ*, nº 82, 11 mai 2006.
3. Entretien avec l'auteure, 15 novembre 2023.
4. Entretien avec l'auteure, 15 novembre 2023.

En 2023, des limitations au droit à l'avortement sont activement discutées, notamment depuis le 13 novembre. Parallèlement, les cliniques privées en province ont d'ores et déjà significativement limité la pratique des avortements. On y utilise plus fréquemment l'avortement médicamenteux que dans les établissements publics qui recourent majoritairement aux IVG par intervention chirurgicale (et accueillent une population aux revenus plus modestes). Que ce soit pour se conformer à ce qu'elles pensent être l'attente des autorités, ou qu'elles en aient reçu l'instruction.

Autre thématique qui ne manquera pas de surprendre ceux qui pensent encore que la Russie est la gardienne des valeurs traditionnelles : la gestation pour autrui (GPA). Contrairement à bon nombre de pays européens, le recours à une mère porteuse est légal en Russie, et ce, depuis 2011. Il est autorisé pour les couples hétérosexuels et les femmes célibataires. Des sites mettent en contact parents intentionnels et parents biologiques, autour d'une transaction commerciale légale, d'un montant de douze à quinze mille euros en moyenne. Et les cabinets de conseil juridiques offrent leurs services. En 2019 sur un million six cent mille de naissances enregistrées dans le pays, environ deux cents ont eu lieu dans le cadre d'une GPA. Ce marché connaissait une croissance importante estimée entre 15 et 30 % par an. Un phénomène que le Covid est venu perturber en privant nombre de futurs parents de la capacité de voyager. La seule restriction introduite par l'État russe date de mars 2022 quand la Douma a interdit le recours à la GPA pour les étrangers.

Enfin, un dernier indicateur s'inscrit en contradiction avec l'idée d'une population russe plus conservatrice et religieuse qu'en Occident : le taux de suicide, ce phénomène mondial, qui touche huit cent mille personnes chaque année. La Russie ne fait pas exception, même si la proportion de suicides y est en nette diminution par rapport à la situation alarmante qui prévalait au début des années 1990. En 2016, Moscou est encore malheureusement à la troisième place mondiale dans le classement de l'Organisation mondiale de la santé (OMS) avec cent vingt-deux personnes se donnant chaque jour la mort, soit près de quarante-sept mille par an. La Banque mondiale confirme cette place en 2019 avec un taux de 25,1 suicides pour 10 000 habitants (7,9 en France). Un phénomène difficilement appréhendable par les statistiques officielles. Ainsi, en 2019, Rosstat avance un taux de 9,3 pour 100 000 habitants ; l'OMS, 21,6.

Groupes vulnérables, minorités sexuelles et femmes, tous victimes du patriarcat exalté

La campagne de communication sur les valeurs traditionnelles, qui décrit une Russie fictive, permet très opportunément aux autorités de nier certaines réalités et de ne pas mettre en œuvre des politiques de soins. Comme c'est le cas avec l'épidémie de VIH.

La politisation de cette dernière a rendu de plus en plus difficile l'accès à des statistiques fiables[1]. Depuis 2016, le ministère de la Santé (Rospotrebnadzor) publie régulièrement des données différentes de celles du Centre fédéral de prévention et de lutte contre le sida dirigé par Vadim Pokrovsky. Ce dernier épingle régulièrement les autorités russes pour leur prise en charge inadaptée de l'épidémie de VIH qui est en Russie la plus active de toute l'Europe. Cette infection, mentionnée pour la première fois en 1986 à la télévision soviétique, fut d'emblée qualifiée de « maladie occidentale » par le ministre de la Santé de l'époque, Vadim Trofimov, qui affirma ensuite qu'il n'y avait en « Russie aucune base pour son développement dans la mesure où il n'y avait dans le pays ni toxicomanie ni prostitution[2] ». Et en effet, on n'en aurait trouvé nulle trace dans les statistiques de l'époque !

En 2020, la Russie comptait un million cent mille personnes vivant avec le VIH. Et de 2017 à 2022 en moyenne entre quatre-vingt-cinq mille et cent mille personnes ont été officiellement testées positives. Bien loin de ne concerner que des groupes de population dits vulnérables, avec 1,4 % de la population des 25-49 ans infectés, on considère généralement que l'épidémie est « généralisée ». Ce qui veut dire qu'elle se transmet parmi la population générale et pas seulement parmi les usagers de drogues injectables ou les personnes

1. Ulla Pape, « The Silenced Epidemic : Why Does Russia Fail to Address HIV ? », 31 janvier 2022.

2. Alla Salkova, « Kak vitch popal v SSSR ? », *Gazeta.ru*, 31 octobre 2016.

homosexuelles, contrairement à l'image véhiculée par les stéréotypes. Stéréotypes qui contribuent à la baisse du recours au dépistage. Les stratégies de prévention, elles, ne sont pas adaptées à la réalité de l'épidémie. Elles s'appuient sur des messages stigmatisant les personnes porteuses du virus, et font la promotion de la fidélité. Elles refusent aussi depuis 2009 de recourir aux stratégies de réduction des risques les plus efficaces. Les programmes d'éducation sexuelle dans le secondaire ont été supprimés – après le vote par la Douma en 2010 d'une loi devant protéger les enfants des informations pouvant nuire à leur développement ou à leur santé –, et la lutte contre l'usage de drogues est avant tout une « lutte contre les usagers[1] ». Une situation qui, en 2017, avait amené l'Onu à exhorter la Russie à abandonner son approche répressive. Enfin, l'adoption, en juin 2013, de la loi sur l'interdiction de la propagande homosexuelle est venue compléter l'arsenal juridique empêchant d'aborder efficacement des risques de contamination et de mettre en œuvre des politiques de santé adaptées à la réalité de l'épidémie. L'aide aux patients est, elle, assurée essentiellement par des organisations de la société civile, tant pour l'accès au dépistage, au traitement que pour la défense de leurs droits. Parmi elles, quinze au moins ont été qualifiées d'« agents de l'étranger ». Cette loi, adoptée en 2012 et qui n'a cessé de voir sa portée s'étendre depuis, contraint les ONG

1. On estime qu'une personne en prison sur quatre en Russie l'est en relation avec la possession ou l'usage de drogues. Source : Matilda Hellman, « Drug control and human rights in the Russian Federation », *Nordisk Alkohol Nark*, 12 août 2022.

et individus qui reçoivent des fonds ou des soutiens de l'étranger à se signaler, se soumettre à des contrôles juridiques accrus, mentionner dans toutes leurs communications qu'ils sont un « agent de l'étranger », etc. Le terme lui-même a une très forte connotation de traîtrise, héritée de l'Union soviétique, où il signifiait « espion ».

Un des corollaires des discours conservateurs exaltant les valeurs traditionnelles et le patriarcat, auxquels les autorités recourent de manière croissante, est le silence et l'abandon dans lequel les victimes de violences domestiques sont laissées. En 2021, la Russie était le seul État membre du Conseil de l'Europe à ne pas s'être doté d'une législation criminalisant les violences faites aux femmes. Une situation dont la Cour européenne des droits de l'homme (CEDH) s'inquiétait également, en raison de plusieurs affaires retentissantes qui avaient été portées devant sa juridiction par les victimes. Parmi elle, Margarita Gratcheva, peut-être la femme qui incarne le mieux la situation effroyable des victimes de violences domestiques[1]. La CEDH a condamné l'État russe à lui verser 370 660 euros. Ceux-ci l'aideront à reconstruire sa vie, mais ne lui rendront pas ses mains tranchées à la hache par un mari jaloux en décembre 2017. Vous avez peut-être aperçu cette jeune femme brune de vingt-six ans, en couverture de magazines, avec sa prothèse de mains bien en évidence[2]… Un mois auparavant, après

1. « Margarita Gracheva : "Mon mari m'a coupé les mains avec une hache" », *BBC Monde*, 15 Décembre 2021.

2. L'une de ses deux mains tranchées a pu être remise en place par les chirurgiens.

avoir été menacée de mort avec un couteau par son mari, elle avait cherché de l'aide dans un commissariat. Mais elle avait été renvoyée chez elle par les policiers avec l'instruction de se réconcilier avec son époux[1]. Margarita Gratcheva est une figure cruciale de la lutte pour criminaliser ces violences, car elle est encore en vie et peut témoigner. Ce qu'elle fait activement.

Dans le climat de militarisation des esprits, d'exaltation des valeurs martiales et traditionnelles par le Kremlin et par l'Église, les violences domestiques ne sont pas considérées comme une priorité et les lois pour les prévenir sont même activement combattues par ces deux institutions. Et ce, malgré le fait que seize millions de femmes rapportent avoir fait l'objet de violences au moins une fois dans leur vie. Un problème qui n'est pas récent. Un rapport de l'Onu daté de 2006 dresse un tableau effrayant[2]. En 1999, 14 000 femmes avaient péri des mains d'un membre de leur famille. Entre 1994 et 2000 les violences contre les femmes ont connu une hausse de 217 % pour atteindre 169 000 cas annuels. En 2004, le ministère de l'Intérieur russe a enregistré 101 000 crimes intrafamiliaux pour les dix premiers mois de l'année (une hausse de 16 % par rapport à l'année précédente). L'organisation appelait déjà à un changement

1. Tamara Alteresco, « Violence dans les foyers russes : lorsque l'État tolère l'horreur », *Radio-Canada*, 2 mars 2020.

2. Yakin Ertürk, « Integration of the human rights of women and the gender perspective : violence against women : note : addendum/submitted by Yakin Ertürk, Special Rapporteur on Violence against Women, Its Causes and Consequences », UN, Commission on Human Rights, 26 janvier 2006.

d'attitude de la part des autorités et des forces de l'ordre qui considèrent ces violences comme relevant de la sphère privée et non comme un délit ou un crime. Les difficultés liées à la transition du système soviétique à un système libéral étaient bien envisagées comme un facteur pouvant contribuer à une hausse de ses violences, mais l'Onu incriminait d'abord le contexte patriarcal. Vingt ans plus tard, la situation en est au même point.

La juriste Alena Popova[1] a tenté de faire criminaliser les violences domestiques et corédigé un projet de loi amendant la législation russe. La pétition qu'elle a fait circuler a obtenu près d'un million de signatures. Pendant deux ans – de 2014 à 2016 –, le projet de loi faisant d'un délit les violences commises dans le cercle familial, qu'elle a porté avec d'autres militantes, a été « à l'examen » à la Douma. En 2016, les amendements proposés ont enfin été adoptés, mais cette victoire fut de courte durée. Car, dès 2017, le président Poutine a obtenu la décriminalisation de ces dernières. Le ministère de la Justice russe répondant à la CEDH a indiqué qu'il ne considérait pas les violences domestiques comme un « problème sérieux », et que l'institution considérait que l'ampleur du problème était « surestimée[2] ». Pourtant, en 2018, une enquête menée par un consortium de défense du droit des femmes et le quotidien indépendant *Novaïa Gazeta* (prix Nobel de la Paix 2022), 61 % des femmes en Russie confient être battues

1. Alena Popova, « Trebuyem priniat zakon protiv domachnevo nasiliya », 15 novembre 2014.

2. Alexandre Chernykh, « Pravitelstvo zachichaet mujchin ot jenchin », *Kommersant*, n° 212.

par leur partenaire[1]. En 2019, les campagnes d'information menées par les défenseurs des droits, comme Anna Rivina de l'organisation Non aux violences, ou l'avocate Marie Davtyan pour n'en citer que quelques-unes, ont alimenté les débats de société et amené la Douma à organiser des auditions. À cette occasion, l'Église orthodoxe russe a mis en garde les députés contre de sérieuses conséquences négatives à venir, dans le cas d'adoption d'un texte de loi contre les violences. Notamment le fait de « faciliter la soustraction des enfants russes à leurs familles, pour les remettre aux mains de familles homosexuelles », et « détruire ce qui reste des familles russes[2] ». En 2017, la sénatrice Mizulina déclarait quant à elle que « même lorsqu'un homme bat sa femme, il n'y a pas d'offense. S'il y avait offense, alors cela humilierait l'homme[3]. »

Hors des frontières de la Russie, la rhétorique des « valeurs traditionnelles » s'inscrit dans la stratégie de déstabilisation des régimes démocratiques des autorités russes. Leurs efforts sont parfois récompensés par des victoires emblématiques. C'est sans doute le cas avec Pierre de Gaulle, petit-fils du général et prorusse assumé. Le 16 novembre 2023, ce dernier a parachevé sa mutation, en confirmant qu'il avait demandé à acquérir la nationalité russe et qu'il « serait honoré » si sa demande était acceptée. À un journaliste qui lui demande de confirmer cette information, en marge d'un

1. « Papa oubil mamou v kvartirie », *Novaya Gazeta*, 13 août 2021. L'étude est complète est consultable en ligne : https://readymag.com/algorithmsveta/algoritmsveta/.

2. Radio Radonej, 29 novembre 2019.

3. https://www.hrw.org/ru/news/2017/01/23/299191.

sommet culturel à Saint-Pétersbourg, il confirme les faits et ajoute qu'il est « heureux de constater que vous vous battez pour les valeurs traditionnelles, la famille, la spiritualité », et que, selon lui, « toutes ces valeurs ont disparu dans les pays occidentaux[1] ».

Le plus jeune des fils de Philippe de Gaulle s'est déjà rendu à Volgograd en février 2023, en qualité d'invité personnel de Vladimir Poutine, pour y célébrer la bataille de Stalingrad. Il voit sa position pro-russe comme la preuve de sa fidélité à l'héritage de son grand-père. Héritage qui, selon lui, consistait à occuper une position équilibrée entre Washington et Moscou. Il a à son actif de multiples déclarations qui ont amené les autres membres de sa famille à se désolidariser de lui.

Pierre de Gaulle se définit volontiers comme un « amoureux de la culture russe, de son histoire », mais il qualifie aussi Vladimir Poutine de « grand leader ». Pour lui, ce sont aux États-Unis et à l'Otan qu'incombe la responsabilité de la guerre, pour avoir aimé l'Ukraine et voulu « démembrer la Russie ». Sur Sud Radio, il va jusqu'à déclarer que le général de Gaulle « aurait été du côté de Moscou ». Entre nos deux pays il voit plus qu'« une communauté d'intérêts, une communauté de destin ». Cité par tous les médias d'État, à commencer par l'agence de presse Ria Novosti, comme « le gardien de la mémoire de son grand-père qui seul osa défier la Wehrmacht », et abondamment repris par le

1. « Vnouk Charlia de Gollia planirouyet poluchit grajdanstvo RF » (« Le petit-fils de Charles de Gaulle a l'intention d'obtenir la nationalité russe », TASS, 16 novembre 2023.

propagandiste en chef du régime russe, Soloviev. Yves de Gaulle, l'un des frères de Pierre de Gaulle, commente au nom de la famille les prises de position de ce dernier et souligne que « son analyse n'engage personne d'autre que lui. Ni moi, ni notre famille, et encore moins le général de Gaulle. » Le président de la fondation Charles-de-Gaulle, Hervé Gaymard, a disqualifié les propos du petit-fils du leader de la France libre. Dans un entretien au *Parisien*, il déclare que « comme aurait dit Talleyrand, tout ce qui est excessif est insignifiant, et j'ajoute attristant. Chacun sait que le général de Gaulle était pour l'Europe des nations, intransigeant sur la souveraineté et contre les dictatures.[1] » Gérard Araud, ancien ambassadeur de France aux États-Unis, le qualifie de « quidam sans aucune compétence[2] ». Et il est vrai que Pierre de Gaulle, à la différence de son illustre grand-père, n'est ni militaire ni élu. Il se contente de faire profession de conseiller en développement des entreprises. L'homme qui affirme aussi ne faire « que défendre les intérêts des Français », déclare également que « la Russie offre de grandes possibilités ». La question qui s'impose est de savoir en quoi, en plus de profiter non pas à la « Russie de toujours » comme il le croit, mais au régime de Poutine, ses positions ouvertement pro-russes l'avantagent ?

1. Alexandre Sulzer, « Guerre en Ukraine : Pierre de Gaulle, petit-fils du Général et embarrassante voix de Moscou », *Le Parisien*, 24 janvier 2023.
2. X (Twitter), 29 janvier 2023, 1 h 39.

5

La Russie que nous ne voulons pas voir

Une culture de la violence

Nous avons déjà évoqué la réalité sociale derrière les slogans qui affichent volontiers la Russie comme gardienne des valeurs traditionnelles. Il ne s'agit pas d'une description fidèle de la société russe, mais bien d'un programme politique dont les Russes sont les premières cibles. Et dont les victimes se comptent en dizaines de milliers. La violence qui s'exerce au nom de ces valeurs, les phénomènes et problèmes sociaux que cette idéologie passe sous silence sont systématiquement occultés par les promoteurs de cette idéologie réactionnaire. La société russe, après avoir connu à la sortie du régime communiste une parenthèse de liberté, associée malheureusement aux désordres de la transition vers le système libéral, et fait l'expérience entre 1992 et 1999 d'une période relativement exempte de violence de la part des institutions et de l'État, est de nouveau exposée à cette dernière depuis l'arrivée au pouvoir de Vladimir Poutine.

Cette violence, qui se manifeste d'abord dans le langage des dirigeants politiques, et avant tout dans celui du président, donne le *la* à tous les acteurs publics. Mais pas seulement. Car la violence qui s'exerce en interne, sur la population russe dans la répression politique, et celle qui est infligée à l'extérieur des frontières nationales, sont réimportées dans la société et viennent nourrir une vision positive ou romantique de ce fléau. Elle se donne à voir dans sa version romantique noire dans les films[1] comme *Brat* (*Le Frère*) et *Brat dva* (*Le Frère 2*) d'Alekseï Balabanov, qui exaltent la violence de la rue et de la survie. Les vrais hommes – comme le héros Danila Bagrov, de retour de la guerre de Tchétchénie – recourent à la violence, sont connectés à leur violence intrinsèque et ne survivent et ne peuvent sauver les faibles que grâce à elle. Les femmes, qui entrent dans cette dernière catégorie, sont prises entre les feux croisés d'une violence « mauvaise » et d'une violence « salvatrice/protectrice », mais tous les hommes sont dans ce film, par nature, violents et en guerre contre tous. *Brat* a été présenté à l'étranger (à Cannes dans la catégorie « Un certain regard » en 1997) et primé en Russie. Il y a reçu le grand prix du festival Kinotavr (meilleur réalisateur et meilleur acteur) en 1997. Il figure à la 23e place dans la liste des « Cents meilleurs films russes » du magazine *Aficha*, et il est ressorti sur les écrans en mars 2022.

En 2007, sort sur les écrans russes *Grouz 200* (*Cargaison 200*) du même réalisateur. Le titre fait référence aux cercueils contenant les dépouilles de soldats tués au combat (dans le cas du film, il s'agit de la guerre d'Afghanistan). L'expression fait aussi référence à une perte irréparable, à un mort. Les événements décrits

1. Films d'Aleksei Balabanov, 1997 et 2000.

dans ce film, qui se déroule dans une ville imaginaire, en 1984, sont présentés comme « des faits réels ». Les violences nées dans la guerre d'Afghanistan reviennent infecter et déstructurer un corps social dans des scènes toutes plus choquantes les unes que les autres. Tous les faibles sont exploités, violentés et tués – ainsi en est-il de la vierge Anjelica, mais aussi de l'ouvrier vietnamien – par des hommes violents et avec l'indifférence complice des autres protagonistes. À ce titre, l'un des personnages les plus glaçants est sans doute celui de la mère de l'un des tortionnaires, le chef de la police Jourov. Cette typique babouchka (grand-mère russe) passe ses journées devant la télévision, sans s'étonner de la présence soudaine d'une jeune inconnue, nue et menottée au lit de son fils. La qualifiant de sa « belle-fille », elle ne prête aucune attention à ses appels au secours et elle ne s'arrache à son poste de TV que pour lui proposer des petits pains et à boire. La violence et la cruauté du film ont amené plusieurs acteurs pressentis à refuser les rôles proposés. À sa sortie, le film a fait débat. Mais il a aussi été récompensé par le prix de la Guilde des critiques de cinéma du festival Kinotavr, puis diffusé à la télévision en 2008. La même année, il a reçu le prix du meilleur film sur la patrie.

Un troisième film vient compléter ce triptyque de la violence, *Troudno byt bogom* (*Il est difficile d'être un dieu*) d'Alexeï Guerman, adapté de l'œuvre de science-fiction des frères Strougatski. *Télérama* qualifie le visionnage du film d'« expérience limite ». Le spectateur est « projeté » sur une autre planète, Arkanar, où les habitants vivent ce qui ressemble à un Moyen Âge fantasmé. Sombre, cruel, absurde, grotesque, où raisonneurs, intellectuels et artistes sont traqués et mis à mort par un régime tyrannique, « les gris ». Des scientifiques, envoyés de la Terre sur cette planète, sont disséminés dans la population et ont pour mission d'observer sans intervenir. L'un d'entre eux est considéré comme le fils d'un dieu païen par les habitants. Il vit dans une large demeure, entouré d'esclaves. N'ayant pas le droit de tuer, il coupe les oreilles des hommes mauvais qu'il croise, mais rêve de commettre des meurtres. Reçu de manière plus partagée en Russie, le film a été considéré par les critiques britanniques et américains avec beaucoup de respect et Guerman a été comparé au réalisateur américain Orson Welles. Guerman, bien que produisant un cinéma difficile d'accès, loin du cinéma grand public de Balabanov, fait lui aussi le choix de « montrer de façon quotidienne l'horreur de la guerre, de la violence et de la mort[1] ».

Une vision pessimiste de la nature humaine

Tous ces films déploient sans exception et sans espoir une vision pessimiste de la nature humaine – mauvaise – et du monde – chaotique – qui ne peuvent être contenus que par une violence justifiée. Dans aucun d'entre eux une solution au mal dans le monde ne peut

1. Eugénie Zvonkine, Rétrospective Alexeï Guerman, 9-22 février 2015, « Le cauchemar du passé – Les petites vérités du passé », La Cinémathèque française.

être envisagée sans usage de la violence, par laquelle tout commence et tout doit finir.

Dans cette optique, le pouvoir lui-même est un mal nécessaire contre un péril plus grand. Cette vision du monde et du rôle de l'homme dans ce dernier est ancienne, elle s'ancre dans une analyse dualiste, qui est un des éléments clés de la culture russe. Pour Iouri Lotman, elle se caractérise par la dualité, le manichéisme et le maximalisme. Les modèles qui y dominent sont donc binaires – le bien et le mal – et en est absente l'idée de troisième voie, ou d'alternative. Un des exemples, tirés de l'ouvrage *Sémiotique de la culture russe*, est celui du purgatoire. Celui-ci offre une troisième option, entre enfer et paradis. Et n'est pas présent dans l'orthodoxie russe. Ce qui conduit Ouspenski et Lotman à considérer qu'il n'y a pas dans la culture russe de « zone neutre », de troisième terme. L'une des conséquences de cette structure est que les changements entre une époque ou un régime se font presque toujours par une rupture, revendiquée comme totale, avec le passé. « Le changement vient d'un rejet absolu de l'étape précédente[1]. » Ce qui amène également les auteurs à souligner qu'en Russie, la culture politique ne s'exprime pas par le conservatisme mais par des alternances entre des programmes politiques progressistes et leurs pendants réactionnaires. Appliqué aux rapports politiques au sein de la société russe, cela ne laisse pas non plus de place pour le neutre. Ainsi il y a les citoyens

1. Iouri Lotman, Boris Ouspenski, *Sémiotique de la culture russe. Études sur l'histoire*, Paris, L'Âge d'homme, 1990, p. 23.

et l'État. Il n'y a pas de matrice pour penser un espace neutre, celui de la société civile qui ne serait ni pour ni contre l'État, et aurait une mission envers les citoyens. Il n'y a que des citoyens qui sont pour l'État ou contre l'État. Dans cette perspective, l'action des ONG, des médias ou encore des mouvements de citoyens sont perçus comme étant contre l'État, et donc l'autorité. Qui y répond avec violence.

Quand nous ne nous préoccupons de la Russie que pour savoir si ou non les intérêts de nos deux États convergent, quand nous appliquons à l'État ou à la société russe les mêmes grilles de lecture que celles de la vision gaullienne, nous évitons la question de la réalité de la société et de l'État russes. Nous occultons leurs aspirations, leurs visions du monde, les principes d'action et les objectifs qu'ils revendiquent. Nous méconnaissons le réel. Sur une méconnaissance, on ne peut fonder de politique efficace. Voici la Russie que nos dirigeants n'ont pas vue ou pas voulu voir.

Répressions en Russie

La violence politique depuis l'arrivée de Vladimir Poutine au pouvoir s'exerce tant en externe qu'en interne. En interne, elle vise d'abord les organisations de la société civile et tout ce qui peut s'apparenter à un contre-pouvoir. Les journalistes indépendants ou critiques sont régulièrement pris pour cible. Leurs assassinats ne sont en outre presque jamais élucidés. Tout au plus ceux qui « appuient sur la gâchette » sont-ils arrêtés. Les commanditaires, eux, passent entre les mailles du filet.

L'assassinat d'Anna Politkovskaïa, la reporter de *Novaïa Gazeta*, par balles dans le hall de son immeuble de la rue Lesnaïa à Moscou, le 7 octobre 2006 – jour anniversaire de Vladimir Poutine – en est l'exemple le plus criant. La journaliste, qui couvrait inlassablement les guerres de Tchétchénie pour y servir de médiatrice, et se faisait également la défenseure des civils victimes du conflit, était l'une des voix critiques du régime de Poutine. Elle avait obtenu de nombreux prix internationaux prestigieux pour son travail. En dépit de la mobilisation populaire tant en Russie qu'à l'étranger – à Paris les mobilisations que nous organisions avec Reporters sans frontières (RSF) rassemblaient en nombre des citoyens mais aussi des personnalités publiques –, seuls les cinq exécutants, dont quatre Tchétchènes, ont été interpellés et condamnés pour ce crime. L'un d'entre eux, Sergueï Khadjikourbanov, a été libéré en novembre 2023 en échange de son engagement dans la guerre en Ukraine. Avant de mourir de plusieurs coups de feu, l'auteure de *Tchétchénie, le déshonneur russe*[1], et de *La Russie selon Poutine*[2], avait déjà été victime d'une tentative d'empoisonnement en 2004. Elle se rendait alors à Beslan, une ville d'Ossétie du Nord (une région du Caucase voisine de la Tchétchénie), où des terroristes tchétchènes avaient pris en otage un millier d'élèves et

1. Anna Politkovskaïa, *Tchétchénie, le déshonneur russe*, Paris, Buchet Chastel, 2003.

2. Anna Politkovskaïa, *La Russie selon Poutine*, Paris, Folio, 2006.

de professeurs dans une école. Un rôle qu'elle avait déjà joué dans une précédente prise d'otages au théâtre de la Doubrovka de Moscou, en octobre 2002.

Un autre journaliste de *Novaïa Gazeta* est d'ailleurs décédé quelques années auparavant à la suite d'un empoisonnement : Iouri Chtchekotchikhine. Celui-ci enquêtait notamment sur les attentats de 1999, à Moscou et dans le sud de la Russie, qui avaient servi de prétexte au déclenchement de la deuxième guerre de Tchétchénie. Hospitalisé à la suite d'un empoisonnement en juillet 2003, il était tombé dans le coma et était mort une dizaine de jours plus tard. Une mort qui elle non plus n'a pas été élucidée. Comme celles de nombreux autres journalistes et défenseurs des droits. Selon RSF, la Russie, en 2023, est 164e sur 183 dans le classement pour la liberté de la presse. À la mort d'Anna Politkovskaïa on estimait à vingt et un le nombre de journalistes tués en raison de leur activité depuis 1999. Les défenseurs des droits sont dans une situation similaire. Et là aussi, la question tchétchène est incontournable. Natalia Estemirova dirigeait le bureau de l'organisation de défense des droits, Memorial (organisation qui a été récompensée par le prix Nobel de la Paix 2022), dans la république du Caucase. Jusqu'à ce qu'elle soit assassinée le 15 juillet 2009, après avoir été enlevée.

Les guerres de Tchétchénie (1994-1996 puis 1999-2009), par leurs cortèges d'horreurs, de mensonges et d'arbitraire, ont en effet cristallisé les critiques contre le régime russe, tant à l'étranger qu'en Russie. En ce sens, elles ont participé à la dissémination active de la violence dans la société russe. En Tchétchénie, mais aussi partout où se trouvaient les critiques de la guerre. Et quelles guerres. Considérées comme « une affaire intérieure » par nombre de dirigeants étrangers, dont français, elles ont vu un déchaînement de brutalité et de crimes dont l'élucidation n'est pas terminée. Même le nombre de victimes précis n'est toujours pas connu.

En 2005, c'est-à-dire en pleine deuxième guerre, un représentant de la république de Tchétchénie, Taus Dzhabrailov[1], cité dans le *New York Times,* estimait à 160 000 le nombre de décès (100 000 militaires et entre 30 000 et 40 000 civils) imputables au conflit. Un nombre qui était l'une des rares estimations officielles. Et qui demeure invérifiable. L'une des sources les plus fiables est l'organisation de défense des droits de l'homme Memorial. Pour la première guerre, elle estime à cinquante mille le nombre de civils tués dans la république du Caucase. Pour la seconde, il est plus difficile de connaître les données. Car, en plus des bombardements indiscriminés et des opérations d'artillerie dans des zones de peuplement, la deuxième guerre s'accompagne d'opérations contre les civils, dites « antiterroristes », dont les victimes sont aujourd'hui encore bien souvent méconnues. Elles consistent en effet en des arrestations, au terme desquelles les corps sont rarement retrouvés. Des crimes sur lesquels Alexandre Tcherkassov enquête pour l'ON. Et il rend compte des progrès – si tant est qu'on puisse utiliser ce terme – de ses investigations dans les

1. « Chechen official puts death toll for 2 wars at up to 160 000 », *The New York Times*, 18 août 2005.

publications « Destin inconnu ». En février 2023, dans les colonnes de *Novaïa Gazeta* Europe, il estime que 15 000 à 25 000 Tchétchènes ont été tués et 3 000 à 5 000 ont disparu. Et à 6 000 les pertes des services de sécurité russes.

La deuxième guerre de Tchétchénie, qui commence en septembre 1999 par des incursions de combattants indépendantistes islamistes dans la république voisine du Daghestan, et par des attentats à Moscou et dans le sud de la Russie, prend très vite les civils pour cible. À partir de mars 2000, alors qu'elles contrôlent la quasi-totalité du territoire de la République, les forces russes appliquent les méthodes de la lutte contre-insurrectionnelle, ce qui signifie arrestations arbitraires, tortures et disparitions. Dans des proportions telles et de manière si systématique que l'Assemblée parlementaire du Conseil de l'Europe et le Parlement européen[1] les qualifient de crimes de guerre et de crimes contre l'humanité. Comme le notent les chercheuses Anne Le Huérou et Amandine Regamey, « dans un double glissement, le discours officiel russe assimile toute la population tchétchène à des combattants, et tous les combattants à des terroristes[2] ». Le ton est donné par le président russe lorsqu'il déclare au quotidien *Argumenty i Fakty* : « On butera les Tchétchènes jusque dans les chiottes[3] ! »

1. APCE, 2 avril 2003 ; Parlement européen, 3 juillet 2003.

2. Anne Le Huérou, Amandine Regamey, « Massacres de civils en Tchétchénie », *Encyclopédie en ligne des violences de masse*, 11 octobre 2012, p. 1-21.

3. Vladimir Poutine, « My budiem presledovat terroristov vezdie. Vy menia izvinitie, v toualetie païmiom – my ikh v sortirie zamochim », *Argumenty i Fakty*, n° 39, 1999.

Lorsque, en 2009, le statut de zone où se déroule une opération antiterroriste est levé, le régime mis en place par Ramzan Kadyrov, loyal à Moscou, prend le relais et impose un régime de semi-terreur et d'arbitraire total. En échange, il assure Moscou de la fin des revendications d'indépendance et des attaques au cœur du territoire russe. Dans la République, le statut des défenseurs des droits est de plus en plus précaire et dangereux. Comme en témoignent la mort de Natalia Estemirova et les attaques contre Igor Kaliapine du Comité contre la torture.

En réalité, depuis l'adoption à partir des années 2010 d'une législation de plus en plus répressive contre les organisations de la société civile, les violences contre les défenseurs des droits et les opposants en Russie sont de plus en plus fréquentes. Deux lois sont charnières en la matière : la loi sur les agents de l'étranger[1] et celle sur les organisations indésirables[2] (on en dénombrait au moins cent trois au 31 juillet 2023 selon OVD Info). De 2012 à 2015, elles mettent en œuvre une première phase de criminalisation des ONG, en particulier celles défendant les libertés publiques. Le dispositif est ensuite complété et le statut d'« agent de l'étranger » s'applique désormais aux individus. Infamante, l'appellation fait référence aux catégories soviétiques et assimile les personnes concernées à des espions – et, par extension, à des traîtres à leur patrie. Un registre est créé, consultable en ligne sur le site du ministère de la

1. Loi fédérale n° 121-FZ du 20 juillet 2012.
2. Loi fédérale n° 129-FZ du 23 mai 2015.

Justice qui est mis à jour tous les vendredis. La découverte à chaque fin de semaine alimente d'ailleurs l'actualité politique en Russie et au sein de la diaspora. En juillet 2023, il contenait six cent quarante-neuf entrées. Quant à l'ONG Memorial, sa dissolution a été décidée en décembre 2021. Elle a été confirmée en mars 2022, ce qui a sonné le glas de la défense des droits en Russie. Désormais, celle-ci devra se faire clandestinement, ou depuis l'étranger.

Le début de la tentative d'invasion de l'Ukraine, qualifiée par le régime d'opération militaire spéciale, impulse une nouvelle forme de répression. Désormais, en vertu d'amendements à l'article 207.3 du Code pénal, pour la presse comme pour les simples citoyens, commenter la guerre autrement qu'en usant de termes officiels du ministère de la Défense et de la présidence est assimilable à la « discréditation » des forces armées russes. Cela est répréhensible et passible d'amendes et de peines de prison pouvant atteindre quinze ans. Selon l'ONG OVD Info qui répertorie les répressions policières en Russie, au 12 novembre 2023, dix-neuf mille huit cent quarante personnes ont été interpellées pour des activités anti-guerre depuis février 2022. Dans son rapport destiné à la rapporteure spéciale pour la Russie auprès du Comité pour les droits de l'homme de l'Onu, Mariana Katzarova (poste créé en octobre 2022), l'organisation souligne que, en juillet 2023, cent quatre-vingt-cinq personnes ont été poursuivies en vertu de cet article. Les peines prononcées ont pu être très lourdes. Ce fut le cas pour l'opposant Ilia Iashine (huit ans et demi de prison), et pour Dimitri Ivanov (étudiant ayant créé une chaîne Telegram de protestation à l'université de Moscou MGU). Le député municipal indépendant Alexeï Gorinov a été condamné à une peine de sept ans, comme l'artiste militante Sacha Skochilenko condamnée pour avoir remplacé des étiquettes de prix dans un supermarché, en insérant à leur place des informations sur les victimes civiles de la guerre en Ukraine.

Deux des trois leaders de l'opposition russe en Russie ont fait l'expérience directe de la vague répressive à l'œuvre. Ainsi, Alexeï Navalny et Vladimir Kara-Murza sont-ils tous les deux emprisonnés et condamnés à de lourdes peines. Les deux opposants ont aussi en commun d'avoir été empoisonnés par les services russes. Le premier, avocat et militant politique, jouit de la plus grande notoriété, tant en Russie qu'à l'étranger. Il a subi une tentative d'empoisonnement avec un poison bien connu désormais – le Novitchok (« le petit nouveau », déjà utilisé en 2018 contre l'ancien agent russe vivant en Grande-Bretagne, Skrypal, et sa fille).

Les services de renseignement russes en avaient déposé sur ses sous-vêtements en août 2020 lors d'un déplacement en Sibérie de l'avocat russe dans le cadre des activités de la fondation de lutte contre la corruption qu'il dirige (FBK). Tombé dans le coma, il est soigné en Allemagne. Après une longue convalescence, il rentre en Russie le 17 janvier 2021. Son retour a été annoncé quelques jours plus tôt. Il est interpellé dès son passage de la douane à l'arrivée sur le sol russe. Et condamné à des peines successives de neuf ans (mars 2022, pour « escroquerie ») et treize ans de prison (août 2023, pour « extrémisme »). Il est placé très fréquemment en cellule disciplinaire (plus de dix-sept fois depuis son incarcération[1]) dans des conditions de détention extrêmement difficiles, qui font craindre pour sa vie. Mais cela ne l'empêche pas de continuer à transmettre des messages aux membres de sa fondation.

L'« opposant numéro deux à Vladimir Poutine », comme on surnomme Vladimir Kara-Murza, est lui aussi un survivant du poison. À ceci près qu'il en a été victime à deux reprises, en mai 2015 et février 2017. C'est un proche de Boris Nemtsov, l'opposant assassiné en 2015, coordinateur du mouvement Russie ouverte créé par Mikhaïl Khodorkovski (l'ancien dirigeant du groupe pétrolier Ioukos, autrefois homme le plus riche de Russie, incarcéré pendant dix ans quand il a refusé de se soumettre à Vladimir Poutine). Vladimir Kara-Murza a un palmarès qui fait de lui un ennemi de Vladimir Poutine. Aux États-Unis, avec Boris Nemtsov, il agit en faveur de l'adoption en 2012 de la loi dite Magnitsky. Du nom d'un avocat russe mort en prison en raison de mauvais traitements, dont le refus de lui donner accès aux soins, elle permet à Washington de refuser des visas, ou de saisir les avoirs des individus impliqués dans sa mort. Et cela ne sera pas pardonné à Vladimir Kara-Murza. Face à la guerre, il prend position en critique. Sur CNN, il dénonce le 11 avril 2022[2] l'invasion et condamne le régime de Poutine, qui n'est pas, selon lui « seulement corrompu, kleptocrate et autoritaire » mais qui est également « un

1. Selon un décompte d'août 2023.

2. « Russian "regime of murderers" revealed by twice-poisoned Putin critic », CNN, 4 novembre 2022.

régime de meurtriers ». Arrêté quelques heures après cette prise de position, il est accusé de « trahison » le 6 octobre et condamné le 17 avril 2023 à vingt-cinq années de prison. Un chef d'inculpation qui n'avait pas été utilisé depuis l'Union soviétique.

La guerre comme instrument de la politique de puissance

La violence de l'État russe s'exerce aussi sur les territoires et populations étrangers qui sont considérés par Moscou comme relevant de son autorité, sans considération de la souveraineté des États en question. C'est le cas dans les multiples guerres menées par la Russie entre 1992 et aujourd'hui (et par l'URSS et la Russie impériale avant elle). Minimisée par nos dirigeants, enjolivée ou justifiée, elle pave l'histoire des années 1990 à aujourd'hui.

La guerre – qu'elle soit revendiquée et assumée ou bien niée par Moscou – est l'un des moyens par lesquels s'exerce la puissance russe comme soviétique. Dans un cas, il s'agit de défendre l'empire, et le contrôle sur des terres considérées comme traditionnellement russes. Dans l'autre, il s'agit de défendre le statut de grande puissance (*derjava*) qui exerce son emprise sur une zone d'influence qu'elle considère comme légitime. Dans les deux cas, elle prive un État souverain du contrôle plein et entier de son territoire, au profit de Moscou ou au détriment d'un rival. En y créant, stimulant et finançant des mouvements présentés comme indépendantistes, séparatistes, etc. En se portant au secours de régimes en péril.

La question de la guerre a travaillé activement la société soviétique. La perestroïka, le mouvement de réforme de l'URSS lancé par Mikhaïl Gorbatchev, s'inscrit dans un contexte de polémiques intenses sur la guerre en Afghanistan. En 1980, depuis Gorki où il est exilé, Andreï Sakharov, le dissident prix Nobel de la Paix, prend publiquement position contre cette dernière, dans une lettre ouverte adressée au dirigeant soviétique Leonid Brejnev. Il y avance des propositions pour « réparer l'erreur terrible » de la guerre. Les comités de mères de soldats, eux, viennent constituer le socle social de la protestation contre le conflit et la journaliste et écrivaine Svetlana Alexievitch lui donne corps dans un récit, *Les Cercueils de zinc* (en russe « les garçons de zinc »).

Commencée en décembre 1979, la guerre d'Afghanistan dure jusqu'en février 1989. En dix ans, Moscou « a déployé en soutien au gouvernement communiste afghan près de six cent mille hommes par rotations successives, soit le corps expéditionnaire le plus important depuis la répression du soulèvement hongrois de 1956 et l'invasion de la Tchécoslovaquie en 1968 », comme le rappelle la chercheuse Céline Marangé[1]. Y périssent près de quinze mille soldats et plus de cinquante mille y sont blessés.

1. Céline Marangé, « La guerre d'Afghanistan, tombeau de l'Union soviétique », *Guerres mondiales et conflits contemporains*, vol. 281, n° 1, 2021.

L'analyse des conséquences tant internationales qu'intérieures de la guerre et les propositions de sortie de crise d'Andreï Sakharov sont d'une proximité frappante avec celles de la guerre actuelle en Ukraine. Risques d'escalade internationale, accentuation du caractère répressif du régime, part croissante des dépenses consacrées à la défense au détriment des besoins économiques et sociaux. Mais aussi, crimes contre des civils, usage d'armes interdites, pertes humaines passées sous silence par les autorités. La guerre d'Afghanistan est l'exemple archétypique d'une guerre impérialiste, à visée de contrôle et de sécurisation de l'environnement géopolitique immédiat de Moscou. Elle participe à la chute de l'URSS mais la pratique de la guerre comme instrument et attribut de la puissance russe, elle, ne disparaît pas.

Confrontée à la disparition de l'URSS, Moscou perd le contrôle direct qu'elle exerçait sur quatorze anciennes républiques, jusqu'alors intégrées dans l'Union. Elle s'engage ou s'implique dans plusieurs guerres destinées à déstabiliser ces territoires. Non pas pour les régler mais pour se doter de leviers d'influence. C'est l'émergence de ce que l'on appelle les « conflits gelés », en référence à leur durée et aux longs intervalles qui séparent les périodes de conflit aigu. Comble de l'ironie, Moscou participe fréquemment aux troupes de maintien de la paix déployées dans ces territoires à l'issue d'une des phases du conflit. Les combats cessent à l'occasion de la signature d'un accord de cessez-le-feu. Une autonomie est souvent concédée, dont la mise en œuvre doit être déclinée dans le temps selon des modalités qui feront l'objet de négociations pendant des années. En revanche la paix n'est pas signée. Et parfois même, très opportunément, la guerre reprend.

C'est le cas dans la guerre entre l'Arménie et l'Azerbaïdjan, pour le contrôle de l'enclave du Haut-Karabakh, peuplée en majorité d'Arméniens et située en Azerbaïdjan. Elle débute avant la fin de l'URSS, en 1988, et prend une dimension internationale en septembre 1991. Là, Moscou n'est pas à l'origine de la revendication mais sait exploiter le potentiel du conflit pour s'imposer comme puissance médiatrice, soutenant initialement le camp en faveur de la séparation d'avec l'Azerbaïdjan. Après un cessez-le-feu en 1994, des reprises du conflit en 2020 et 2023, peut-être n'a-t-on jamais été aussi près de la signature d'un accord de paix entre Erevan et Bakou. Cette dernière a *de facto* et avec le soutien de la Turquie, repris le contrôle par la force sur le Haut-Karabakh.

Dans deux autres guerres, Moscou soutient et prend parti pour le camp sécessionniste. En Moldavie, de mars à juillet 1992, elle se range aux côtés de la République moldave du Dniestr qui s'est autoproclamée indépendante en 1990. La 14e armée russe assiste les combattants sécessionnistes. Le conflit se solde par la perte de contrôle par les autorités de Chisinau sur ce territoire qui concentre l'essentiel de l'industrie du pays, où Moscou dispose de bases militaires et où les habitants sont majoritairement russophones.

C'est aussi le cas en Géorgie à partir de 1991. Là, de janvier 1991 à juin 1992, Moscou soutient les revendications sécessionnistes de forces d'Ossétie du Sud (une région frontalière de la république russe d'Ossétie du Nord). Le 24 juin, le conflit se conclut par un cessez-le-feu avec installation de forces de maintien de la paix dans un territoire toujours revendiqué par deux autorités rivales. Puis en 1992-1993, lorsque l'armée russe soutient les revendications d'indépendance de l'Abkhazie, une région du nord-ouest du pays de la Géorgie, frontalière elle aussi de la Russie.

La guerre sera émaillée de crimes et de violations des droits de l'homme, qui culminent lors de la prise de la ville de Soukhoumi de septembre 1993 et du nettoyage ethnique prenant les Géorgiens pour cible. Et là encore, alors que la Russie a été tout sauf neutre dans ce conflit, les troupes de maintien de la paix internationales (Monug) comptent des soldats russes dans leurs rangs.

Le schéma de ces guerres devrait nous être familier tant les techniques et méthodes sont les mêmes. Et on ne saurait les imputer à l'Otan et à l'UE puisqu'il n'est à cette époque pour aucun des trois États évoqués (Arménie, Moldavie, Géorgie) question de rejoindre l'une ou l'autre des organisations. Pourtant cela n'empêche pas certains commentateurs de souscrire aux narratifs russes quand ceux-ci imputent aux États concernés la responsabilité de la guerre. C'est ce que fera encore Moscou en 2008 avec la guerre russo-géorgienne et en 2014 puis 2022 avec l'Ukraine. Toutes deux ont il est vrai entretemps exprimé leur intérêt pour se rapprocher de l'Occident et entrer dans l'Europe et l'Otan.

Partie III

Pourquoi ce penchant pro-russe en France ?

Quelle est donc la source de cette sympathie française pour Moscou, capable d'occulter les réalités russes ? Quels événements, convictions et représentations alimentent les positions pro-russes en France ? Et tout particulièrement parmi ceux qui conçoivent et mettent en œuvre notre politique étrangère ?

Ce penchant s'inscrit dans le débat sur la politique étrangère la plus à même de défendre et de servir l'intérêt de la France. Des questions qui trouvent elles-mêmes leur origine dans notre perception de ce qu'est aujourd'hui notre place dans le monde. Et de ce qu'elle devrait être. Cette vision du monde et de la France s'organise à son tour autour de plusieurs axes : tout d'abord la nostalgie de notre grandeur, pour ceux qui considèrent que celle-ci est perdue. Un ressentiment amer d'avoir été privé d'un rang qui nous serait dû.

La deuxième composante qui constitue un terreau favorable pour des positions pro-russes est la menace que ferait planer sur notre souveraineté notre allié américain. Un allié trop souvent regardé comme le plus grand péril pour notre indépendance, alors que les dangers de la politique impérialiste de Vladimir Poutine sont, eux, minimisés. Le risque d'une trop grande proximité, et d'une dépendance – comme dans le domaine énergétique par exemple – vis-à-vis de la Russie de Vladimir Poutine est en effet régulièrement sous-estimé par ceux que l'emprise américaine sur nos choix inquiète avant tout.

Vient ensuite la figure de l'homme politique qui incarne le mieux la grandeur de la France : Charles de Gaulle. Son ombre s'étend sur le débat de politique étrangère en général, et vis-à-vis de Moscou en particulier. Son action et son héritage sont évoqués par tous les acteurs politiques. Généralement pour justifier une défense de l'intérêt national dont la conséquence, malheureusement considérée comme secondaire, est une politique indulgente et parfois complaisante vis-à-vis de Moscou.

Enfin, cette politique française, par défaut favorable aux intérêts russes et à une alliance avec Moscou, est bien souvent justifiée au nom d'une politique présentée comme « réaliste ». Une ligne qui est opposée à une politique libérale, parfois présentée comme une politique « des valeurs » et bien souvent regardée avec condescendance, comme naïve. Ceux qui se réclament du « réalisme » ne sont pourtant pas ceux qui ont fait preuve de lucidité face à l'agressivité du régime russe. Ils ont même, fin 2021 et début 2022, rejeté l'hypothèse d'une attaque imminente de l'Ukraine par la Russie, parce que ce choix leur paraissait « irrationnel », et contraire aux intérêts de Vladimir Poutine. Peut-être la naïveté n'est-elle pas là où on le croit.

1

Nostalgie de la grandeur

« C'est parce que nous ne sommes plus une grande puissance, qu'il nous faut une grande politique, parce que si nous n'avons pas une grande politique, comme nous ne sommes plus une grande puissance, alors nous ne serons plus rien[1]. » Dans cette forte déclaration du général de Gaulle, perce ce qui est au cœur d'une forme de tristesse française : la grandeur perdue.

En octobre 2023, je participe à l'émission *28 minutes* pour y débattre de l'Ukraine, avec un ancien ambassadeur de France à Moscou et un ancien général. Les deux hommes partagent leurs souvenirs alors que s'égrènent les dernières minutes avant la prise d'antenne. Ils évoquent l'opposition de la France à la deuxième guerre d'Irak, cette heure de gloire de notre diplomatie, bien que le discours prononcé par Dominique de Villepin n'ait pas empêché la guerre (un aspect de notre opposition qui, lui, n'est presque jamais évoqué). « À l'époque, quand nous entrions dans une pièce, les conversations s'arrêtaient. Cela avait de la

1. Philippe de Saint Robert, *Le Secret des jours, Une chronique de la Ve République*, Paris, JC Lattès, 1995.

gueule. On en est loin aujourd'hui », déplore le diplomate. La grandeur, le rang, le statut, le prestige… voilà un des grands tropismes du débat sur notre politique étrangère.

C'est dans la volonté de rétablissement de la grandeur française comme dans le sentiment de sa perte, que de nombreux arguments favorables à la Russie ou à la vision de l'ordre mondial développée par Poutine trouvent leur terreau. À leur origine, plusieurs éléments.

Solidarité entre perdants de l'histoire

Michel Duclos est aujourd'hui conseiller spécial à l'institut Montaigne. Mais avant cela et pendant quarante ans, il a servi la politique étrangère de la France. Quatre décennies pendant lesquelles il a notamment été en poste en Syrie mais aussi à Moscou (entre 1987 et 1991). Pour ce grand praticien de la diplomatie, la « raison profonde de la sympathie de nos élites pour la Russie réside dans notre position commune d'*under dogs* ». C'est-à-dire de perdants probables dans notre compétition avec la superpuissance américaine.

Selon lui, c'est depuis nos positions respectives de perdants de l'histoire que nous analysons les événements mondiaux. Perdante, la Russie l'a été en tant qu'héritière de l'Union soviétique dont l'effondrement a signé la fin de la guerre froide. Perdante, la France l'est aussi dans la Seconde Guerre mondiale, à partir de l'armistice signé entre les armées du Reich et celle de la IIIe République le 22 juin 1940 dans la forêt de Compiègne. Surtout, la position française est ternie par l'effondrement du pays en mai-juin 1940 et la politique de collaboration du régime de Vichy. Elle est même pour certains deux fois humiliée, puisqu'elle ne s'est pas libérée seule. Les forces de la France libre ont en effet dû compter sur l'aide cruciale des Alliés.

Puis une fois l'Allemagne vaincue, le général de Gaulle a dû batailler ferme pour que la France soit aux côtés des puissances victorieuses, face notamment au président américain Franklin D. Roosevelt et au Premier ministre britannique Winston Churchill qui n'y étaient pas favorables. Mais il y est notamment parvenu en signant un traité d'alliance avec l'URSS de Joseph Staline, lors d'un voyage à Moscou en décembre 1944. Il n'est alors *que* le chef du Gouvernement provisoire de la République française (GPRF). Cet accord finit de le légitimer comme dirigeant de la France. Un tour de force politique mais qui n'efface pas le fait que c'est alors un « statut formel » et avant tout formel, que regagne la France. D'ailleurs de Gaulle n'est pas présent aux conférences de Yalta et de Potsdam qui en 1945 décident du destin de l'Europe. Une perte de statut qui explique pourquoi les dirigeants russes mettent abondamment en avant leur rôle dans la restauration de la souveraineté et de la grandeur françaises. Un argument qu'ils utilisent déjà en 2015 pour tenter de gagner notre soutien et diviser les pays européens sur la question des sanctions à la suite de l'annexion de la Crimée et du début de la guerre dans le Donbass. L'un de leurs ambassadeurs les plus influents en France, Alexandre Orlov, regrettait en octobre 2015 que « la France [se soit] laissé entraîner dans la confrontation avec la Russie » affirmant aussi que « le rôle qu'on lui impose aujourd'hui n'est pas le sien ».

Pour l'ancien ambassadeur, « les relations particulières avec la Russie – que ce soit l'Empire russe, l'URSS ou la Fédération de Russie, constituaient toujours un atout de la politique extérieure de la France, qui lui permettait de jouer un rôle majeur dans les affaires du monde ». Non sans avoir au préalable affirmé que « sans le peuple soviétique il n'y aurait aujourd'hui ni la Russie, ni la France, ni l'Union européenne. Il n'y aurait que le Troisième Reich[1]. »

En plus de cette double défaite, à la fin du conflit mondial, Paris a perdu les attributs principaux d'une grande puissance. « Son économie s'est réduite de moitié ; ses infrastructures sont dévastées ; sa démographie est obérée par le coût humain du conflit [...]. Que pèse la France face à la formidable puissance économique et militaire des États-Unis, à la masse démographique et à la machine de guerre de l'Union soviétique, à la grandeur, fût-elle déclinante, de l'Empire britannique[2] ? » rappelle l'historien de la politique étrangère de la France Frédéric Bozo. Pour Charles de Gaulle, au sortir de la guerre, le rétablissement du rang de la France est l'objectif cardinal de sa politique étrangère.

Or, l'économie française est alors convalescente. À partir de 1947, la France – à l'instar de seize autres États européens – accepte de bénéficier d'une aide économique américaine déterminante, dans le cadre notamment du plan Marshall. « De 1945 à 1955 Paris reçoit plus

---

1. Alexandre Orlov, « L'avenir des relations franco-russes », *Les Carnets des Dialogues du Matin*, Institut Diderot, automne 2015.

2. Frédéric Bozo, *La Politique étrangère de la France depuis 1945*, Paris, Flammarion, 2019.

de 7,8 milliards de dollars au titre de divers programmes d'aide américains, sans compter l'aide militaire en matériels gratuits[1] », remarque l'historien Gérard Bossuat. Puis, en 1958, elle obtient de nouveaux financements américains (150 millions de dollars) et du FMI (130 millions). Une aide mal vécue. Ses opposants, notamment le parti communiste écarté du pouvoir en 1947, la critiquent, avec un certain succès. Le terme de « Coca colonisation » fait mouche, pour exprimer ce rejet non pas tant de l'aide, mais du sentiment de déclassement et d'humiliation associé au besoin dans lequel le pays est tombé. Un sentiment qui prend toute sa mesure pour notre sujet si on garde à l'esprit que l'Union soviétique, elle, a rejeté le plan Marshall. L'aide américaine soulève questions et critiques et ce, d'autant plus que les Américains peuvent user de ce levier pour favoriser l'avènement d'une future Union européenne qui convient à leur vision du monde. Et qu'on les soupçonne de privilégier l'Allemagne plutôt que la France. On reproche aussi à Washington de se tailler ainsi de nouveaux marchés, sous couvert de contribuer à relever les économies européennes. Enfin le pouvoir américain est présent physiquement sur le sol français par l'administration de coopération économique (en anglais ECA) et se mêle de la politique fiscale et économique de Paris. Cette présence, tout comme celle de l'Otan, dont le siège sera transféré du Royaume-Uni à Paris en 1952, nourrit un sentiment pour le moins ambivalent.

1. Gérard Bossuat, « L'aide américaine à la France après la Seconde Guerre mondiale », *Vingtième Siècle. Revue d'histoire,* 1986.

Le fait que l'aide américaine s'inscrive, à partir de 1947 – année de formulation de la doctrine Truman de contention de l'URSS –, d'abord dans une politique tournée contre l'influence de Moscou, va durablement nourrir en France un sentiment anti-américain assorti d'une sympathie pro-soviétique et par extension prorusse.

Ainsi pour Thomas Gomart, le directeur de l'Institut français des relations internationales (Ifri), « les relations franco-russes sont de celles qui charrient le plus de clichés. Nous aimons avoir peur de la Russie car cela nous réjouit de penser qu'elle peut brutaliser les États-Unis. Notre alliance avec Washington nous a laissés amers[1]. » C'est pourquoi on observe une identification avec Moscou qui conteste la *Pax americana* instaurée depuis 1945 et tente même, au risque de la guerre, de rétablir sa domination sur les populations dont elle estime être le maître légitime.

C'est d'ailleurs le front commun que Paris et Moscou présentent contre l'intervention américaine en Irak qui se veut le summum de cette opposition des anciennes grandes puissances aux États-Unis. Une alliance de circonstance dans laquelle nous sommes du côté du droit, mais qui, comme le rappelle Thomas Gomart, n'a pas que des conséquences positives. Car « il nous a sans doute été d'autant plus difficile d'ouvrir les yeux sur le régime russe qu'en 2003 nous avons eu raison ensemble contre les États-Unis ». Et nous avons continué à mépriser les États d'Europe centrale ou d'ex-URSS qui ont rejoint l'Otan et soutenu l'invasion américaine.

1. Entretien avec l'auteure, 20 juillet 2023.

Nostalgies et affinités impériales

L'un des attributs auxquels tant la France que la Russie ont dû renoncer au XXe siècle, non sans amertume, est l'empire. Paris a dû accepter, à travers la décolonisation des décennies 1950 et 1960, de perdre son statut d'empire et de tenter de nouer de nouvelles relations avec les pays issus de la décolonisation. Une question qui demeure un défi et qui a retrouvé une nouvelle actualité depuis la contestation de plus en plus marquée de la présence française en Afrique depuis au moins 2015[1]. Une contestation d'ailleurs attisée par un développement des relations avec Moscou, dont elle est parfois concomitante (comme en 2018 en Centrafrique où le pic de sentiment anti-Français coïncide avec le rapprochement avec la Russie[2]). Il y a en réalité deux pertes d'empire pour la France.

La première est celle de l'empire constitué du XVIe ou XVIIe siècle, principalement dans les Antilles et en Amérique, ainsi qu'en Inde et en Afrique. Ils sont perdus au terme de la guerre de Sept Ans au profit de la Grande-Bretagne, puis à la suite de la vente des colonies américaines, comme la Louisiane, et des guerres napoléoniennes.

1. À cette date le député Philippe Baumel, devant la commission des affaires étrangères de l'Assemblée nationale déclarait avoir été « très frappé par le sentiment antifrançais, qui deviendra très inconfortable s'il perdure et il va perdurer ».

2. Thierry Vircoulon, Alain Antil, François Giovalucchi « Thématiques, acteurs et fonctions des discours anti-français en Afrique francophone », *Études de l'IFRI*, IFRI, juin 2023.

Le second empire colonial français, que nous connaissons mieux, a été constitué au milieu du XIXe siècle, et dissous au milieu du XXe siècle. Ce second empire colonial était le deuxième au monde en superficie, après celui des Britanniques. Les deux se sont accompagnés d'une vision et d'une ambition civilisatrices, que ce soit *via* la propagation de la foi chrétienne pour la première période coloniale, ou la modernité et le progrès pour la seconde. Dans les deux cas, l'empire est un des attributs de la puissance et sa disparition est assimilée à un déclassement et une perte de prestige pour le pays qui la subit.

La Fédération de Russie, quant à elle, a été confrontée entre 1989 et 1992 à la disparition de l'URSS (un ensemble de quinze républiques, dont la Russie) et du « glacis » formé par les États d'Europe centrale et orientale (sept États sur lesquels Moscou a exercé son contrôle *via* les partis communistes, le pacte de Varsovie et le Comecon). Un bouleversement géopolitique que Vladimir Poutine a qualifié de « plus grande catastrophe géopolitique du XXe siècle » dans son discours à la Nation de 2005. Cette perte de puissance a d'ailleurs, dans les mémoires des dirigeants russes, un précédent. Que les responsables bolcheviques ont su surmonter lors de la révolution et de la guerre civile qui s'ensuivit de 1917 à 1921.

En effet, quand les bolcheviques s'apprêtent à s'emparer du pouvoir en février 1917, le tsar contrôle l'empire le plus grand et le plus peuplé au monde (21,8 millions de kilomètres carrés). Considéré comme une « prison des peuples », il vole en éclats. Les provinces proclament leur indépendance de l'Empire. C'est le cas de l'Ukraine (22 janvier 1918), de la Géorgie (26 mai 1918), de l'Arménie (28 mai 1918), de l'Azerbaïdjan (à la même date), etc. Entre 1918 et 1922, les bolcheviques s'engagent alors dans une guerre civile qui est aussi une guerre de reconquête. Avec succès, puisque l'URSS, entre 1945 et 1991, est légèrement plus vaste que l'empire du tsar (22,4 millions de kilomètres carrés).

Pour certains, c'est à la même perte que Moscou est confrontée avec la disparition de l'Union soviétique. Or, depuis l'arrivée au pouvoir de Vladimir Poutine en tant que Premier ministre (en août 1999), une politique de reconquête de la puissance russe sur les États issus de l'URSS est entreprise. Il avait été précédé dans cette fonction par Evgueni Primakov (1998-1999).

Evgueni Primakov est un maître espion soviétique (d'abord correspondant de la presse soviétique en Égypte, il voyage aussi en Irak, et il finira par diriger les services de renseignement extérieur russes de 1991 à 1996) avant de devenir ministre des Affaires étrangères (1996-1998) et brièvement Premier ministre. C'est au ministère des Affaires étrangères (le MID en russe) qu'il laisse l'empreinte la plus visible pour nous. Il y forge la doctrine qui porte son nom et qui a jeté les bases de la politique étrangère russe depuis. Elle s'appuie sur trois éléments : la Russie n'est pas une puissance européenne secondaire, le monde est multipolaire et, la Russie (17 millions de kilomètres carrés) dispose d'une zone d'influence légitime, qu'il qualifie d'« étranger proche », que sont les anciennes républiques soviétiques. Les différentes guerres menées par la Russie dans cette zone depuis 1992 s'inscrivent dans la dynamique formalisée par Primakov. Deuxième guerre de Tchétchénie (1999-2009), guerre en Moldavie (1992), en Géorgie (1991-1993 ; 2008), Ukraine (depuis 2014), etc. Avec un succès qui peut susciter admiration et envie chez les nostalgiques de l'empire en Russie et en France. Puisque cette volonté de reconquête se fait au risque d'une confrontation avec la puissance américaine, ainsi qu'avec l'Occident.

L'affinité entre Paris et Moscou qui se pensent comme des centres légitimes de pouvoir sur leurs empires respectifs passés ou présents s'exprime aussi dans le fait que « France et Russie partagent une vision grand-russienne de la vie politique en Europe[1] », selon Thomas Gomart.

C'est ce qui ressort notamment de la priorité donnée par nombre de décideurs français à la conclusion d'accords instituant un cadre pour les relations Moscou-Otan en 1997, avant que ne soit lancée la procédure d'élargissement de l'UE à certains pays d'Europe centrale puis d'ex-URSS. Et le souci constant de prévenir un éventuel mécontentement russe face au développement des relations entre Bruxelles et les Nouveaux États indépendants, comme on appelle aussi les États post-soviétiques. Après l'effondrement de l'URSS, Paris, comme de nombreux États européens, continue en effet à privilégier ses relations avec Moscou.

1. Entretien avec l'auteure, 20 juillet 2023.

C'est ce que démontre par exemple l'insistance de Jacques Chirac à obtenir en 1997 la signature de l'acte fondateur du conseil Otan-Russie, avant que ne soit entériné le futur élargissement de l'UE à 27 – à l'instar, d'ailleurs, de l'accord de partenariat UE/Russie (lui aussi entré en vigueur en 1997). Nous l'avons déjà évoqué mais cela est suffisamment important pour être rappelé, « la Russie est le seul État non membre de l'UE avec qui l'Union européenne tenait deux sommets chaque année et six rencontres annuelles des ministres des Affaires étrangères[1] ». Un statut exceptionnel que réclamait Moscou, et que Paris lui a octroyé. Sans être la seule à voir dans la Russie ce partenaire privilégié.

L'Allemagne partage volontiers cette approche et nous emboîte bien souvent le pas pour considérer la Russie comme un acteur politique d'importance stratégique. Est-ce parce que l'Allemagne également est un ancien empire (1871-1918), et qu'elle a fait par deux fois l'expérience d'une amère défaite (dans les deux guerres mondiales), avant de connaître une mise sous-tutelle et une division de son territoire jusqu'à la réunification de 1989 ? Ou est-ce parce que tant la France que l'Allemagne ont connu des mouvements communistes puissants ?

Toujours est-il qu'au sein des institutions européennes, Français et Allemands sont partisans d'une inclusion de la Russie dans les discussions sur l'élargissement ou l'approfondissement des liens avec les pays centre-européens. Ainsi, lorsque l'Union européenne lance une politique européenne de voisinage en 2002, des réactions

1. Entretien avec l'auteure, 4 octobre 2023.

au sein de la Commission et des États membres se font rapidement entendre pour associer la Russie à cette initiative, puisqu'il s'agit de pays de l'Est européen.

Le commissaire Günther Verheugen, un Allemand, chargé de la présentation du projet, commence sa tournée diplomatique par Moscou. Mingarelli l'y accompagne. Verheugen commence son intervention en expliquant à ses interlocuteurs russes qu'ils sont « le partenaire le plus important pour nous, d'où notre volonté de co-élaborer avec vous cette nouvelle politique ». En mai 2003, l'UE surenchérit et propose à Moscou la création de plusieurs « espaces communs », entérinés lors du sommet UE-Russie de mai 2003 à Saint-Pétersbourg : « un espace de liberté, de sécurité et de justice, un espace de sécurité extérieure et un espace de recherche, d'éducation et de culture[1] », pour compléter l'espace économique de 2002.

Pourtant, dans la résolution de novembre 2004 du 14e sommet UE-Russie, Bruxelles a bien conscience des graves problèmes qui persistent en Russie et rendent très problématique toute forme de partenariat avec elle : violations répétées des droits de l'homme, démocratie à l'arrêt, conflits « gelés » entretenus dans l'« étranger proche ».

Ils sont mentionnés expressément, mais n'empêchent pas Bruxelles d'estimer que « les relations de bon voisinage et la coopération entre l'Union européenne et la

1. Résolution du Parlement européen sur le sommet UE/Russie tenu à La Haye le 25 novembre 2004, *Journal officiel de l'Union européenne*, 15 décembre 2004.

Russie revêtent une importance essentielle pour la stabilité, la sécurité et la prospérité du continent européen tout entier[1]. » La hiérarchie de nos priorités est nette. Notre relation avec Moscou est perçue comme prioritaire sur celle que nous entretenons avec tous les pays issus de l'ex-URSS ou de l'ancien bloc de l'Est. Et ce, même quand ils sont en passe de rejoindre l'Union européenne.

La poursuite de notre grandeur perdue nous a rendus – et nous rend encore – sensibles et perméables à la revendication de puissance de la Russie, dans un jeu de miroirs. Ceux qui parmi nous se reconnaissent dans le sentiment de perte de grandeur de la France se retrouvent aussi dans la volonté russe d'affirmation sur la scène internationale. Et dans l'homme qui l'incarne, en l'occurrence son président actuel, Vladimir Poutine. Et qu'importent alors nos valeurs, la démocratie, le type de gouvernance qui organise nos vies. Dans notre histoire nationale, un seul homme politique occupe une place aussi centrale, d'homme fort et de leader charismatique : le général de Gaulle. À lui seul, il incarne les idées de grandeur, de souveraineté et d'indépendance de la France. Son ombre pèse sur le débat politique français et presque tous les partis se réclament de son héritage, quel qu'il puisse être en réalité.

1. « Relations UE-Russie ; résolution du Parlement européen sur les relations UE-Russie », *Journal officiel de l'Union européenne*, 18 mai 2006.

2

L'obsession américaine

Depuis que j'ai entrepris cette réflexion, je vais de surprise en surprise. Je m'attendais à discuter de Russie avec mes interlocuteurs. Mais ce n'est que rarement le cas. Dans mes entretiens, il est d'abord et presque systématiquement question des États-Unis. Il est vrai que le XXe siècle et le début du XXIe siècle sont ceux de la domination américaine sur notre monde. Qu'on les jalouse, qu'on le déplore ou qu'on s'en indigne, quand le droit international est bafoué, la conversation porte avant tout sur Washington, la *pax americana*, la toute-puissance du dollar. Ainsi, vouloir aborder la politique de la France vis-à-vis de la Russie commence presque toujours par une interrogation sur notre relation avec l'allié américain, et une de ses déclinaisons : la relation à l'Otan.

Pourquoi sommes-nous en 2009 revenus dans les structures de commandement de l'Otan, dont nous étions sortis en 1966 sur décision du général de Gaulle ? L'Otan n'est-elle pas responsable de la guerre en Ukraine par son élargissement à des États toujours plus proches de la Russie ? Pourquoi sanctionner autant la Russie alors que les États-Unis violeraient eux aussi le droit international comme lors de l'invasion de l'Irak en 2003 ? Voici quelques exemples des réactions à mes questions sur le rôle de la Russie pour la sécurité européenne, la perception de la menace russe, les objectifs de la politique russe de la France.

Sur quoi repose le sentiment anti-américain parmi les décideurs français ? Il procède d'abord de l'amertume face à la grandeur perdue de la France, comme nous l'avons vu. Un sentiment qui se construit pour une bonne part en réaction à la puissance quasi hégémonique dont Washington jouit aujourd'hui. Cette conviction est aussi forgée par le fait que, dans les deux guerres mondiales, leur intervention a été déterminante. Un sentiment qui cependant n'a pas étendu son emprise sur tous les acteurs.

Justin Vaïsse, le directeur du Forum de la Paix, rend d'ailleurs hommage aux journalistes « qui ont eu raison sur la Russie bien avant d'autres analystes[1] ». Il ajoute que ce n'est « malheureusement pas le cas de deux dirigeants historiques des principaux think-tanks français : Thierry de Montbrial (IFRI) et Pascal Boniface (IRIS) ». Pour Justin Vaïsse, si les deux hommes « ont occupé des positions prorusses, ce n'est pas tant par sympathie idéologique pour le régime de Poutine mais par antiaméricanisme[2] ».

1. Entretien avec l'auteure, 2 août 2023.
2. Entretien avec l'auteure, 2 août 2023.

Le directeur du Forum sur la Paix et le président de l'IFRI se sont d'ailleurs disputés par Twitter interposé. Car Justin Vaïsse se devait « de relever la contradiction entre les déclarations du président de l'IFRI dans les médias de janvier et de décembre 2022[1] ».

Et pour cause, le 25 janvier 2022, dans l'émission de la journaliste Patricia Loison sur France TV Info, Thierry de Montbrial présente le nouveau numéro de la revue de l'institut : *Europe, sortie de crises.* Interrogé sur la situation en Ukraine et notamment les mouvements de troupes russes à la frontière, il déclare que « ça fait partie de la gesticulation qui est tout à fait habituelle dans les relations internationales. Ce qu'il faut voir, c'est quels sont les buts de Poutine. Les buts de Poutine sont extrêmement simples et on les connaît depuis plus de vingt ans. Les Russes ne veulent pas reconstituer l'Empire, ça n'a aucun sens. Ils veulent qu'il n'y ait pas de menace dans leur voisinage. Tout grand État raisonne de cette manière. » Thierry de Montbrial n'est pas seul à faire cette première erreur, qui consiste à rejeter le risque de déclenchement d'une nouvelle agression russe en Ukraine. Elle est sans conteste la plus partagée dans le monde des observateurs de la politique internationale et de la Russie. En décembre 2022, cette fois-ci dans *Les Échos*, il déclare : « Les Américains nous ont alertés mollement sur la possibilité d'une agression de la Russie en Ukraine, mais il n'y a pas eu de réflexion stratégique commune pour y parer. » Avant d'affirmer que « les États-Unis profitent d'une opportunité qui

1. Entretien avec l'auteure, 2 août 2023.

accroît la dépendance de l'Europe à Washington[1] ». Les deux déclarations du président de l'IFRI sont incompatibles. Soit Vladimir Poutine n'allait pas lancer l'invasion à grande échelle de l'Ukraine, soit les États-Unis nous ont avertis de ce projet et nous n'avons pas tenu compte de ces avertissements, pour des raisons qu'il serait alors intéressant de creuser.

Ces commentaires appellent plusieurs remarques. Deux faits sont irréfutables : le premier, c'est que les dirigeants russes ont pris la décision de lancer une invasion à grande échelle de l'Ukraine. Le second, que les États-Unis nous en ont avertis, en partageant par la voie médiatique notamment mais pas seulement les informations issues du renseignement en leur possession. Cela n'a pas été suffisant pour nombre d'experts et d'hommes politiques français. Blâmer l'incapacité des États-Unis à nous convaincre, plutôt que notre incrédulité, est pour le moins de mauvaise foi. Ce qui peut expliquer, au moins en partie, notre incapacité à interpréter correctement les informations dont nous disposions sur une attaque russe imminente, c'est notre conception du rôle des États-Unis dans la vie internationale. Et tout particulièrement sur les relations avec la Russie.

Dans un large pan de la culture politique française, les États-Unis sont présentés comme la menace principale pour les intérêts français. Une culture assez typique pour Thierry de Montbrial, cet ancien élève de

1. Virginie Robert, Vincent Collen, « "Les États-Unis seront les grands gagnants de la guerre en Ukraine" », *Les Échos*, 9 décembre 2022.

Polytechnique, ingénieur, formé dans les années 1970, époque où le rayonnement français s'adosse à la puissance industrielle, portée par les chasseurs de marchés que sont les patrons du CAC 40. Et il est vrai qu'être l'allié américain n'est pas toujours chose aisée.

Les superpuissances ne sont pas toujours des alliés loyaux, et, dans la compétition internationale, ces dernières ne prennent pas de gants – même avec leurs alliés. Les États-Unis ne font pas exception à cette règle.

Ainsi se souvient-on du contrat de livraison de douze sous-marins à propulsion nucléaire que Paris et Canberra ont conclu en 2016 après de longues années de négociation. Washington nous a coiffés au poteau en annonçant en septembre 2021 la signature d'une nouvelle alliance entre les États-Unis, l'Australie et le Royaume-Uni : l'Aukus. Une alliance qui avait pour dommage collatéral l'annulation du contrat avec Paris, ce qui signifiait un déficit pour nous de cinquante-six milliards d'euros.

Bien avant, en 1988 puis en 2013, plusieurs scandales portant sur les écoutes illégales par les services américains de leurs alliés, dont Paris et Berlin, ont défrayé la chronique.

Ce sont les affaires *Echelon* et *Prism*.

Cette dernière a éclaté en juin 2016 avec les révélations d'un ancien analyste de la NSA, Edward Snowden, devenu lanceur d'alerte et aujourd'hui réfugié en Russie, dans les quotidiens britannique *The Guardian* et américain *The Washington Post.* Les informations mises à disposition par Snowden sont si massives qu'elles sont traitées par près de vingt médias étrangers et alimenteront des révélations au moins jusqu'à 2018. On y apprend notamment que les communications de la quasi-totalité des alliés américains sont écoutées : Japon, Corée, Turquie, Mexique, institutions européennes, Allemagne, Italie ou France. On découvre que « l'espionnage américain va plus loin que la récolte d'informations auprès des opérateurs téléphoniques et des géants du Web[1] » et qu'il cible les décideurs politiques.

Le 23 octobre 2013, le magazine allemand d'investigation *Der Spiegel* révèle que les communications de la chancelière allemande Angela Merkel ont été interceptées. Un mois auparavant, le titre avait rendu public l'espionnage du ministère des Affaires étrangères français. Au total les communications de plus de trente-cinq dirigeants européens ont été écoutées. En juin 2015, on apprend même qu'au moins trois présidents français, Jacques Chirac, Nicolas Sarkozy et François Hollande ont eux aussi été écoutés par les services américains[2]. Des faits qui entraînent des mises au point mais aussi l'adoption de législations pour mieux protéger les communications. Des faits qui pèsent sur la relation avec Washington, relation qui n'a jamais été facile.

Pour l'ancien ambassadeur de France en Birmanie, Christian Lechervy, le contentieux franco-américain remonte en effet bien plus loin… à 1956.

1. Lucie Soullier, « Espionnage américain : le point sur les dernières révélations », *Le Monde*, 1er juillet 2013.

2. Damien Leloup, David Revault d'Allonnes, Martin Untersinger, « Comment la NSA a espionné trois présidents français », *Le Monde*, 24 juin 2015.

Cette année-là, la France et le Royaume-Uni forment une coalition avec Israël pour s'opposer à la nationalisation du canal de Suez décrétée le 26 juillet 1956 par le président égyptien Nasser. Cette décision menace de priver Paris et Londres des revenus tirés des droits de passage que les navires qui l'empruntent leur versent, mais aussi d'une route commerciale cruciale pour leurs économies respectives. Qui plus est, le canal a été construit et est dirigé par des Français. Enfin, le président Nasser, figure du mouvement des non-alignés, soutient le mouvement indépendantiste algérien. La France et la Grande-Bretagne décident d'intervenir militairement dans l'« expédition de Suez ». Alors que leurs troupes prennent l'avantage sur l'armée égyptienne, des pressions américaines et soviétiques conjointes les contraignent à stopper les combats et à signer un cessez-le-feu le 6 novembre 1956. Pour l'économie française, c'est un coup dur. L'Europe occidentale entre en crise énergétique, faute de pouvoir importer autant de pétrole qu'auparavant.

Le coût politique est encore plus élevé puisque la crise de Suez est considérée comme le moment charnière d'un nouvel ordre mondial. La France et le Royaume-Uni perdent leur influence au Moyen-Orient, région où le mouvement anticolonial s'inscrit comme un acteur à prendre désormais au sérieux et où les États-Unis s'ancrent peu à peu. Le statut de superpuissance acquis par Washington pendant la Seconde Guerre mondiale se confirme et se renforce. Le rendant parfois encombrant. Puis, en 1949, l'Otan est créée, où Washington joue également un rôle prépondérant.

Au point que, dans le débat de politique étrangère, la question de l'Otan n'est finalement qu'une des facettes de la question américaine.

L'Otan – décriée mais négligée

Jean-Paul Paloméros est le Français ayant exercé les plus hautes fonctions à l'Otan. Il a été responsable de la transformation de l'Alliance, c'est-à-dire son numéro deux, de 2012 à 2015. Le général a fait carrière dans l'armée de l'air. Il en a été le chef d'état-major de 2009 à 2012, avant de rejoindre l'Alliance atlantique au poste de commandant allié chargé de la transformation de l'organisation (SACTI) en septembre 2012.

Obtenir ce poste de numéro deux au sein de l'Otan faisait partie des conditions que la France avait posées à son retour dans le commandement intégré de l'Alliance. En 2012, François Hollande missionne Hubert Védrine de lui remettre un rapport évaluant les conséquences de cette décision de son prédécesseur, Nicolas Sarkozy[1]. Le 27 novembre, l'ancien ministre des Affaires étrangères résume ses conclusions. Il tire deux conséquences de ce retour. D'abord que « certains éléments sont potentiellement négatifs, comme le risque de cannibalisation des crédits de défense par les industriels américains ou encore le risque que notre pensée stratégique ne soit phagocytée en amont par l'analyse Otan ».

1. « Rapport Védrine », Représentation permanente de la France auprès de l'Organisation du traité de l'Atlantique nord, novembre 2012.

Ensuite que « d'autres sont plutôt positifs, comme la possibilité de mener plus efficacement, de l'intérieur, un combat d'influence en vue de peser sur les conclusions des sommets de l'Otan, ou pour favoriser l'émergence de projets européens ».

Pourtant, lorsqu'il exerce ses fonctions au sein de l'Otan, Paloméros ne bénéficie d'aucune attention particulière de la part des autorités françaises, pas plus qu'il ne reçoit d'instructions spécifiques de la part de l'exécutif français. En dépit de la place qu'occupe l'Otan dans le débat politique français. Ce qui lui fait souligner que le poste de SACTI est « méconnu et sous-utilisé[1] ». Ainsi, les discussions sur la transformation de l'Alliance auraient pu être une occasion de renforcer le poids de la France, avant de déclarer l'organisation en état de « mort cérébrale », comme le fait Emmanuel Macron, le 7 novembre 2019[2].

Le débat français sur l'Otan est largement biaisé, selon Paloméros. Car, contrairement à 1966, lorsque le général de Gaulle ordonna la sortie du commandement intégré, « aucune troupe française ne se trouve aujourd'hui placée de façon permanente sous un commandement américain », souligne le général. Par ailleurs, précise-t-il, « les États-Unis n'ont pas besoin de l'Otan pour faire des coups sur la scène internationale. Les décisions à l'Otan sont prises sur la base du consensus. Cela les ennuie beaucoup ». Des précisions qui

1. Entretien avec l'auteure, 19 avril 2023.

2. Entretien du chef de l'État donné à *The Economist. Le Figaro* en fait état sur son site internet, dans un article daté du 7 novembre 2019 : « Pour Emmanuel Macron, l'Otan est en état de "mort cérébrale" ».

n'attirent pas autant l'attention que le fait que l'Otan soit une organisation « américaine ».

Alors, quelle est l'origine de ce sentiment anti-américain si incontournable dans le débat français de politique internationale ? Et en particulier dans l'armée ? Car l'institution militaire n'est pas immunisée.

Le plus visible des officiers prorusses français est le général Jean-Bernard Pinatel, vice-président du think tank Geopragma. Ce dernier est partisan d'une alliance stratégique de l'Europe avec la Russie, comme il l'écrit dans son blog[1]. Une idée qu'il développe dans son livre *Russie, alliance vitale*[2]. Pour l'officier à la retraite, « il est temps que les Européens se révoltent contre ce nouvel ordre planétaire que leur imposent insidieusement les États-Unis et la Chine ». L'ancien élève de Saint-Cyr qualifie l'Europe de « nain politique » dont la « voix est inaudible, l'influence extérieure, inexistante[3] ».

Sur son site, il affirme également qu'en Crimée « Poutine ne fait que répondre par un coup de force à un autre coup de force qui s'est produit en Ukraine avec la complicité des Européens et l'appui des États-Unis[4]. » En 2016, il recommande aussi de « s'allier à la Russie et faire disparaître l'Otan[5] ».

1. Jean-Bernard Pinatel, *Russie, alliance vitale*, Paris, Choiseul, 2011.
2. *Ibid.*
3. *Ibid.*
4. « Crimée : pourquoi Poutine joue son moment Brejnev et l'Occident son moment Sudètes », *Atlantico*, 19 mars 2014.
5. Antoine Izambard et Vincent Lamigeon, « Russie : révélations sur ces militaires français sous influence », *Challenges*, 27 avril 2023.

Dans leur enquête sur les militaires prorusses, publiée en avril 2023 dans *Challenges*, Antoine Izambard et Vincent Lamigeon reviennent sur plusieurs affaires impliquant des militaires français « sous influence[1] ». Comme celle de Lionel L., lieutenant-colonel de l'armée de terre, interpellé en août 2020 et mis en examen pour « livraison à une puissance étrangère d'informations portant atteinte aux intérêts fondamentaux de la nation ». Ce, après que Lionel L. a été vu en relation avec un officier du renseignement militaire russe, dans le cadre d'un rendez-vous, en septembre 2019, au bord du lac Majeur, en Italie. Un espion russe donc, auquel Lionel L. est soupçonné d'avoir fourni des documents et informations confidentiels. Le profil de l'officier est typique : russophile, russophone, « catholique fervent ».

Ces hommes, aussi visibles soient-ils, sont-ils nombreux dans l'armée ? Pour le général Paloméros, le sentiment pro-russe varie beaucoup d'un corps d'armée à l'autre. Et se retrouve plutôt dans l'armée de terre. Comme le général Jean Cot, qui a commandé les forces de maintien de la paix de l'Onu en ex-Yougoslavie, de juillet 1993 à mars 1994. Ou le général Janvier, qui a exercé la même fonction de mars 1995 à juillet 1996. Ou encore parmi des officiers à la retraite. « Mais c'est surtout une question de génération. Ceux qui sont allés au feu sont moins enclins à hésiter entre la Russie et les États-Unis », poursuit le général. Car, dans les derniers conflits où nous sommes intervenus, nous avons

1. Antoine Izambard, Vincent Lamigeon, « Russie : révélations sur ces militaires français sous influence », *Challenges*, 24 avril 2023.

combattu aux côtés des Américains (Afghanistan, Irak). Et vu parfois aussi des troupes russes, aux comportements peu conformes aux standards militaires, comme ce fut le cas en Bosnie, ainsi que le soulignent plusieurs militaires français rencontrés pour ce livre[1].

Parmi les conflits où le sentiment anti-Otan et anti-américain s'est manifesté le plus vivement dans notre armée, on retrouve les guerres d'ex-Yougoslavie. Celle de Bosnie d'abord, où de nombreux généraux français comme « les généraux Bachelet et Soubirou avaient un attachement fort pour les Serbes », affirme Paloméros. Un penchant hérité de notre alliance pendant la Première Guerre mondiale. Et alimenté par un mépris pour les combattants bosniaques, qui étaient alors des partisans sans uniforme, soutenus par les Américains. Méprisés aussi car musulmans et qualifiés par certains militaires français de « bosniouls », comme le rappelle Guillaume Ancel, écrivain et ancien officier français.

Aux origines du contentieux : le Kosovo

Le deuxième conflit cristallisant un sentiment anti-américain et anti-Otan est celui du Kosovo. Lorsque l'Otan décide de bombarder en mars 1999, sans mandat du Conseil de sécurité de l'Onu, c'est après un an de combats et consécutivement à l'échec de plusieurs cessez-le-feu et des dernières négociations de Rambouillet et

1. Entretiens avec l'auteure.

de Paris. Dans cette province autonome peuplée d'une majorité albanaise, au sein de la république de Serbie, le conflit débuté en 1995 semble insoluble. Depuis un an, plus de trois cent mille Kosovars ont cherché refuge hors de la province pour échapper aux combats entre l'armée yougoslave, les groupes paramilitaires serbes et l'Armée de libération du Kosovo (UCK). Les autorités yougoslaves échouent à assurer l'autonomie et la sécurité des habitants du Kosovo en république de Serbie, mais elles refusent absolument une intervention extérieure. L'Otan décide alors de lancer une campagne de bombardements, sans demander l'autorisation de l'Onu, dans laquelle la Fédération de Russie s'oppose à une intervention. De mars à juin 1999, les avions de l'Otan procèdent à des frappes et, le 10 juin, la Fédération yougoslave accepte de retirer toutes ses forces du Kosovo et que s'y déploie une force internationale – dont l'intervention est validée, cette fois, par la résolution 1244 de l'Onu.

Certains avancent qu'après le génocide bosniaque de Srebrenica (perpétré en 1995 par les troupes serbes sans opposition des troupes occidentales), la crainte de la répétition d'un scénario de nettoyage ethnique justifiait cette intervention. Mais l'argument juridique est incontestable. L'intervention n'est pas fidèle au droit international qui ne prévoit que deux cas où le recours à la force armée est autorisé : la défense contre une agression et l'autorisation expresse du Conseil de sécurité de l'Onu. Au Kosovo, l'Otan a bien recouru à la force en dehors du cadre prévu par le droit international. Or, comme le fait remarquer Paloméros, « nous avions à cette époque déjà rejoint le commandement intégré et nous aurions donc pu peser beaucoup plus sur cette décision[1] ».

Une dernière guerre oppose définitivement Paris – mais aussi Moscou, Berlin et Pékin – à Washington : la deuxième guerre d'Irak. En février 2003, dans l'enceinte du Conseil de sécurité des Nations unies, le secrétaire d'État américain Colin Powell brandit une petite fiole. Il affirme qu'il s'agit d'anthrax et entend prouver ainsi que l'Irak de Saddam Hussein détient des armes de destruction massive. Le 14 février 2003, la France s'oppose au projet d'opération militaire soumis au Conseil de sécurité de l'Onu par les États-Unis et le Royaume-Uni.

La guerre aura bien lieu, sans autorisation du Conseil de sécurité, au nom de deux objectifs : mener une opération préventive contre le terrorisme (les États-Unis prétendent que l'Irak entretient des liens avec Oussama Ben Laden, le responsable des attentats du 11 septembre 2001) et lutter contre les armes de destruction massive que produirait l'Irak. Washington forme une coalition internationale avec quarante-huit pays. Les opérations militaires débutent le 20 mars et s'achèvent officiellement en juin suivant. Le régime de Saddam Hussein est renversé, lui-même est arrêté. Il est jugé et exécuté par pendaison. Mais la violence et l'illégitimité de l'intervention internationale sous autorité américaine déstabilisent durablement le pays, qui bascule dans une guerre civile. Encore aujourd'hui, celle-ci semble sans issue.

---

1. Jean-Bernard Pinatel, *op. cit.*

Michel Goya, ancien colonel de troupes de la Marine, résume la façon dont, selon lui, l'armée française a vécu cette période. Et les relations que nos militaires entretiennent avec Moscou et Washington. La fin de la guerre froide doit signer la fin des affrontements armés conventionnels. Elle ouvre l'ère des opérations extérieures, les « Opex ». Des opérations de gestion de crise ou de maintien de la paix. L'armée doit s'adapter à ce changement. Ce qui ne va pas sans mal. Dans les guerres des Balkans, les militaires sont cantonnés à des missions frustrantes, ou absurdes. Ils sont privés des moyens de protéger efficacement les populations dont ils se voient confier la sécurité. Et on leur interdit de répliquer aux attaques menées par les combattants serbes. Dans le même temps, les États-Unis, qui, en principe, n'en ont pas le droit, larguent des armes à destination des combattants bosniaques. Et sont également présents sur le terrain, de manière clandestine… mais connue de tous. « On a été frappés par la duplicité américaine. On voyait les Américains larguer des armes aux Bosniaques alors qu'il y avait un embargo. Je me suis retrouvé dans un accrochage et ce sont des civils américains qui sont venus régler le problème. Ils étaient très présents et on le savait[1] », commente l'ancien militaire. Les opérations de maintien de la paix échouent. Quand la solution militaire est mise en œuvre, c'est *via* l'Otan et donc *via* les États-Unis. Les frappes débouchent rapidement sur les accords de Dayton. Et, comme le déclare Michel

1. Entretien avec l'auteure, 9 octobre 2023.

Goya, « on a le sentiment d'avoir trouvé la formule qui fonctionne[1] ». La solution est donc bien l'affrontement armé, mais il semble que seuls les États-Unis soient en position d'en prendre l'initiative.

Avec la guerre du Kosovo (mars 1998-juin 1999), ce sentiment s'installe encore plus. Les États-Unis sont perçus comme remodelant l'ordre mondial à leur guise, changeant les régimes en dépit du droit international. Une analyse que partage aussi la Russie. En effet, pour Moscou, le Kosovo est *le* point de rupture. C'est là « que le chien est enterré », comme l'on dit en russe pour désigner l'origine d'un problème. Cette opposition russe à l'intervention occidentale d'ailleurs est totale, fervente. L'attaque, affaiblissant l'alliée de la Russie, elle est perçue comme un camouflet à Moscou. Le 23 mars 1999, le Premier ministre russe Evgueni Primakov est en route vers Washington quand il apprend la nouvelle des frappes au Kosovo. Il ordonne à son avion de faire demi-tour et de rentrer à Moscou. Un coup d'éclat qui donne toute la visibilité recherchée à la colère russe. Le gouvernement ne manque pas de condamner l'intervention otanienne en fustigeant « la violation des règles internationales comme la marginalisation de l'Organisation des nations unies[2] », et de prédire un « Vietnam européen ». Toute la scène politique russe s'embrase et Primakov n'est pas, de loin, le plus virulent.

1. Entretien avec l'auteure, 9 octobre 2023.

2. Jean Radvanyi, « Tempête politique dans les Balkans », *Le Monde diplomatique*, juin 1999.

Le ministre des Affaires étrangères Igor Ivanov annonce le gel des relations avec l'Otan et qualifie de « génocide » les bombardements.

L'opposition ultranationaliste, dirigée par Vladimir Jirinovski (mort en 2022), parle d'envoyer des groupes de volontaires aux côtés des Serbes, tandis que d'autres en appellent à une « union slave » et « antiaméricaine », ou encore à « renucléariser l'Ukraine[1] ». C'est que cette intervention contrarie toutes les alliances et les projections de puissance, tout comme la capacité d'influence russe dont les alliés en ex-Yougoslavie sont les Serbes.

Enfin, les positions française et russe contraires à celles des États-Unis se rejoignent en 2003 sur le dossier de la guerre en Irak. Ce moment où le savoir-faire français en matière internationale triomphe à l'Onu vient cristalliser notre position de contestataire de l'hyperpuissance américaine. Et renforcer notre sympathie pour la Russie. Sans pour autant empêcher la guerre, mais cela est un aspect que nous aimons moins nous rappeler.

Notre volonté de jouer un rôle de grande puissance sur la scène internationale, et de ne pas laisser les États-Unis seuls aux commandes du monde, peut être louable. Quand ceux-ci violent le droit international et commettent des crimes de guerre, nous pouvons nous enorgueillir de les dénoncer.

1. Conseil de défense du 26 mars 1999, faisant référence à un vote de la Rada ukrainienne du 24 mars, remettant en cause le statut dénucléarisé de l'Ukraine.

Mais la focalisation sur les risques que Washington fait (ou ferait) courir à l'ordre mondial devient problématique lorsqu'elle nous pousse à renvoyer dos à dos États-Unis et Russie. Et que nous préconisons d'excuser les violations du droit par cette dernière au prétexte que nous n'avons pas pu empêcher celles commises par les États-Unis. Alors même que, dans le cas irakien notamment, nous nous y sommes fortement et visiblement opposés.

Or, s'il est effectivement pour l'heure assez peu plausible et peut-être même impossible de demander des comptes aux autorités américaines, cela ne devrait pas nous amener à donner un blanc-seing à tout usage de la force pour régler les affaires internationales. *A fortiori* en Europe, c'est-à-dire à nos portes. Car il n'y a pas à l'heure actuelle de danger de sécurité plus immédiat pour l'Europe et pour la France que la guerre menée par la Russie en Ukraine.

Et pourtant, pour de nombreux acteurs et décideurs politiques français, le principal adversaire de la puissance française se trouve à la Maison-Blanche. Et le rétablissement de la souveraineté de la France passe par un affranchissement de l'influence exercée par Washington. L'homme politique français qui incarne le plus et le mieux cette volonté est connu de tous : le général de Gaulle. Le fondateur de la Ve République est une des sources de l'attachement pro-russe français. Une référence dont se revendiquent tous les acteurs sans distinction de parti, ou presque. Et pourtant, son héritage n'est que partiellement et partialement mis à contribution.

3

Pauvre de Gaulle

US go home

« L'Occident ne se trouve plus actuellement menacé comme il l'était quand le protectorat américain fut installé en Europe sous le couvert de l'Otan… »

C'est l'argument central du général de Gaulle – déjà âgé de soixante-seize ans –, lorsqu'il annonce aux Français le 21 février 1966[1] sa volonté de retirer Paris du commandement intégré de l'Otan. Sur une estrade, il domine son auditoire au sens propre comme au sens figuré. Et c'est avec éloquence et gravité que, face à un parterre de journalistes attentifs, il fait part de l'une de ces décisions qui aujourd'hui encore contribuent à sa légende. Une décision communiquée par courrier officiel, le 7 mars, au président américain Lyndon Johnson. Et annoncée au sommet de l'Alliance qui se déroule le 8 juin suivant à Bruxelles. Les troupes américaines et canadiennes stationnées en France doivent quitter le territoire, et le siège de l'Otan abandonne Paris pour Mons en Belgique.

1. « 7 mars 1966, la France tourne le dos à l'Otan », INA, 5 mars 2021.

Comme le rappelle Maurice Vaïsse[1], la décision de Charles de Gaulle répond à plusieurs évolutions de la situation internationale, de la doctrine américaine et de la puissance de la France. En premier lieu, les États-Unis soutiennent le mouvement de décolonisation, ce qui déstabilise Paris. En 1956, ils se sont aussi opposés à l'occupation du canal de Suez par la France et la Grande-Bretagne. Ils ont également tenté d'imposer une Communauté européenne de Défense (avec l'Allemagne de l'Ouest, la Belgique, le Luxembourg et les Pays-Bas) dont ils auraient pris la tête.

Un projet rejeté par la France en 1954, après qu'il a déchiré la scène politique française. Les États-Unis, eux, n'ont pas hésité dans ce débat à menacer de diminuer drastiquement les aides financières à la France si elle ne soutenait pas cette initiative. Enfin, depuis 1962, Washington a également adopté une doctrine de l'usage de l'arme nucléaire dite de « réponse graduée » qui ne garantit plus qu'elle y aura recours automatiquement en cas d'attaque soviétique sur un pays allié. La France, qui s'est dotée en 1960 de sa propre bombe nucléaire, ne trouve plus dans l'appartenance au commandement intégré de l'Otan autant de bénéfices pour sa protection qu'auparavant. Et sort des structures de commandement intégré de l'organisation. Un geste d'éclat fondateur de la légende du général de Gaulle.

L'ancien ministre des Affaires étrangères, Hubert Védrine, commente : « C'est le seul des présidents

---

1. Maurice Vaïsse, « La France et l'Otan : une histoire », *Politique étrangère*, n° 2009/4.

français que les dirigeants étrangers connaissent et citent, enfin, avec Mitterrand.[1] »

Au point que l'ombre de l'ancien leader de la France libre et fondateur de la Ve République plane toujours sur la vie politique française, et en particulier sur notre diplomatie. Rares sont ceux qui ne convoquent pas sa mémoire, dans le dossier de la guerre en Ukraine par exemple. Car le conflit pourrait en de nombreux points rappeler l'opposition entre les deux blocs, américain et soviétique, pendant la guerre froide. Opposition à laquelle le général de Gaulle a souhaité échapper, pour conférer plus d'indépendance à Paris dans ce domaine.

« Tout le monde a été, est ou sera gaulliste »

« Tout le monde a été, est ou sera gaulliste », prophétisait André Malraux, ancien ministre de la Culture du général de Gaulle. Une phrase qui semble taillée pour notre époque.

La figure du général est récupérée, déformée, martyrisée par autant d'interprétations qu'il y a de situations et de personnalités s'en revendiquant pour tenter de s'attacher un peu de son autorité, de son aura, de son influence. L'un de ses biographes, l'historien et éditeur Jean-Luc Barré, auteur de *De Gaulle, une vie. L'homme de personne*[2],

1. Entretien avec l'auteure, 27 septembre 2023.

2. Jean-Luc Barré, *De Gaulle, une vie. L'homme de personne, 1890-1944,* tome I, Paris, Grasset, 2023.

déplore les confusions dont il fait l'objet. « Depuis cinquante ans on a mythifié, embaumé, encensé la mémoire de De Gaulle », résume-t-il[1]. De Jean-Luc Mélenchon à l'extrême droite, tout le monde se veut gaulliste.

C'était le cas bien avant le début de l'invasion de grande ampleur de l'Ukraine. En 2020, à l'occasion du 80e anniversaire de l'appel du 18 juin 1940, presque tous les responsables de partis politiques ont voulu rappeler à quel point leur position s'inspire de celle du grand homme. Pour Marine Le Pen[2], c'est d'abord par la lutte contre le déclin français. Peu importe que son père n'ait jamais rendu hommage à de Gaulle.

Et pour cause, l'extrême droite ne pardonnant pas au général l'indépendance de l'Algérie, a essayé d'attenter à sa vie à plusieurs reprises (en 1961 à Pont-sur-Seine et en 1962 au Petit-Clamart). En 1965, Jean-Louis Tixier-Vignancour a appelé à voter en faveur de Mitterrand pour empêcher la réélection du général (Jean-Marie Le Pen est alors son directeur de campagne). Le lancement par Éric Zemmour de sa candidature à l'élection présidentielle de 2022, en imitant jusqu'en son esthétique le discours du 18 juin 1940 du général, a même forcé la fondation Charles de Gaulle à se positionner. « La référence à l'œuvre du général de Gaulle n'a jamais été si fréquente, mais jamais elle n'a été si approximative, et parfois même délibérément abusive, jusqu'au mensonge », rappelle-t-elle le 2 décembre 2021. Pour

1. Thomas Mahler, « Jean-Luc Barré : "Même Mélenchon se réfère à de Gaulle, c'est dire..." », *L'Express*, 26 novembre 2023.

2. Pierre Lepelletier, « Macron, Le Pen, Mélenchon... les politiques se rêvent en héritiers de De Gaulle », *Le Figaro*, 18 juin 2020.

Jean-Luc Mélenchon, les deux hommes se retrouvent dans leurs « convictions économiques[1] ». Emmanuel Macron, lui, appelait le 17 mai 2020 les Français à retrouver l'« esprit de résistance[2] » et célébrait « l'esprit français », n'hésitant pas à affirmer que « de Gaulle nous dit que la France est forte, quand elle sait son destin ».

Sur la Russie, c'est un florilège : Henri Guaino, conseiller spécial de Nicolas Sarkozy de 2007 à 2012, « ne [se] souvient pas que de Gaulle ait déclaré la guerre à l'URSS pour rendre leur souveraineté aux pays de l'Europe de l'Est, que le monde libre avait abandonnés à Staline[3] ». C'est pourtant le risque que le fondateur de la Ve République était prêt à prendre et il n'a pas manqué de le faire savoir publiquement.

Plus loin, l'inspirateur des discours les plus importants et les plus clivants de Nicolas Sarkozy ajoute : « La France gaullienne, c'est celle qui refuse de se laisser entraîner dans des guerres qu'elle n'aurait pas voulues[4]. » Chez Jean-Luc Mélenchon, pourtant à l'autre bout de l'échiquier politique, on retrouve la même référence : « Les Russes sont des partenaires, de Gaulle lui-même a reconnu la Russie de Staline et la Chine de Mao Zedong[5]. »

1. Pierre Lepelletier, « Macron, Le Pen, Mélenchon... les politiques se rêvent en héritiers de de Gaulle », *Le Figaro*, 18 juin 2020.

2. Emmanuel Macron, « Discours de Commémoration du 80e anniversaire des combats de Montcornet et de la Bataille de France », elysee.fr, 17 mai 2020.

3. Thomas Mahler, « Henri Guaino sur la guerre en Ukraine : "Le jusqu'au-boutisme est une folie" », *L'Express*, 8 septembre 2022.

4. Thomas Mahler, « Henri Guaino sur la guerre en Ukraine : "Le jusqu'au-boutisme est une folie" », *L'Express*, 8 septembre 2022.

5. X (Twitter), 23 février 2017.

Éric Zemmour, enfin, dans un meeting à Chamonix en février 2022, se réclame de l'auteur de l'appel du 18 juin qu'il cite à propos de la Russie : « Nous connaissons les Russes et la Russie nous connaît. Nous savons qu'ils n'hésitent pas à agresser et à faire la guerre.[1] » Avant d'ajouter : « La Russie de Poutine vit au XIXe siècle et conçoit la guerre comme un moyen de défendre sa vision stratégique. » En février 2023, lors de la 59e conférence de Munich sur la sécurité, Macron affirme qu'avec la Russie « l'heure n'est pas au dialogue[2] ». En réaction, l'éditorialiste politique Maurice Szafran se demande : « Macron a-t-il trahi de Gaulle[3] ? »

De Gaulle est partout, et donc nulle part

Chacun recherche, parmi les multiples déclarations du chef de guerre et homme politique, un article pouvant lui convenir. Sur la Russie, comme nous l'avons vu, le général croit à une Russie immuable, étrangère au régime politique de l'époque, qu'il considère comme transitoire ; il est également convaincu qu'il existe une proximité culturelle entre nos deux nations. Stratégiquement, il croit également à l'utilité de la

1. Nathan Garcia, « Éric Zemmour rattrapé par la guerre en Ukraine lors de son meeting à Chambéry », *Le Dauphiné Libéré*, 25 février 2022.

2. « Pour Emmanuel Macron à Munich : Guerre en Ukraine : à Munich, Macron affirme que « l'heure n'est pas au dialogue » avec Moscou », *France 24*, 17 février 2023.

3. Maurice Szafran, « Ukraine : Macron a-t-il trahi de Gaulle ? », *Challenges*, 19 février 2023.

relation avec Moscou pour équilibrer l'influence américaine. En revanche, ce qui n'est presque jamais mis en avant dans ce débat, c'est sa loyauté sans faille à l'Alliance atlantique et le fait que, dans sa vision, une entente avec la Russie ne signifie pas une rupture avec Washington. Deux moments en témoignent avec éclat.

« À un certain point de menace de la part d'un impérialisme ambitieux, tout recul a pour effet de surexciter l'agresseur »

Le 5 septembre 1961, l'Europe est enferrée dans la crise de Berlin. Le mur – qui ne tombera qu'en 1989 – a commencé à sortir de terre le 12 août 1961, afin d'empêcher la population de la zone soviétique de la ville de la quitter.

Depuis 1949, près de deux millions trois cent mille Allemands vivant dans les zones contrôlées par l'URSS sont passés à l'Ouest. Les autorités soviétiques entendent empêcher ces mouvements. Et menacent de la guerre quiconque s'y opposerait. Dans la même salle que celle où il présentera en 1966 sa décision de sortir des structures intégrées de l'Otan, Charles de Gaulle aborde une série de questions de politique étrangère, dont la crise de Berlin. Quand on lui demande s'il pense que « l'on peut éviter un conflit mondial à propos de l'Allemagne et de Berlin, et dans quelles conditions ? » il répond sans détour. Sa vision s'applique si totalement à la situation actuelle, aux arguments évoqués par ceux qui craignent l'escalade et se revendiquent de son héritage pour négocier maintenant avec Moscou, qu'elle doit être retranscrite.

Charles de Gaulle commence par se demander pourquoi les soviets assortissent tout à coup leurs exigences de « menaces épouvantables[1] » alors que cela fait plus de seize ans qu'ils tolèrent la situation. Il poursuit en mettant en doute le danger évoqué par l'URSS : « On peut se demander s'il y a quelqu'un qui croit vraiment qu'il y ait un danger de la part de la République fédérale allemande telle qu'elle est, vis-à-vis de la Russie actuelle. Et on peut se demander enfin s'il y a vraiment un Soviétique qui le croit, puisque le Kremlin déclare qu'il est en mesure d'écraser totalement et immédiatement, sous des bombes qui valent, paraît-il, cent millions de tonnes d'explosifs, quiconque lèverait la main sur le monde communiste. »

Pour lui, ce positionnement est « tellement arbitraire et tellement artificiel » qu'on est forcé d'y voir une motivation autre : le « déchaînement prémédité d'ambitions frénétiques, ou bien un dérivatif à de grandes difficultés ». Là encore, toute ressemblance avec la situation actuelle n'est pas un hasard.

Le calcul des dirigeants soviétiques est limpide pour le général de Gaulle : « Ils peuvent penser que les États-Unis, l'Angleterre et la France se laisseront glisser à quelque découragement, à quelque résignation, et qu'ainsi le recul de ces trois puissances amènera un coup grave pour l'Alliance atlantique, que par-dessus

1. « Charles de Gaulle paroles publiques », *INA*, 5 septembre 1961.

tout, devant le monde entier, il apparaîtra que le régime totalitaire, le camp totalitaire devant un Occident incertain et divisé, est décidément le plus fort. » N'est-ce pas précisément ce qu'affirme et entend démontrer le dirigeant russe, lorsqu'il condamne l'Occident décadent, déclare posséder des armes capables d'annihiler en quelques minutes les capitales occidentales ? Ou lorsqu'il nous encourage à abandonner la politique de soutien à l'Ukraine en nous menaçant de difficultés énergétiques ou en faisant miroiter le risque de crise sociale si nous la poursuivons ?

Cette part de l'héritage gaullien est-elle moins significative pour les partisans du général que la sortie des structures intégrées de l'Otan ? Il me semble au contraire qu'elle ouvre une possibilité de tracer une voie française qui ne soit pas pro-russe en voulant s'affranchir de la volonté de puissance américaine. Le militaire refuse de céder à l'intimidation et aux menaces de destruction brandies par Moscou.

D'ailleurs, il réaffirme que leur arithmétique de la terreur est fausse et que « si le conflit mondial devait éclater, la mise en œuvre des forces de destruction entraînerait, en particulier, sans aucun doute, le bouleversement complet de la Russie et des pays qui sont en proie au communisme ». Il interroge clairement cette stratégie : « À quoi bon régner sur des morts ? » Et il encourage alors les puissances occidentales à « considérer avec un œil clair et un cœur ferme les manifestations soviétiques ».

Face au risque d'escalade et de guerre générale, l'officier qui a connu deux guerres mondiales n'hésite pas à en désigner les responsables. Il affirme qu'« alors, c'est que les Soviets l'auraient délibérément voulue, et dans ce cas, tout recul préalable de l'Occident n'aurait servi qu'à l'affaiblir et à le diviser, et sans empêcher l'échéance ».

Surtout, il fait part de sa détermination face à l'agresseur : « À un certain point de menace de la part d'un impérialisme ambitieux, tout recul a pour effet de surexciter l'agresseur, de le pousser à redoubler sa pression, et finalement, facilite et hâte son assaut. » Et il réaffirme sa conviction que, « actuellement, les puissances occidentales n'ont pas de meilleur moyen de servir la paix du monde que de rester droites et fermes ». Qu'en pensent les acteurs et commentateurs de la vie politique française empressés de veiller à l'héritage gaulliste et inquiets de son éventuelle trahison ? Il semble précisément que faire front face à l'agressivité du régime russe s'inscrit dans la droite ligne du chef d'État. À la différence d'un repli face à des « ambitions frénétiques » ?

Deuxième crise dramatique, à laquelle les gardiens du gaullisme appliqué à la Russie ne se réfèrent pourtant presque jamais : celle des missiles soviétiques installés à Cuba par l'URSS et pointés vers les États-Unis, que découvre Washington le 15 octobre 1962.

Depuis l'arrivée au pouvoir à Cuba du combattant indépendantiste Fidel Castro, en 1959, les relations entre La Havane et Washington se sont dégradées dramatiquement. À la suite notamment de deux décisions de John F. Kennedy (le président américain), visant à répondre à la nationalisation des nombreuses entreprises américaines présentes sur l'île en août 1960. Washington répond par une tentative de débarquement américain dans la baie des Cochons (avril 1961) et l'instauration d'un blocus économique de l'île en février 1962. Cuba se rapproche alors de l'URSS. En juin 1962, quarante mille conseillers soviétiques et une trentaine de missiles de type SS4 et SS5 porteurs de charges nucléaires sont installées sur l'île. Leur découverte déclenche une des crises stratégiques les plus haletantes du XXe siècle. Le 22 octobre 1969, le président Kennedy s'adresse à la population à la télévision. Pendant une semaine, le monde vit à l'heure des déclarations et négociations entre JFK et Nikita Khrouchtchev. Car jamais le monde n'a encore été si près d'une apocalypse nucléaire résultant de la guerre entre les deux superpuissances. Et là non plus, le président français n'hésite pas une seconde et se range d'emblée aux côtés de l'allié américain à qui de Gaulle « indique spontanément que la France apportera son plein soutien[1] », le 22 octobre 1962, « sans même demander au préalable communication des preuves photographiques de la présence de rampes de lancement de missiles soviétiques[2] ».

Enfin, on ne peut pas conclure sans évoquer la réponse gaullienne à l'ambassadeur soviétique à Paris, Sergueï Vinogradov. En 1963, lors de la réception du corps diplomatique à l'Élysée, celui-ci tente de

1. « Lettre n° 14 – De Gaulle et la crise de Cuba : la conduite de crise, avant, pendant, après », *Lettres numériques de la fondation Charles de Gaulle*, 11 juin 2020.

2. *Ibid.*

décourager la politique de dissuasion française en agitant devant le général de Gaulle la menace de la destruction de Paris par Moscou, tout comme Vladimir Soloviev et les autres propagandistes russes actuels aiment à le faire.

Vladimir Soloviev, c'est ce présentateur star de la chaîne d'État Rossiya 1, qui anime notamment l'émission *Soirée avec Vladimir Soloviev*. C'est aussi lui qui, le 9 janvier 2023, appelait à réaliser « des frappes préventives sur Paris et Berlin », dans une déclaration outrancière qui est sa marque de fabrique désormais. Désormais, car, jusqu'en 2010, Soloviev défendait activement les valeurs démocratiques, la liberté d'expression et celle de la presse. Ce que rappelle le journal indépendant russe *Novaïa Gazeta*[1].

En 1963, en tous les cas, la menace de Sergueï Vinogradov glisse sur le président français. Charles de Gaulle n'hésite pas et réplique par une petite phrase bien sentie, et entrée dans l'histoire depuis : « Eh bien, monsieur l'ambassadeur, nous mourrons ensemble. »

On peut tirer au moins deux enseignements de la détermination du général de Gaulle face aux pressions soviétiques sur les Alliés.

Tout d'abord, il n'a jamais appelé à céder au chantage, même nucléaire, dans des moments où les périls étaient encore plus graves qu'aujourd'hui. Il en découle que ceux qui promeuvent la recherche d'une négociation

1. Slava Tarochtchina, « Tchunga-Tchanga ot geroïa "DNR" », *Novaïa Gazeta*, 1er novembre 2023.

à tout prix avec Moscou, que cela soit pour contrecarrer l'influence américaine, ou pour être les fidèles héritiers du gaullisme, trahissent en réalité son héritage.

Car ils nous proposent de céder aux menaces, et pour sauver notre confort, de capituler devant l'idée qu'on pourrait utiliser la force contre nous. Quelle leçon de résistance ! Mais, si nous suivons leur conseil, la menace russe ayant porté ses fruits, la Russie dirigée par Vladimir Poutine aurait-elle une raison s'arrêter là ? Puisque, depuis 1992, nous avons toujours reculé, privilégié le dialogue et aiguisé l'appétit des dirigeants russes actuels par nos reculades.

C'est d'ailleurs le problème fondamental avec nombre des arguments qui sont présentés comme « réalistes » par les promoteurs de la paix avec Moscou à tout prix et maintenant. Ce sont trop souvent des défaitistes, sous couvert de réalisme. Et, bien qu'ils se qualifient de patriotes, ils ont adopté les mythes qui circulent sur la puissance russe et sont convaincus de l'impuissance française. En dépit de la réalité qui ne leur donne pas raison.

Partie IV

Sortir de la fascination

Comment s'arracher à une politique, par défaut prorusse, reposant sur notre fascination pour une Russie fantasmée ? Comment cesser de renvoyer dos à dos les crimes américains et russes, et arrêter de poursuivre inlassablement l'image d'une France puissante, capable en premier lieu de s'affranchir de l'influence américaine ?

D'abord, en acceptant de regarder le régime russe en face. D'ouvrir les yeux sur ce qu'il est à l'intérieur – répressif – et à l'extérieur – impérialiste. Et en cessant de le justifier. Ces réalités du régime russe, nous n'avons pas voulu les voir ni les accepter. Ni de la bouche de nos journalistes, ni de nos experts. Encore moins quand elles ont été exprimées par les représentants des États où la Russie cherche à s'imposer par la guerre, comme en Ukraine et en Géorgie.

Ensuite, en tenant compte de l'analyse que ces dirigeants de pays victimes de la politique agressive de la Russie font de notre politique russe. Ce qui peut nous apporter un éclairage utile, venu de ceux qui assument les conséquences de notre positionnement. Et qui souvent négocient et maintiennent avec la Russie des relations depuis de nombreuses décennies.

1

Regarder le régime russe en face

Quels que soient les informations rassemblées et les signaux d'alerte transmis, la fascination pour la Russie parmi nos élites a fait et continue de faire obstacle à notre lucidité.

Ce sont ces « tourments français », qui en dépit des troupes russes massées à la frontière nord de l'Ukraine en février 2022, ont amené de nombreux responsables du renseignement, de l'armée, des politiques ou encore des journalistes (se présentant comme spécialistes de la Russie), à refuser jusqu'au dernier moment de considérer la guerre comme imminente.

Or, pour d'autres observateurs, elle était évidente. Évidente et inscrite dans une politique établie de longue date, présentée et vécue comme l'aboutissement d'une série de guerres, de l'enracinement d'une idéologie martiale, de discours dévoilant la vision du monde de Vladimir Poutine.

Parmi eux, nombre de diplomates et responsables politiques d'États ayant fait les frais de la politique impérialiste russe. Mais aussi des journalistes et des diplomates français qui, pour avoir été confrontés à la volonté de puissance de Moscou dans l'ancien espace soviétique, ont compris à quoi s'en tenir, il y a de cela longtemps.

Des aveugles… et des lucides

Renaud Girard, invité et présenté comme un expert de la Russie, ne fait pas partie de cette dernière catégorie. En 2015, il critiquait déjà la décision de François Hollande de ne pas participer à Moscou aux cérémonies du 9 mai, en demandant : « Pourquoi donc humilier la Russie[1] ? » Il avait évidemment regretté l'annulation de la vente des Mistrals à la Fédération de Russie. Et même considéré que, bien que contraire au droit international, l'annexion de la Crimée par Moscou en 2014, était « géopolitiquement compréhensible ». Nombreuses sont les occurrences où le reporter de guerre colle aux éléments de langage de Moscou, en blâmant les États-Unis et en se réclamant du général de Gaulle. Le site d'information spécialisé, *Desk Russie*, dresse le 14 janvier 2022 un portrait très complet des positions de Renaud Girard sur le sujet et rappelle au passage sa proximité avec l'ancien ambassadeur de Russie à Paris, Alexandre Orlov, ardent et éloquent défenseur de la Russie de Vladimir Poutine[2]. D'autres journalistes de nos grands médias nationaux et de la presse russe indépendante, que je ne peux pas citer ici, ont saisi la nature non pas

1. Renaud Girard, « Pourquoi donc humilier la Russie ? », *Le Figaro*, 12 mai 2015.

2. Vincent Laloy, « Renaud Girard ou la voix de Moscou ? », *Desk Russie,* 14 janvier 2022.

de la Russie mais de son régime. Et ce, à la lumière de leurs séjours de longue durée en Russie et de leur connaissance de ce « terrain » comme on l'appelle et de ses acteurs.

Parmi les hommes et femmes politiques français, de Jean-Luc Mélenchon à Marine Le Pen, nombreux sont ceux qui prônent l'indulgence envers Moscou, que cela soit pour s'auréoler d'une touche gaulliste ou néogaulliste et/ou se poser en défenseur de l'indépendance ou de la souveraineté de la France face aux dangers états-uniens. « Il n'est pas vrai que la Russie soit une menace pour la paix du monde. C'est un mensonge, un acte de propagande, destiné à justifier un projet politique qui est entièrement construit sur le fait qu'il faut se regrouper face à une menace qui, à mes yeux, n'existe pas[1] », déclarait le leader de la France insoumise en janvier 2017, alors qu'il était candidat à la présidence de la République. Le 11 janvier 2023 sur France 2, il se faisait le partisan de « la paix à tout prix ». Même au prix de la victoire d'un régime qui, en faisant équipe avec la Chine (que souvent Mélenchon a défendue), entend refaçonner le monde et le livrer aux mains des dictateurs et des gouvernements autoritaires. Marine Le Pen, quant à elle, pour illustrer sa « stature internationale » dans le cadre de la même campagne électorale, apparaissait encore sur un tract tiré à plus d'un million d'exemplaires en train de serrer la main de

1. Jean-Luc Mélenchon [@JLMelenchon], 5 janvier 2017, X (anciennement Twitter). https://x.com/JLMelenchon/status/817075209484271616?s=20. Voir aussi : « De "la menace n'existe pas" à "la Russie agresse l'Ukraine" : sur la Russie, Mélenchon varie », France Inter, 25 février 2022.

Vladimir Poutine. Le RN et le parti du polémiste d'Éric Zemmour, « Reconquête », ont bien condamné l'invasion de l'Ukraine par la Russie. Mais ces évolutions sont de façade. Pour ce dernier, il faut « absolument rassurer les Russes sur l'Ukraine qui, pour eux, est un pays russe ». Au RN, pour Philippe Olivier, parfois qualifié de « mage » du parti, il n'est « pas question de mourir pour Kiev[1] ». Inutile de revenir sur les déclarations de Nicolas Sarkozy, avec lesquellesVladimir Poutine s'est récemment dit « en accord sur de nombreux points », devant des étudiants réunis près de Moscou lors de la Journée de la connaissance[2]. Nombre de nos dirigeants n'ont pas voulu et ne veulent pas voir la Russie pour ce qu'elle est. Et ils ne posent presque jamais la question des conséquences d'un monde dominé ou partiellement dominé par le couple Russie – Chine sur nos vies, nos libertés. Pourtant, tous ne sont pas aveuglés.

Depuis 1999, la ligne dure triomphe à Moscou

Michel Duclos, autrefois en poste en Russie, de 1987 à 1991, se rappelle nettement ses échanges avec Andreï Kortounov, le directeur d'un *think tank* ayant pignon sur rue : le Russian International Affairs Council (RIAC). Ce *think tank* a été créé en 2010 sur décret du président Medvedev. Il est l'un des instruments de la diplomatie russe et de son dialogue avec l'étranger.

1. Maurice Szafran, « Voici pourquoi Marine Le Pen n'a pas vraiment lâché Poutine », *Challenges*, 26 février 2023.
2. « Immigration, Afrique… Vladimir Poutine se dit "largement d'accord" avec Nicolas Sarkozy », *Le Figaro*, 2 septembre 2023.

Docteur en histoire, spécialiste des États-Unis et du Canada, Andreï Kortounov a à son actif plus de cent vingt publications consacrées aux relations entre la Russie et les États-Unis, et aux enjeux de sécurité internationale. Il a enseigné dans les plus prestigieuses universités américaines. Lorsque les deux hommes échangent leurs points de vue sur la trajectoire suivie par la Russie depuis la fin de l'URSS, Andreï Kortounov évoque deux tâches s'imposant aux dirigeants russes. D'abord, trouver un accommodement avec l'Occident, un *modus vivendi*. Ensuite, rassembler « les terres russes ». Deux objectifs qui sont depuis tout simplement devenus « incompatibles ». Pour deux raisons, selon le directeur du RIAC.

D'une part, la Russie a échoué à développer un modèle attractif pour les États voisins. Elle n'a pas misé sur le *soft power*, cette capacité d'attraction qui permet à un État de séduire plutôt que d'user de la force.

D'autre part, cette ligne dure, développée par les « vieux routards » du ministère des Affaires étrangères (le MID), a rapporté des gains internationaux. Plutôt que de chercher à faire évoluer la Russie vers un modèle démocratique, il s'est avéré payant d'adopter une posture d'affirmation de la Russie, au besoin critique ou agressive. Dans le domaine stratégique, cela se traduit par la prise de position explicite de Vladimir Poutine lors notamment du discours qu'il livre à la conférence internationale sur la sécurité de Munich, en février 2007[1]. Il y dénonce l'hégémonie américaine,

1. Intervention et discussions lors de la conférence sur la sécurité, Munich, 10 février 2007.

mais il y affirme aussi que l'équilibre de la guerre froide était plus sûr bien qu'effrayant[1]. Et surtout il y adopte une posture très peu diplomatique et prévient d'emblée qu'il va tenir un langage direct. Il s'oppose à l'élargissement de l'Otan et tout particulièrement à l'entrée de la Géorgie et de l'Ukraine dans l'alliance militaire. Et ce discours est donc suivi d'action et d'effet. L'année suivante les tensions sont croissantes avec la Géorgie avant que la guerre ne s'y déclenche et ne se termine par un succès total du plan de Moscou. La stratégie russe est donc payante. C'est pourquoi elle est devenue populaire parmi les jeunes générations de diplomates qui sont plus durs dans leurs analyses et blâment l'Occident. L'exemple le plus frappant est celui de Sergueï Nalobine. Petit, trapu, musclé et le plus souvent habillé des pieds à la tête en marques américaines : baskets Vans, jean Levis, sweat-shirt et casquette GAP. Même ses lunettes étaient des Ray-Ban ! Son flegme le rend intrigant et sympathique. Loin de tous les excès des propagandistes. Mais ne nous y trompons pas : il ne faisait pas mystère de son travail et de ses objectifs dont il discutait même tout à fait ouvertement. C'est lui qui avait pris le premier l'initiative de tweets ironiques ou agressifs à l'encontre de Washington. Avec un grand succès, qui lui a valu de gagner du galon et de devenir le vice-directeur du département de l'information et de la presse du MID russe, où il a lancé une unité spécialisée dans les réseaux sociaux. Mais ce n'est pas tout. Il a aussi été

1. Rob Watson, « Putin's speech : Back to Cold War ? », BBC, 10 février 2007.

impliqué dans des opérations le rendant indésirable sur le sol de plusieurs pays étrangers – la Grande-Bretagne en 2015 et l'Estonie, dont il a été expulsé en avril 2022[1]. Enfin, le portrait ne serait pas complet si je ne mentionnais pas que son père est un officier du KGB puis du FSB, tout comme son frère qui travaille pour le service fédéral de sécurité. Lui est un expert du commentaire qui fait mouche. Dans une table ronde publique organisée par la délégation du Comité international de la Croix-Rouge à Moscou, en 2017, nous discutions des stratégies de communication de nos organisations respectives. Il n'a pas hésité à affirmer qu'il ne se limitait pas dans ce qu'il s'autorisait à dire. Et cette approche a séduit et attiré de nombreux employés du MID.

Pour l'ancien ministre des Affaires étrangères russe Andreï Kozyrev, tant que cette stratégie de confrontation continuera à être couronnée de succès, alors elle se renforcera et gagnera en popularité en Russie. Pour être stoppée, elle doit s'accompagner d'échecs coûteux pour le pouvoir.

La politique de défense de l'intérêt national s'appuie sur une doctrine, devenue depuis 1999 le credo officiel du MID russe. Evgueni Primakov remplace alors Andreï Kozyrev, le plus libéral des ministres des

1. KGB, FSB, ssora s Zakharovoï. Estonia vyslala diplomata, kotorovo v Velikobritanii uje davno nazyvali chpionom. KG, FSB, polémique avec Zakharova. L'Estonie a expulsé un diplomate, qui en Grande-Bretagne avait été qualifié d'espion depuis longtemps. 6 avril 2022 Holger Roonemaa – Martin Laïnie. *Delfi* КГБ, ФСБ, ссора с Марией Захаровой. Эстония выслала дипломата, которого в Великобритании уже давно называли шпионом.

Affaires étrangères (1991-1996) que la Russie ait connu depuis la chute de l'URSS. Il a d'ailleurs condamné en 2022 l'invasion de l'Ukraine par la Russie qu'il a qualifiée de « barbare », ainsi que les efforts de Vladimir Poutine pour exporter à l'international son programme politique antidémocratique[1].

Evgueni Primakov est fait d'un tout autre bois.

« Le maître espion », tel qu'il est surnommé pour avoir notamment été à la tête des services de renseignement extérieurs (SVR) russes de 1991 à 1996, est, après son séjour à la tête du ministère des Affaires étrangères, promu à la fonction de Premier ministre, de septembre 1998 à mai 1999. Une fonction que reprend Vladimir Poutine en août 1999 avant de devenir président (après le bref passage de Stepachine). Poutine ne remettra jamais en doute la doctrine de politique étrangère conçue par Primakov, qui porte encore aujourd'hui son nom. Forgée dans l'amertume de l'intervention internationale au Kosovo, elle édicte plusieurs principes. Tout d'abord, redonner la priorité à la défense des intérêts nationaux de la Russie (notamment sur les États issus de l'URSS qu'il qualifie d'« étranger proche » sur lequel la Russie a des droits légitimes) et refuser que celle-ci soit reléguée au second plan par les États-Unis et l'Occident dont l'unilatéralisme est dénoncé. Le tout sans exacerber les confrontations. Un point s'avérant plus difficile à concrétiser, puisque Primakov s'exprime également contre l'extension de l'Otan qui réactive selon lui les

1. Andreï Kozyrev, « Why Putinism must be defeated », *Journal of Democracy*, mai 2022.

vieilles lignes de fracture en Europe. Le deuxième axe consiste à œuvrer à un monde multipolaire. Cela passe par des relations avec des pays d'Europe occidentale, mais surtout par la constitution d'un axe Moscou, Pékin, Delhi et Sud global. Enfin, le troisième principe consiste à poursuivre l'intégration de la Russie dans un monde globalisé.

C'est donc dans l'étranger proche que Vladimir Poutine va tout d'abord défendre ce qu'il considère comme l'intérêt national russe de la manière la plus offensive : par la guerre. Puis, à l'extérieur, il pousse son avantage en Syrie. Pour l'ancien ambassadeur Michel Duclos qui a représenté la France à Damas de 2006 à 2009, c'est lorsque Vladimir Poutine fait le choix de s'impliquer militairement en soutien au président Bachar el-Assad en 2015 qu'il choisit la voie de la confrontation avec l'Occident. Avant cela, en 2013, il a vu l'Occident, et les États-Unis en premier lieu, faire volte-face et ne pas réagir à l'usage d'armes chimiques contre la population sur ordre du président syrien. La portée de la reculade américaine, qui devient rapidement celle des alliés et notamment de la France, est comprise par Moscou pour ce qu'elle est. Une possibilité d'intervenir en Syrie comme bon lui semble. L'importance de la volte-face américaine sur la Syrie est aussitôt perçue par l'ancien président géorgien Mikhail Saakachvili comme déterminante. Le soir de la décision prise par Barack Obama de ne pas frapper la Syrie, malgré les « lignes rouges » franchies, le chef de l'État géorgien expliquait à son entourage que Poutine interpréterait cela comme un droit à attaquer l'Ukraine. Quelques mois plus tard, l'histoire lui donnait raison.

Que nous apprennent les expériences de dirigeants des nouveaux États indépendants comme l'Ukraine et la Géorgie, qui ont fait face aux agressions russes de ces trois dernières décennies ? Leurs expériences à la fois de réformateurs mais aussi de négociateurs gagneraient à être étudiées et écoutées plus attentivement. Car ils doivent régulièrement batailler contre Moscou pour leur existence depuis plus d'un siècle. Ils ont traversé les bouleversements liés à la disparition de l'URSS ou lors des guerres de déstabilisation menées par Moscou sur leurs territoires. La stratégie de reconquête de Moscou ne date pas, en effet, de 2022, ni de 2014 : elle accompagne la Russie indépendante depuis qu'elle a succédé à l'URSS en tant qu'État.

Leurs témoignages enrichissent notre vision de la Russie mais, surtout, ils nous renseignent sur la manière dont la politique étrangère française est vécue et perçue par les principaux concernés. Et ce n'est pas toujours à notre honneur.

2

Dans leurs yeux – La politique de la France vue par les Géorgiens et les Ukrainiens

S'il est un État qui connaît pour l'avoir éprouvé dans sa chair l'impérialisme du régime poutinien, c'est bien la Géorgie. Et Batou Koutelia, l'ancien vice-ministre de la Défense que je rencontre à Tbilissi (la capitale de cet État du Caucase voisin de l'Arménie, de la Russie, et de la Turquie), a négocié avec Moscou pendant les pires crises. Il peut donc en témoigner de première main. Il s'ouvre également en toute franchise sur la perception de la diplomatie et de la politique françaises vis-à-vis de la Russie et des États issus de l'URSS.

Dans un café des hauteurs de Tbilissi, en marge de la conférence internationale de l'institut McCain où il est intervenu, Batou Koutelia examine attentivement le marc qui reste au fond de sa tasse. Pas pour y lire l'avenir, puisque nous parlons du passé. L'ancien homme d'État est un diplomate aguerri. Aguerri car il était vice-ministre de la Défense de Géorgie quand la guerre a éclaté, en août 2008, après avoir exercé de hautes fonctions au ministère des Affaires étrangères et aux renseignements. Il a dans ce cadre négocié pendant plus de sept ans le départ des troupes russes de quatre bases militaires en Géorgie. Ce qui fait de lui un interlocuteur doublement précieux. Tout comme Giorgi Bokeria, alors vice-ministre des Affaires étrangères, qui souligne la dureté de ces journées d'août 2008, lorsqu'il était clair pour lui que « la Russie avait pour but évident de changer le régime géorgien ».

Pour les deux anciens responsables, la médiation française, après le silence de l'Occident en réponse aux multiples appels à l'aide de la Géorgie face à l'imminence d'une confrontation avec Moscou, est avant tout accueillie avec soulagement et gratitude. Une gratitude toujours d'actualité.

Toutefois, Batou Koutelia se souvient d'abord d'un sentiment d'urgence qui prévaut. « La Russie utilisait la même méthode en Géorgie que plus tard en Ukraine. Ils espéraient que notre gouvernement fuirait et la propagande russe répétait cela sans fin[1] », continue l'ancien responsable politique.

« La venue de Nicolas Sarkozy à Tbilissi, comme président du Conseil européen, à ce moment précis, a été un signal fort. Nous savions que si nous parvenions à stopper l'offensive, alors un cessez-le-feu serait inévitable. Cessez-le-feu qui représenterait un moindre mal que la prise de Tbilissi, qui aurait profondément démoralisé la population », poursuit Batou Koutelia.

« Quand Nicolas Sarkozy nous a présenté le plan négocié avec Medvedev à Moscou, sa position était simple : c'est à prendre ou à laisser. Son objectif était de

1. Entretien avec l'auteure, 6 septembre 2023.

signer un accord qu'il puisse revendiquer au plus vite. Mais la qualité a été sacrifiée à la vitesse », regrette l'ancien négociateur.

Ce qui n'a pas empêché le ministre des Affaires étrangères russes, Sergueï Lavrov, de tirer le tapis sous les pieds du président français en déclarant publiquement comme un désaveu que « le cessez-le-feu n'était pas signé mais que les dirigeants étaient tombés d'accord sur ce document ». « C'était une paix injuste, au-delà de la question du cessez-le-feu, de larges éléments ont été laissés dans l'ombre. Et cela a été exploité par les dirigeants russes », conclut l'ancien vice-ministre géorgien de la défense.

Quels traits caractérisent le mieux, selon lui, les politiques occidentale et française vis-à-vis de la Russie ? « C'est tout d'abord la recherche du compromis et la crainte de provoquer la Russie. Quant à la France, sa politique est moins lisible et cohérente », souligne-t-il. « Tout d'abord parce qu'elle avance sous les traits de discours sur les valeurs, mais se révèle beaucoup plus pragmatique et intéressée. » En 2008, la Géorgie se réjouissait de sa coopération militaire avec la France, notamment dans le domaine de la formation de chasseurs alpins. La France et la Géorgie avaient aussi discuté de la vente de corvettes pour renforcer la flotte militaire de Tbilissi. Mais ces discussions – comme celles portant sur l'achat de Mirages – ont avorté. Pire, elles ont finalement débouché sur la vente de deux porte-hélicoptères, dits « Mistral », non pas à la Géorgie mais à la Russie.

Selon Batou Koutelia, la Russie avait pris la décision de mener une guerre en Géorgie dès 2006, lors de la crise autour des gorges de Khodori, en Abkhazie. Un autre signe avant-coureur de la guerre a été, selon lui, l'accélération soudaine des négociations sur le départ des bases russes, d'habitude très difficiles. « Les Russes ne voulaient pas laisser de militaires pouvant être pris en otages », commente l'ancien vice-ministre. Ces négociations ont débuté en novembre 1999 lors d'un sommet de l'OSCE à Istanbul. Batou Koutelia y représentait la Géorgie. Il devait mettre à jour un traité de 1990, qui ne tenait pas compte de l'apparition de nouveaux États indépendants nés de la dislocation de l'URSS. Or, bien que signé, ce traité « adapté » n'entrera jamais en vigueur. Les pays occidentaux attendent en effet pour le ratifier que la Russie retire la totalité de ses bases d'Abkhazie et d'Ossétie du Sud (Géorgie), mais aussi de Transnistrie (Moldavie), ce que Moscou ne fera pas. Le sommet d'Istanbul ouvre alors pour la Géorgie un cycle de négociations portant sur le départ de l'armée russe de quatre bases militaires sur le territoire géorgien. « Pour négocier, j'ai dû apprendre à connaître toutes les régulations russes en matière de déploiement et retrait de troupes, pour les maîtriser mieux que mes homologues russes et pouvoir utiliser leurs arguments contre eux », précise Batou Koutelia. Il rappelle que cette négociation était rendue très difficile par un autre facteur.

Car l'Ukraine elle aussi négociait avec la Russie et a été incitée aux compromis par les alliés occidentaux, notamment l'Allemagne. Elle a accepté de négocier la location de la base de Sébastopol. « Et nous avons refusé cette approche qui ne nous apparaissait pas comme sûre. L'avenir nous a donné raison », conclut-il.

Batou Koutelia résume simplement sa compréhension de la position de la France. Pour lui nous avons « une position par défaut pro-russe et sommes obsédés par l'héritage de Charles de Gaulle ». À ceci près que « Nicolas Sarkozy est un Charles de Gaulle "made in China" ». Quant à la guerre en Ukraine, pour cet ancien ministre géorgien, elle inspire d'abord « un sentiment de déjà-vu ».

L'ancien ambassadeur ukrainien en France, Oleh Chamchour[1], n'est pas plus tendre. Dans un long entretien qu'il m'accorde en marge de la même conférence à Tbilissi, nous balayons les thématiques essentielles de la politique russe de la France : diplomatie des valeurs *versus* des intérêts plus pragmatiques. Le facteur états-unien, le poids de l'héritage du général de Gaulle, la croyance dans une exception française. Ce vétéran de la diplomatie ukrainienne, en plus de bien nous connaître et de parler parfaitement notre langue (il a été ambassadeur en France de 2014 à 2020 et aux États-Unis de 2006 à 2010), a beaucoup pratiqué les dirigeants russes, après avoir été formé à l'époque et à l'école soviétique.

1. Il a été de 2003 à 2005, vice-ministre des Affaires étrangères en charge des relations avec l'Union européenne. Négociateur du plan d'action UE-Ukraine. Puis, de 2006 à 2010, ambassadeur aux États-Unis et de 2014 à 2020, ambassadeur en France. Diplômé en relations internationales en 1978, il a commencé sa carrière en Ukraine soviétique.

Selon lui, le « facteur russe » en France est très puissant, et pas seulement chez les « élites », même s'il est plus puissant parmi les dirigeants politiques, les personnalités de la culture et les hauts fonctionnaires que dans d'autres couches de la société. Oleh Chamchour relève « une combinaison spécifique française : un décalage entre les discours politiques, très conceptualisés, qui articulent stratégies et principes réaffirmés, et la réalité de la politique mise en œuvre, plus terre à terre ». Le cas des Mistral en est assez représentatif. « Le président Hollande a pris la décision de ne pas les vendre. Mais jusqu'à aujourd'hui, je pense que cela n'est pas tant une décision de principe qu'une décision politique : d'une part, c'était un héritage de la période Sarkozy, et donc indésirable, encore plus du fait du contexte international, avec l'annexion de la Crimée et le début de la guerre. Renoncer à cette vente n'a été acté qu'après avoir trouvé un autre acheteur, l'Égypte, à un prix très convenable. Ce sont ces deux facteurs-là qui ont le plus pesé selon moi. Pour résumer, il y a un fossé significatif entre les principes et pratiques. Ce qui l'emporte sur la longue durée, c'est d'abord la recherche de compromis et un sens aigu de l'intérêt matériel », rapporte l'ancien diplomate.

Selon lui, le « facteur russe » en France imprègne la société et pas seulement les cercles dirigeants. Il en situe l'origine au moins au XIXe siècle, avec l'exemple bien connu de médias français achetés par les services tsaristes pour faire la promotion de l'« emprunt russe ». En tant qu'ambassadeur d'Ukraine en France, il a été impressionné « de voir à quel point nombre d'acteurs du monde politique mais aussi économique sont animés d'un sentiment pro-russe. Il y a bien sûr des facteurs économiques évidents et je pense dans ce cas à des groupes du secteur énergétique comme Total Énergie, de la distribution comme Auchan ou Danone », énumère Oleh Chamchour. Mais ce qui lui apparaît encore comme un facteur complémentaire de l'inclination pour la Russie, « est le désir de nombreux dirigeants français de penser la France comme exceptionnelle et de "jouer dans la cour des Grands", si vous me permettez cette expression un peu triviale. Comme si les États issus de l'URSS mais aussi ceux d'Europe orientale, pour une part, étaient des gêneurs, des États de second ordre, qui s'ingénient à empêcher la France de jouir de sa place à la table des Grands », observe l'ancien ambassadeur d'Ukraine en France.

Sur les accords de Minsk, Oleh Chamchour préfère parler d'« arrangement plutôt que d'accord », avant de préciser sa pensée. « En général, la nécessité de Minsk I est largement reconnue du fait de la situation militaire qui était si catastrophique, et de la situation politique, car il fallait légitimer Porochenko », concède l'ancien diplomate. Quant à Minsk II, « c'est un plan de Vladislav Sourkov – un technicien politique conseiller de Vladimir Poutine –, qui est né pendant les pourparlers de Minsk I. Du point de vue militaire, il ne se justifiait même plus vraiment, dans la mesure où Debaltseve était déjà tombée aux mains des forces russes », rappelle Oleh Chamchour.

Comment l'ancien ambassadeur perçoit-il la place qu'occupent les États-Unis dans la politique étrangère française ? S'il relève comme moi une obsession antiaméricaine, il pointe également un attentisme face aux États-Unis : « Toute décision d'importance en ce domaine se prend en référence à la position américaine. Ce qui est paradoxal. Malgré la rhétorique volontiers antiaméricaine, Paris regarde toujours vers Washington. » Oleh Chamchour s'en étonne car « les États-Unis sont certes l'acteur politique déterminant dans le camp occidental, mais la France et l'Allemagne jouissent de beaucoup d'influence. Militairement notamment, la France, même avec une armée "bonsaï", est toujours décisive en matière de politique de sécurité européenne. »

Lorsque nous abordons le débat quant à savoir si la paix est toujours préférable à la guerre, il rappelle la citation du président Reagan : « Il y a des choses plus importantes que la paix » ; et ajoute : « rechercher la paix à tout prix, c'est d'abord l'expression du désir de ne pas sortir de sa zone de confort. Dans le cas contraire, il faudrait faire des sacrifices, peut-être prendre des coups. »

Quand Oleh Chamchour analyse la recherche de compromis et de concessions aux attentes russes chez les alliés occidentaux, il souligne les risques inhérents à cette démarche. « Mon expérience, tant personnelle que professionnelle, me dicte l'analyse suivante. Dans le système de valeurs de la culture russe, la faiblesse ou les signes de faiblesse sont méprisés. Ce qui pour un Européen est considéré comme un compromis, avec sa connotation positive, est regardé comme une "concession", ce qui a un sens négatif. » Une approche que l'ancien diplomate n'impute pas à une ignorance d'Emmanuel Macron ou d'Angela Merkel, « car s'ils le reconnaissent publiquement alors ils devront agir. »

« La politique française quant à la Russie s'est construite via l'URSS, et le rapport avec l'Ukraine était perçu dans le cadre de la relation avec Moscou. Jamais en soi pour la relation bilatérale entre Paris et Kiev. La guerre aura peut-être changé cela. Du moins y aura-t-elle contribué », conclut Oleh Chamchour.

Et en effet, la guerre en Ukraine, par les défis qu'elle pose aux États européens et pour la sécurité internationale, peut nous amener à renouveler notre politique étrangère. Peut-être même nous encourager à sortir du périmètre étroit dans lequel se déploie le débat sur la politique étrangère française, dans la prison dorée où s'affrontent atlantisme et gaullisme, parfois sous la forme d'un duel entre réalistes et libéraux.

3

Réalistes ou naïfs ?

« J'ai quelques idées assez précises sur le monde réel. Alors venons-en au monde réel. » « Madame, il y a deux façons de procéder. Soit on reste dans le registre de la morale. Je vous ai longuement écoutée. C'est très joli. »

Voilà, à quelques minutes d'intervalle dans le même débat le genre de propos qu'utilise Pierre Lellouche, pour essayer d'amoindrir la portée des arguments de ses contradicteurs, dont moi. Comme je le lui ai fait remarquer, sur le plateau de *C ce soir* le 21 novembre 2023 : « Vous n'avez pas le monopole du réel. Nous ne vivons pas dans la cinquième dimension. »

Qui a peur du réalisme ?

En matière de politique internationale, à côté de la figure du général de Gaulle indépassable, il est une posture inattaquable en apparence : celle qui se réclame du « réalisme ». Elle est revendiquée par bon nombre d'acteurs politiques en France. Mais rares sont ceux qui s'en réclament que l'on peut véritablement considérer comme réalistes.

Le réalisme se propose de mener une politique internationale partant du monde réel, qui consiste d'abord dans les rapports de force entre les acteurs politiques. Dans le réalisme, ces derniers sont naturellement en compétition ou en guerre les uns contre les autres. Par conséquent, le réalisme propose de poursuivre une politique de puissance et recommande de choisir ses alliés parce qu'ils contribuent à cette dernière et non parce que leurs convictions politiques sont similaires aux nôtres.

La maxime qui l'illustre peut-être le mieux serait : « Les États n'ont pas d'amis, ils n'ont que des intérêts. »

L'homme qui incarne le plus la *realpolitik* (politique du réel, en allemand) est certainement le diplomate américain Henry Kissinger, décédé fin novembre 2023 et salué pour son influence dans la politique étrangère des États-Unis. Il a été l'un des artisans de la détente entre Washington et Moscou dans les années 1970, mais on lui reproche le coup d'État contre le régime de Salvador Allende en 1973 au Chili et la politique de bombardements secrets sur le Cambodge lors de la guerre du Vietnam (1969-1973).

Le courant réaliste est habituellement opposé à l'école libérale – au sens d'en faveur des libertés – des relations internationales, parfois assimilée à une « diplomatie des valeurs » préférant former des alliances avec des partenaires partageant des principes et convictions identiques parmi lesquels le respect du droit international. Le libéralisme avance que la coopération et les interdépendances entre sociétés et États exercent une influence aussi forte sinon plus que leurs rivalités. Enfin, une troisième école propose de considérer la communauté mondiale comme n'importe quelle autre société humaine et de l'étudier avec les outils de la sociologie. Elle s'intéresse d'abord aux rapports sociaux, aux relations des différents acteurs dont les comportements sont selon elle moins dictés par les intérêts que par leurs perceptions et conceptions du monde. En un sens, cette approche est la plus étrangère à l'idée de géopolitique, un terme, qui est, lui, le plus représentatif du courant réaliste.

Comment ces concepts influencent-ils le débat sur les relations entre la France et la Russie ?

Le réalisme est le plus souvent revendiqué en France par ceux que l'on appelle les « gaullo-mitterrandistes », qui professent une fidélité à l'héritage du général de Gaulle. L'ancien ministre des Affaires étrangères, Hubert Védrine, en fait partie. Ils s'opposent traditionnellement aux « atlantistes », qui font de l'alliance avec les États-Unis la priorité de notre politique étrangère. Il n'y a pas si longtemps, Pierre Lellouche en était encore un représentant incontournable.

Du point de vue « réaliste », les étiquettes de « néoconservateur » et d'« atlantiste » sont presque interchangeables, la première remplaçant l'autre (abusivement, puisque le néoconservatisme est un courant de la politique américaine). Les réalistes reprochent généralement aux libéraux d'être naïfs, et à ceux qui s'attachent aux principes du droit d'être de dangereux « va-t'en guerre » qui souhaitent « exporter la démocratie par des bombes ». En cela, ils les confondent volontiers avec un courant américain de la politique étrangère, les « néoconservateurs » (aussi appelés « faucons »). En résumé, on pourrait dire, avec une légère pointe d'ironie, que le réalisme a beaucoup d'ennemis politiques.

Le réalisme est aussi fortement discuté même par ceux qui le professent. C'est le cas d'Hubert Védrine. Dans notre entretien, ce grand praticien des relations internationales affirme « que le réalisme n'a jamais été tenté[1] ». L'ancien ministre des Affaires étrangères de François Mitterrand déclare en effet qu'avec la Russie, « on n'a pas été assez inclusif avant, et pas assez dissuasif après la guerre[2] ». En particulier, après la disparition de l'URSS, la disparition de l'Otan à la suite de la dissolution de l'alliance militaire du bloc de l'Est (le Pacte de Varsovie) aurait pu envoyer un signal de confiance. J'étais également sur cette ligne il y a encore vingt ans. Je pense aujourd'hui que poursuivre le débat sur nos relations avec la Russie en termes d'atlantistes opposés aux réalistes nous prive des bons instruments pour comprendre les enjeux actuels. Le monde a changé, les défis qui s'imposent à nous aussi. L'opposition réalistes/atlantistes (néoconservateurs) n'est plus l'outil pertinent pour s'en saisir. À commencer par le fait que cela ne nous permet pas de connaître les intentions des dirigeants russes – ni des multiples groupes qui les composent –, ni les évolutions de la société et de l'opinion russes.

1. Entretien avec l'auteure, 27 septembre 2023.
2. Entretien avec l'auteure, 27 septembre 2023.

Ce débat fait encore couler beaucoup d'encre. Toutefois, il a opposé, fin 2017 et début 2018, plusieurs spécialistes de la politique étrangère française à la suite de la parution d'un article de Justin Vaïsse dans la revue *Esprit* en novembre 2017[1]. En substance, l'auteur y soulignait que réalisme et gaullo-mitterrandisme ne permettaient pas de répondre aux défis de notre temps. Par manque de cohérence (le néoconservatisme américain ne s'applique pas aux courants politiques français), par un recours incertain à l'héritage du général de Gaulle – sans préciser s'il est question du De Gaulle artisan d'un rapprochement avec l'URSS ou de l'allié loyal de l'Otan –, mais aussi en ce qu'il est animé d'une obsession américaine qui ne permet pas de répondre aux défis actuels. Quels moyens financiers pour notre politique étrangère ? Faut-il intervenir militairement à l'étranger ? La place de l'Europe dans notre politique, celle de la Chine, notre relation à l'Afrique, etc.

Continuer à se poser la question de nos relations avec la Russie en termes de réalisme ou de naïveté présente un autre problème majeur. En plus de nous freiner dans notre compréhension fine du réel, il sert surtout à réduire au silence ceux qui tentent de faire entendre que notre politique pro-russe par défaut représente maintenant une menace sur notre souveraineté.

1. Justin Vaïsse, « Le passé d'un oxymore. Le débat français de politique étrangère », *Esprit*, novembre 2017.

Empêcher le débat

Car, dans le débat public, il est en France de bon ton pour paraître sérieux de s'afficher « réaliste ». Et de revendiquer ainsi un monopole sur la capacité à décrypter les intentions des autres acteurs politiques. Une lucidité dont par extension seraient privés les « non-réalistes » volontiers présentés comme « idéalistes » ou « naïfs ». Là où le bât blesse, évidemment, c'est que, présenté ainsi, personne souhaitant être pris un tant soit peu au sérieux ne peut se prétendre autre chose que réaliste. S'arroger le titre de réaliste dans un débat, c'est donc d'abord une formule pour prendre l'avantage sur son interlocuteur. Un argument d'autorité en somme. Et pourtant, comme nous allons le voir, n'est pas réaliste qui le clame. Le monde est beaucoup plus retors.

En ce qui concerne la politique russe de la France, il convient de commencer par un constat simple. Parmi les nombreux réalistes autoproclamés, aucun n'a pris au sérieux la menace russe et n'a su la prévoir. La plupart d'entre eux n'ont cessé d'affirmer que « Vladimir Poutine n'allait pas attaquer », qu'il n'avait, croyaient-ils, « aucun intérêt à le faire ». Pourtant, il l'a bel et bien fait.

Réalistes ou naïfs ?

J'en veux pour preuve l'article de Renaud Girard, le 17 janvier 2022 dans *Le Figaro*, intitulé « Vladimir

Poutine n'envahira pas l'Ukraine[1] ». Plus près encore de la date fatidique de l'invasion à grande échelle de l'Ukraine, la célèbre historienne, spécialiste de la Russie, Hélène Carrère d'Encausse, qui a si souvent et si longtemps exercé une certaine influence sur la politique russe de la France (au détriment d'experts plus lucides), affirmait en février 2022 que « Poutine n'a pas l'intention d'envahir l'Ukraine, car la Russie y perdrait beaucoup. Poutine n'est pas un imbécile ou un ignorant des conditions de la vie internationale[2]. » Une semaine plus tard, dans *Marianne*, elle récidive : « Envahir l'Ukraine aujourd'hui ou à la fin des Jeux de Pékin serait pour la Russie un projet dangereux et contre-productif. D'abord parce que cela ruinerait définitivement les relations entre Russes et Ukrainiens, alors que les liens personnels et familiaux entre les deux peuples sont réels, et que pour la Russie, pour Poutine, Russes et Ukrainiens sont frères[3]. » Hélène Carrère d'Encausse était régulièrement consultée par l'Élysée. Pourtant, on a vu que l'histoire ne lui a pas donné raison.

Quant à Nicolas Sarkozy, qui parle avec assurance de la Russie, sa tribune parue dans *Le Figaro* du 18 août 2023[4] est saisissante. Il commence par se revendiquer d'Hélène Carrère d'Encausse – en dépit de ses grossières

1. « Renaud Girard : "Vladimir Poutine n'envahira pas l'Ukraine" », *Le Figaro,* 17 janvier 2022.

2. Étienne Gernelle et Christophe Ono-dit-Biot, « Hélène Carrère d'Encausse : "Les Russes ne veulent pas rompre avec l'Europe" », *Le Point*, 8 février 2022.

3. Étienne Campion, « Hélène Carrère d'Encausse : "Envahir l'Ukraine, dangereux et contre-productif pour Poutine" », *Marianne*, 16 février 2022.

4. Tribune de Nicolas Sarkozy, *Le Figaro*, 18 août 2023.

erreurs d'analyse. Il invoque ensuite la nécessité « d'être cohérent et surtout réaliste ». L'ancien président lance alors sa vision de l'Ukraine qui pour lui « a vocation à être un pont entre l'Europe et la Russie ». Peut-on prendre au sérieux sur cette question l'homme qui dénonçait la *Realpolitik* de la France lorsqu'il était candidat, déclarait refuser de serrer la main de Poutine, avant de faire adopter un cessez-le-feu jamais respecté par les Russes en Géorgie et de décider juste après de vendre à Moscou la technologie militaire qui lui avait précisément manqué pour s'emparer de ce pays plus rapidement ?

Mise au point

Ces observateurs et professionnels de la politique n'ont malheureusement pas su prédire ou ont refusé d'accepter la possibilité de cette guerre. Aujourd'hui, ils croient encore souvent que quelques rencontres diplomatiques avec un Vladimir Poutine à qui on tiendrait un discours « très franc » pourraient régler la situation. C'est dire la naïveté de leur vision du monde. En voilà une naïveté là encore bien française : penser que dire ses quatre vérités au maître du Kremlin va le faire changer de politique. Que visiter avec lui Saint-Pétersbourg et échanger des propos sympathiques peut inverser un rapport de force et surtout une politique. C'est encore une erreur fondamentale.

Nous parlons de stratégie et de lutte de pouvoir à l'état pur, de rapports de force, de compétition entre États qui aspirent à façonner l'ordre international, à se maintenir au pouvoir et accéder à des ressources stratégiques pour leur pays. Vladimir Poutine a un projet politique, qu'il met en œuvre, en Russie et à l'extérieur du pays. Et ce projet ne saurait être stoppé par des propos « francs, directs ou exigeants », comme un diplomate de haut rang qualifie le dialogue qu'Emmanuel Macron entretiendrait avec Vladimir Poutine.

Les acteurs politiques, historiens, analystes qui croient encore que parler, c'est agir, méconnaissent les réalités sociales et politiques russes. Ils sont passés à côté de celles-ci. Tout comme Alice Rufo, alors conseillère de l'Élysée sur les questions de stratégie et de défense, qui écartait, en décembre 2021, le risque de guerre entre la Russie et l'Ukraine, face à un spécialiste des relations internationales français, inquiet d'un potentiel conflit consécutif à l'ultimatum russe.

La vérité, c'est que les pseudo-réalistes ne pouvaient pas voir le projet de Vladimir Poutine car ils ne voulaient pas le voir. Et leurs voix ont eu la préférence des autorités françaises. Même un spécialiste comme Thomas Gomart, le directeur de l'Institut français des relations internationales (Ifri), n'a pas été écouté lorsqu'il a mis en garde l'Élysée sur le fait qu'il y avait dans l'entourage du président russe des « hommes qui ne nous aiment pas[1] ». Les voix des « spécialistes », habitués à voir en la Russie un partenaire, ont pesé plus lourd. Que Hélène Carrère d'Encausse et Renaud Girard aient pu d'ailleurs être conviés aux mêmes réunions nous fait nous interroger.

1. Entretien avec l'auteure, 20 juillet 2023.

Car, en plus de s'être trompé sur la guerre à venir, Renaud Girard a des fréquentations pour le moins critiquables. Le 15 février 2020, il publie une photo prise à Yalta – en Crimée occupée donc –, devant le palais Livadia « où Churchill et Roosevelt conférèrent avec Staline[1] ». Le grand reporter y est allé pour donner une conférence sur la « frustration politique française de ne pas avoir été invité à la conférence interalliée de Yalta » de 1945. Le plus intéressant vient ensuite. Il pose en photo avec Natalia « Narochitskaya » (*sic*), qu'il présente comme une « historienne russe francophone qui lui a donné un livre émouvant ». Pour la petite histoire, Mme Narotchnitskaïa (Girard se trompe sur l'orthographe de son nom) est d'abord une diplomate et femme politique russe (issue du parti nationaliste Rodina/Patrie), bien que diplômée en histoire. Et la directrice de l'Institut de la démocratie et de la coopération, une officine de propagande russe qu'elle a contribué à créer à Paris en 2007 et dirigée depuis. En 2008, elle ne cachait pas qu'elle était « nationaliste, slavophile, et orthodoxe[2] », alors qu'elle était interviewée par Laure Mandeville pour *Le Figaro*. Son arrivée à Paris coïncidait même avec la parution d'un livre[3], portant sa signature, *Que reste-t-il de notre victoire ?* qui regrette que le rôle de l'URSS dans la victoire sur le nazisme soit minimisé. Un des arguments récurrents utilisés pour mobiliser l'opinion publique française en faveur de la Russie.

1. Facebook, 15 février 2020.
2. Laure Mandeville, « L'ambassadrice de la "démocratie" russe », *Le Figaro*, 29 mai 2008.
3. Natalia Narotchnitskaïa, *Que reste-t-il de notre victoire ?*, Paris, Syrtes, 2008.

Et, quelle surprise, cet institut a pu organiser un débat à l'Assemblée nationale le 10 juin 2013. Dans lequel est intervenu le député Thierry Mariani, qui ne fait pas mystère de ses positions pro-russes. Pour Natalia Narotchnitskaïa, la Russie et l'Europe sont « deux sœurs séparées[1] » et les fondements de la civilisation européenne sont « la révélation chrétienne ». De 2009 à 2012, elle a d'ailleurs été membre, auprès du président Poutine, de la commission de « lutte contre les tentatives de falsification de l'histoire au détriment de la Russie ». Elle préside en Russie la Fondation de la perspective historique dont la mission est « le renforcement de la conscience nationale russe[2] ». Parmi les projets menés, ceux concernant la « falsification historique, les révolutions orange et le renforcement de la souveraineté russe ».

Non, Natalia Narotchnitskaïa n'est pas qu'une historienne russe francophone, offrant des livres émouvants. C'est une femme politique au service d'une politique russe impérialiste et revancharde. Soit Renaud Girard l'ignore, et alors on doit s'interroger sur son expertise, soit il le sait, et on doit s'interroger sur ses objectifs quand il la présente pour ce qu'elle n'est pas.

---

1. Institut de la démocratie et de la coopération : *La grande Europe des nations (une réalité pour demain ?)*, Apopsix, 2014.

2. Site de la fondation.

Le parti de l'agresseur

Sous couvert de réalisme, les soutiens de la Russie dans la guerre qu'elle mène en Ukraine promeuvent en réalité deux positions. La première est de se placer du côté du plus fort et de l'agresseur. Le tout en prétendant plaider pour la paix. Prenons l'exemple de Pierre Lellouche. En janvier 2023, il publie une tribune dans *Le Monde* qui fait grand bruit : « En Ukraine n'est-il pas temps de s'interroger sur une sortie de cette guerre[1] ? » Il est invité dans l'émission *C politique* le 22 janvier. Là, il déclare, très à l'aise : « Le fond du sujet, c'est la volonté de la Russie depuis toujours et tous partis confondus, les Russes soviétiques et les Russes blancs (en 1918-1921), Gorbatchev, Eltsine, Soljenitsyne, qui vous voulez. Pour eux, l'Ukraine, c'est la Russie, la Crimée, c'est la Russie. » Sur le plateau, les journalistes Isabelle Lasserre et Jean-Dominique Merchet sont contraints de réagir. Ce dernier doit lui rappeler l'évidence, que « la simple observation de la réalité, c'est que personne n'est disposé à discuter ». « Nous ne sommes pas en 1917 où dans les deux camps il y avait des tentatives d'ouverture. On n'est pas du tout dans cette situation. Peut-être qu'elle arrivera. Mais nous n'y sommes pas », lui oppose le journaliste de *L'Opinion*.

Pierre Lellouche se retrouve souvent du côté de l'agresseur. Et il lui arrive de changer de camp. Aujourd'hui, il invoque le général de Gaulle et sa volonté

1. « Pierre Lellouche : "En Ukraine, n'est-il pas temps de s'interroger sur une sortie de cette guerre ?" », *Le Monde*, 20 janvier 2023.

de ne pas « voir la France, et la France nucléaire surtout, entraînée dans une escalade qu'elle ne serait plus en mesure de contrôler ». Il demande alors : « Quelle pudeur atlantiste nous amène aujourd'hui à taire tout débat sur le risque non négligeable d'une escalade ? »

Mais ce que Pierre Lellouche ne dit pas, c'est qu'il s'y connaît en atlantisme et en escalade militaire. Pour un ancien ambassadeur de France, « c'est même en raison de son engagement fervent et presque unique parmi la droite française en faveur de la guerre d'Irak menée en 2003 par les Américains qu'il n'aurait jamais eu le portefeuille ministériel dont il rêvait ». Cette « ancienne étoile montante des relations internationales dans les années 1980 », comme le qualifie le directeur d'un *think tank* français préférant ne pas être cité, « n'a pas vu ses promesses de carrière se réaliser[1] ». Il a été le préféré de Jacques Chirac, sans que cela soit récompensé par un ministère.

Et l'épisode s'est reproduit avec Nicolas Sarkozy. En 2006, il l'accompagne aux États-Unis comme conseiller diplomatique. Mais là encore, il n'obtient qu'un strapontin au Commerce extérieur. « Et à ce poste d'ailleurs, il participe aux négociations sur la vente des Mistral », selon le même dirigeant. Les Mistral qui frapperaient aujourd'hui sans hésitation l'Ukraine. Aurait-il avec la guerre en Ukraine saisi l'occasion de faire oublier son atlantisme ?

Toujours est-il que, non content d'avoir été bruyamment en faveur de l'invasion de l'Irak par les États-Unis,

1. Entretien avec l'auteure, 31 juillet 2023.

en octobre 2004[1], Pierre Lellouche se trouvait en Géorgie, dans un groupe conduit par un représentant américain alors très en vue, Bruce Jackson. Ce dernier, faucon parmi les faucons, est connu pour avoir notamment présidé le Comité pour la libération de l'Iraq[2], c'est-à-dire plaidant pour l'invasion de l'Irak et encourageant les pays de l'Est à soutenir cette guerre, pourtant manifestement illégitime à bien des égards. En 2006, Pierre Lellouche revient dans ce pays dans le cadre de ses fonctions de président de l'Assemblée parlementaire de l'Otan. À cette époque il soutient l'intégrité territoriale de la Géorgie face à la Russie. À cette époque aussi, le député a cinquante-cinq ans. Pas vraiment un perdreau de l'année. Alors comment expliquer la volte-face ?

Défaitisme et déclinisme français

Ce qui ne cesse de m'intriguer dans ces positions si fréquentes dans le champ politique et médiatique français, c'est la manière dont leurs promoteurs ont accepté comme une évidence l'idée que la Russie est une puissance et que la France est faible. En dépit de tous les indicateurs de puissance régulièrement utilisés qui sont en notre faveur. Cette position dégage un parfum de soumission à la brutalité du régime russe et de déclinisme.

1. « Western Think-Tank, Media Representatives Visit Georgia », source : Civil.ge, 28 octobre 2004.

2. Appellation anglo-américaine du pays.

Le déclinisme – une tendance à considérer que « tout était mieux avant » – présente la France et l'Europe comme perdues, au bord de l'abîme, et leur chute comme inéluctable. Ce courant de pensée apparaît dès après la Révolution française ; Chateaubriand en est un représentant à certains égards. Ce courant émerge sous la plume d'hommes que l'ampleur et la profondeur des transformations de notre civilisation laissent perplexes. Oswald Spengler[1], avec son ouvrage phare, *Le Déclin de l'Occident*, paru en 1918, en est l'un des représentants les plus typiques. Puis les années 1930 le voient fleurir. Ce sont les années où la démocratie est attaquée dans toute l'Europe. En 1931, on publie déjà des livres tels que *Décadence de la nation française*[2]. Et c'est bien le paradoxe : le déclinisme dure.

Le problème avec le déclinisme, c'est qu'il est très ancien, et que selon lui nous aurions déjà dû disparaître. De nombreuses fois. Or, nous sommes toujours là. Et même si nous avons bien des défis à surmonter, que notre système demande que nous nous attelions urgemment à la tâche, nos démocraties fonctionnent dans l'ensemble, et même plutôt bien. On nous les envie. On les craint même.

Ne nous trompons pas, si les autorités russes ont si ardemment besoin de dénigrer nos systèmes, de falsifier l'histoire, de faire la guerre pour détourner leur population des problèmes internes, c'est par crainte. Crainte de

---

1. Oswald Spengler, *Le Déclin de l'Occident*, [1918], Paris, Gallimard, 1931.

2. Robert Aron et Arnaud Dandieu, *Décadence de la nation française*, Paris, Rieder, 1931.

la « contagion » démocratique. Car, si un pays comme l'Ukraine ou même la Géorgie connaissait un régime démocratique, alors comment les dirigeants russes pourraient-ils prévenir le développement d'une aspiration démocratique en Russie ?

Les générations nées sous l'Union soviétique et n'ayant connu qu'un pouvoir brutal disparaissent. Les nouvelles ont d'autres références. Et se tournent vers d'autres rapports entre dirigeants politiques et société. Des rapports qu'elles expérimentent parfois, en voyage ou lors de leurs études. Ce que ne pouvaient majoritairement pas faire leurs aînés. Et ces contacts avec le modèle démocratique parlent en notre faveur.

Retour au réel

Puisque le réalisme est l'usage du rapport de force, alors, n'oublions pas que le produit intérieur brut russe (le PIB, indicateur courant de la puissance économique d'un État) est en 2022[1] de 1 400 milliards de dollars, soit presque deux fois moins que celui de l'Inde (3 176 milliards de dollars) et dix fois moins que celui de la Chine.

Si l'on compare l'économie russe à celle des pays européens, les économies française et allemande la dépassent largement avec, pour la France, 2 600 milliards, et pour l'Allemagne, 3 618 milliards de dollars. Ensemble, les économies des différents États membres

1. « PIB ($ US constants de 2015) », La Banque mondiale de données.

de l'Union européenne totalisent 15 800 milliards de dollars en 2022[1]. Ce qui place l'UE dans le trio de tête mondial avec les États-Unis et la Chine, et devant le Japon. Pas si mal pour un Occident en déclin ou décadent.

En matière de démographie, toujours pour 2022, la population totale est estimée à cent quarante-quatre millions. De quoi devrions-nous avoir peur ? Hormis de prendre au sérieux, et nous le faisons, le risque de guerre entre puissances « dotées » de l'arme nucléaire. Un fait qu'aucun dirigeant ne néglige.

Ce que les réalistes ne disent pas non plus, c'est que l'État russe est très peu protecteur. Les États démocratiques et en particulier l'État français protègent bien plus leurs citoyens sur le plan social. Niveau de retraite, couverture maladie, indemnisation du chômage. Sur tous ces dossiers, les démocraties s'en sortent mieux que les régimes autoritaires, dont celui de la Russie.

Enfin, ce que les pseudo-réalistes occultent tout à fait, ce sont les tentatives de déstabilisation de notre démocratie, dont le régime de Vladimir Poutine (et non la Russie) se rend responsable depuis de nombreuses années. La guerre d'Ukraine est un des éléments de sa politique de reformation de l'emprise russe sur les États issus de l'URSS. Mais nos régimes sont quant à eux la cible d'actions délibérées de déstabilisation. Que cela soit par l'intermédiaire des médias d'État, Russia Today et Sputnik, du piratage des e-mails de la campagne d'Emmanuel Macron, des attaques informatiques, de la

1. « PIB et principaux composants (production, dépenses et revenu) », dernière mise à jour : 7 décembre 2023.

création de mouvements de contestation générant de la confusion sur les réseaux sociaux – grâce notamment à des officines telles que les entreprises du défunt Evgueni Prigojine (Internet Research Agency) –, la création de faux médias, etc. Avec un tel allié, vous n'avez pas besoin d'ennemis. Pourtant, cela ne semble pas poser de problèmes aux pseudo-réalistes. On peut se demander si leur réalisme les rend lucides et à qui va leur loyauté.

Peut-être pourrait-on croire, avec Hubert Védrine, que « le réalisme n'a jamais été tenté[1] ». L'ancien ministre des Affaires étrangères de François Mitterrand affirme comme nous l'avons déjà vu qu'avec la Russie, « on n'a pas été assez inclusif avant, et pas assez dissuasif après la guerre ». Ce débat pourrait être intéressant.

Malheureusement, je ne suis pas sûre qu'il puisse aujourd'hui nous servir de boussole face à la guerre en Ukraine. Il me semble surtout qu'un réalisme bien pensé – pour ceux qui veulent s'en réclamer – commencerait par ne pas céder aux illusions de puissance projetées par la Russie, saurait faire la part de nos véritables forces et faiblesses nationales (arme nucléaire, appartenance à l'Otan, PIB, qualité de vie et protection sociale, etc.), et n'exagérerait ni l'importance de l'alliance avec la Russie ni la menace que l'allié américain pourrait représenter pour l'indépendance et la souveraineté de la France.

1. Entretien avec l'auteure, 27 septembre 2023.

Conclusion

Pendant ce parcours parmi les illusions, faux-semblants et obsessions, un sentiment n'a cessé de m'habiter. Celui d'un décalage. Entre, d'une part, une vision de l'ordre international largement héritée de la Seconde Guerre mondiale et, d'autre part, les réalités du monde contemporain et les défis qu'elles nous lancent. Le passé nous hante et nous ne voulons pas l'abandonner. Cette culture politique perdure, en partie parce que les hommes qui en sont les plus représentatifs demeurent très influents. L'évolution est encore compliquée du fait que cette approche, qui favorise la recherche d'une relation privilégiée avec la Russie, a été un outil de notre diplomatie assez efficace dans les années 1950 et 1960. Mais elle ne l'est plus.

Le régime russe actuel n'est pas le fidèle héritier de l'URSS, qui avait rendu possibles le dialogue et la détente. L'heure n'est plus à la recherche de la paix, qui n'est plus considérée comme nécessaire pour rattraper un retard technologique et gagner les cœurs. Les dirigeants russes actuels misent au contraire sur la confrontation avec l'Occident, pour gagner des soutiens tant en Russie que parmi les pays dits du Sud.

Pas plus que n'existent les Russies fantasmées, largement invoquées pour justifier la préférence française accordée aux relations avec cet État au détriment de celles avec tous les pays membres de l'Union européenne issus du bloc communiste. Cette Russie qui nous aurait, seule, sauvés du nazisme, qui serait la championne des valeurs traditionnelles et qui serait invincible, est une pure fiction. La réalité russe, ou plutôt les réalités russes, nous enseignent qu'il en est bien autrement.

Ces faux-semblants exercent leur attrait car ils se conjuguent parfaitement avec l'impensé de notre politique étrangère, qui consiste en la volonté de restauration de la grandeur de la France. Et la réponse à cette question dans la culture politique d'après-guerre passe par l'affirmation de notre indépendance et de notre souveraineté face à une menace : l'influence des États-Unis sur l'ordre mondial. Cette recherche de « la grandeur perdue de la France » ne serait à son tour pas possible sans la croyance selon laquelle nous sommes sur le déclin, faibles ou affaiblis.

Une vision de nous-mêmes, de notre place et de notre rôle dans le monde, qui est démentie par les indicateurs les plus évidents. En matière de puissance économique, de protection sociale des citoyens, de la qualité et de l'espérance de vie, la France à elle seule supplante l'État russe. Alors pourquoi cette attirance parmi nos élites pour ce qu'ils nomment la Russie mais qui est en réalité le régime russe ? Nos affinités avec une Russie que nous imaginons comme violente et capable de donner du fil à retordre aux États-Unis nous permet de jouir par procuration de sa capacité à contester la puissance américaine. Cette blessure de l'amour-propre national, cette volonté de grandeur et ce ressentiment face aux États-Unis sont très utilement mis à profit par le régime russe.

Plutôt que de rester prisonniers d'une opposition entre partisans d'une alliance avec les États-Unis ou avec Moscou, pourquoi ne pas forger notre solution, française et européenne ? Par souci d'indépendance. C'est la seule option nous permettant d'affirmer notre propre vision politique, mais aussi de sortir de la fascination pour la Russie et pour une France qui n'est plus. Par souci de cohérence aussi. Nous ne pouvons pas revendiquer notre souveraineté et notre influence, vouloir décliner notre puissance en nous affranchissant des États-Unis sans endosser notre responsabilité face à cette guerre qui se déroule sur le sol européen.

À mes yeux, ceux qui ont fait la démonstration qu'ils sont les moins capables de tracer ce chemin et de préserver notre souveraineté sont les pseudo-réalistes. Car parmi eux se trouvent ceux qui jusqu'au dernier moment ont soutenu que cette guerre n'aurait pas lieu. Et qui, depuis, craignent non pas la Russie mais les États-Unis.

La solution qu'ils nous proposent est celle à laquelle nous avons *systématiquement* recouru depuis 1992. Et qui nous a menés non à une, mais à cinq guerres, qui toutes se sont soldées en faveur de la Russie. Si nous cédons cette fois encore, nous encouragerons le recours à la force par le régime russe. Notamment contre nous. Recommander cette politique revient à recommander la soumission et la capitulation.

Car le régime russe craint la contagion démocratique. À défaut d'avoir fait de la Russie un pôle attractif pour ses citoyens et ceux de sa périphérie, il a fait de nos démocraties l'ennemi. En cela, il a pris en otage sa propre population. Et, pour se maintenir, il est forcé d'approfondir son hostilité contre l'Occident et de multiplier ses attaques. Non pas parce que nous sommes décadents, faibles et mauvais, mais parce que le modèle démocratique fonctionne et attire.

En revanche, si nous nous arrachons à notre fascination pour cette Russie fictive, nous pourrons enfin nous affranchir du poids du passé et saisir les défis que le monde actuel pose à notre pays. C'est seulement à partir de là que nous serons en situation de tirer parti de nos atouts mais aussi de nos limites et de jouer, enfin, le rôle qui peut être le nôtre.

Remerciements

Cet ouvrage s'inscrit dans le conflit livré à l'Ukraine par le régime russe. Il s'est imposé à moi pour tenter de comprendre les origines des positions françaises face à l'impérialisme russe depuis la disparition de l'URSS.

Il n'aurait pas pu voir le jour sans les contributions essentielles et la confiance que m'ont témoignée ceux qui ont accepté de me rencontrer et de partager leurs expériences et analyses. Mes remerciements vont tout particulièrement à (dans l'ordre alphabétique) Guillaume Ancel, Emmanuel Bonne, Michel Duclos, Jacques Faure, Thomas Gomart, Michel Goya, François Hollande, Christian Lechervy, Hugues Mingarelli, Jean-Paul Paloméros, Cécile Vaissié, Justin Vaïsse, Hubert Védrine et Pierre Vimont.

Merci également à mes confrères et consœurs journalistes pour leur soutien et contributions : en premier lieu à Jacques Massey, mais aussi Nicolas Jallot, Isabelle Lasserre, Marion Van Renterghem, Vincent Hugeux, Marc Semo, Régis Genté – qui est aussi mon compagnon et doit à ce titre être doublement remercié.

Merci également à Bruno Tertrais pour nos discussions, ainsi qu'à Pascal Boniface.

Nicolas Sarkozy, Jean-Pierre Chevènement n'ont pas souhaité répondre à mes questions, c'est pourquoi vous ne trouverez pas leurs réponses à mes analyses de leurs prises de position.

Toute ma reconnaissance à Radio France Internationale et à Patrice Martin pour sa confiance.

Merci enfin à Gabriel Zafrani pour son enthousiasme, ainsi qu'au professionnalisme des équipes de Robert Laffont.

Ce livre existe grâce au travail de toute une équipe.

Communication : Caroline Babulle, Solveig de Plunkett, Sabrina Bendali, Inès Paulin, Adélaïde Yvert.

Coordination administrative : Martine Rivierre.

Studio : Pascaline Bressan, Barbara Cassouto-Lhenry, Joël Renaudat.

Fabrication : Muriel Le Ménez, Céline Ducournau, Bernadette Cristini, Sophia Paroussoglou, Isabelle Goulhot.

Commercial, relation libraires et marketing : Catherine Lauprêtre, Ombeline Ermeneux, Élise Iwasinta, Arthur Rossi, Joséphine Saint-Paul, Aurélie Scart.

Cessions de droits : Elisabeth Stempak, Benita Edzard, Lucile Besse, Sonia Guerreiro, Costanza Corri.

Gestion : Sophie Veisseyre, Chloé Hocquet, Isabelle Déxès, Pierre Ekel.

Services auteurs : Viviane Ouadenni, Jean-François Rechtman, Catherine Reimbold, Anita Sevenant.

Ressources humaines : Mylène Bourreau, Carine Duchampt.

Juridique : Laëtitia Doré, Anaïs Rebouh, Valérie Robe, Lucie Bergeras, Julia Crosnier.

Avec le soutien des équipes d'Interforum et d'Editis qui participent à la création, la diffusion et la distribution de ce livre.

Canoros Vehit Canentes

pca
cmb
édition pré-presse
livres numériques

44400 Rezé

Imprimé en France par
CPI Bussière
en mars 2024

#lisez! engagé
www.lisez.com
Pour plus d'information :
Imprimé sur du papier issu de forêts gérées durablement.

N° d'édition : 67465/03 – N° d'impression : 2077192